KB204191

참회의 기도

참회의 기도

영혼의 먼지를 털어 내는
일상의 예전

김지철

비아
토르
viator

프롤로그

참회의 기도,
하나님의 초대장

소망교회를 담임 목회할 때 일이다. 어느 주일에 첫 예배(오전 7시 30분)가 끝나서 방에서 잠시 쉬고 있었다. 그때 아내에게서 전화가 왔다.

여보, 오늘 예배가 참 은혜로워 감사했어요. 그런데 한 가지 말씀드릴 것이 있어요. 오늘 참회의 기도문도 내용이 너무 좋아요. 그런데 오늘 기도는 하나님께 기도한 것이 아니라, 기도문을 그냥 읽어 내려간 것 같아요.

순간, 가슴이 벌렁거렸다. 진심으로 기도하지 않고, 그냥 기도문을 읽다니…. "오, 하나님! 내 습관성인 완악함 때문입니다." 다시, 마음으로 무릎을 꿇었다.

벌써 40년이 지난 사건도 기억난다. 독일의 작은 대학 도시 튀빙겐에서 신학 공부를 하던 시절의 이야기다. 학위 논문을 마무리해야 하는데 잘 진척이 되지 않았다. 책상머리에 앉아 머리를 짜내도, 타이프를 치면서 무언가를 써 봐도 도무지 앞으로 나아

6

가지 못했다. 이리 뒤척 저리 뒤척 밤잠을 설치기도 했다. 아마도 앓는 소리를 내며 잠이 든 것 같다. 옆에서 지켜보던 아내가 답답했는지, 다음 날 백화점에 가서 사방 1미터짜리 짜투리 카펫 두 장을 사 왔다. 그러더니 내가 공부하는 책상 옆에 깔았다.

여보, 이제 고민 그만하고, 아침에 일어나면 여기에 무릎 꿇고 앉아 기도해요! 저녁에 잠들기 전에 여기서 하나님께 아뢰세요. 공부하다 막히는 것 같으면 다시 무릎 꿇으세요!

큰 망치로 머리를 한 대 얻어맞은 것처럼 아내의 말이 충격으로 다가왔다. 기도는 하지 않고 혼자 끙끙대고 있었구나. 마치 하나님의 말씀처럼 들렸다. 그리고 나는 순종했다.

아마도 비슷한 시기였던 것 같다. 작은 거실에 고무나무가 한 그루 있었다. 하나님께 기도하면서 나무를 바라본 순간, 그 나무가 예수님이 달리신 십자가처럼 보였다. 그리고 하나님의 음성처럼 내 마음을 두들기는 소리가 있었다. "지철, 너는 오직 나를 위하여!"

그분 외에 다른 것은 모두 두 번째, 세 번째다. 그것은 내 생애를 관통하는 하나님의 가르침이었다. 무슨 일이 발생하든, 어떤 경우에든, 하나님이 첫 번째이고, 오직 주님을 위한 삶을 사는 것이 내게 주어진 궁극적 사명임을 깨우치는 말씀이었다. 정말 기뻤다. 그리고 감사했다. 이 말씀 하나로 내 인생을 열어 간다고 생각하니 심장이 두근거리면서 숨이 가빴다. 그리고 다짐했다. "평생 새벽을 사는 사람이 되겠습니다. 당신께 드리는 기도와 당신의 말씀에 나의 삶 전체를 걸겠습니다. 나와 동행하옵소서."

독일 유학을 마치고 장로회신학대에 교수로 복귀하면서 당시 학장님에게 학생들이 거주하는 생활관 관장을 맡게 해 달라고 요청했다. 생활관장이 학생들과 함께 새벽 기도를 인도하기 때문이었다. 내가 학문적으로 배운 것을 가르치는 것도 중요했다. 그러나 하루를 여는 새벽에 기도하며 말씀을 증거하는 것이 내 첫 번째 소원이었다. 시편을 강해하며 새벽 기도에 참여하는 학생들과 함께 나누었다. 시편은 기도문으로 가득 차 있다. 그 기도 내용은 곧 나와 학생들의 이야기였다. 한 인간과 신앙 공동체가 겪은 삶의 서사들이었다. 탄식도, 간구도, 억울한 토로도, 가슴에 맺힌 분노도, 외로움도, 그 속에서 하나님의 도우심과 인도하심을 경험하며 감사 찬송을 하는 삶의 모든 것이 시편에 등장했다. 사실, 목회를 하고 싶은 마음은 늘 품고 있었지만, 소망교회 목회를 하리라고는 꿈에도 생각하지 못했다. 하나님께서 왜 나를 소망교회로 인도하셨을까? 지금 생각해 보면, 이유는 하나뿐인 것 같다. 평생 새벽 기도를 하는 교회에서 목회하고 싶다는 소망에 대한 하나님의 응답이 아니었을까.

나의 기도 이야기는 더 먼 옛날로 거슬러 올라간다. 대학생 시절에 나는 국제경제학(무역학)을 공부하고 있었다. 어떻게든 돈을 많이 벌어 교회를 개척한 목사님들, 멀리 선교 현장에서 충성하는 선교사님들을 도와야 한다고 생각했다. 그때 나는 CCC라는 대학생 선교 단체를 중심으로 신앙생활을 하고 있었다. 돌아보면, 나는 호기심이 많았지만, 조금 관심을 보이다가 쉽게 지치고 지루해하며 싫증 내는 사람이었다. 그런데도 싫증 내지 않고 내치지 않은 유일한 것이 있다면, 그것은 교회에 가서 예배하는 일, 성경을 읽는 일, 신앙생활을 하는 것이었다. 이런 마음을 주신 하나님께 지금도 정말 감사드린다.

대학교 4학년에 올라가는 추운 겨울 방학 때 일이다. 내 삶이 하나님 앞에서 어떻게 쓰임 받으면 좋을지를 일 년 넘게 고민하면서 기도하던 중이었다. 4학년이 되기 전에 진로를 결정하고 싶었다. 그런데 가야 할 길이 잘 보이지 않았다. "주님, 좀 가르쳐 주세요. 지혜와 분별력을 허락해 주세요." 그날은 밤새워 기도하면서 머리를 조아렸다. 어떻게 해야 하나요? 새벽 한두 시 경이었던 것 같다. 기도하던 중에 갑자기 아우구스티누스가 회심하던 장면이 떠올랐다. 책을 펴서 읽으라는 아이들의 노랫소리에 감전된 듯 그는 성경을 펴서 읽었다. 우리가 잘 아는 로마서 13장 13-14절 말씀이었다.

낮에와 같이 단정히 행하고 방탕하거나 술 취하지 말며 음란하거나 호색하지 말며 다투거나 시기하지 말고 오직 주 예수 그리스도로 옷 입고 정욕을 위하여 육신의 일을 도모하지 말라.

아우구스티누스는 이날의 기쁨을 《참회록》에서 이렇게 표현했다.

더 이상 읽어 나갈 마음이 생기지 않았다. 그럴 필요도 없었다. 이 말씀을 읽는 순간 나의 마음속에는 기쁨이 넘치고 모든 어두움이 순식간에 사라졌다.

나도 내 앞에 있는 성경책을 두렵고 떨리는 마음으로 들었다. 그때 그 성경은 가로가 아니라 세로로 쓰인 성경이었다. 중간에 해설이 달리지 않은 그런 책이었다. "하나님, 내게도 말씀하옵소서" 하고 성경을 펼쳤다. 신기하게도 오른쪽에는 사도행전 28장이, 왼쪽에는 로마서 1장이 내 눈에 들어왔다.

예수 그리스도의 종 바울은 사도로 부르심을 받아 하나님의 복음을 위하여 택정함을 입었으니(롬 1:1).

숨이 멎는 것 같았다. 아, 하나님이 나를 복음으로 부르고 계시는구나! 곧 바울의 이름 대신 감히 내 이름을 넣어서 다시 읽어 내려갔다.

내가 복음을 부끄러워하지 아니하노니 이 복음은 모든 믿는
자에게 구원을 주시는 하나님의 능력이 됨이라(롬 1:16).

주님 감사합니다. 주님 말씀대로 순종하겠습니다. 그리고 다시
옆에 쓰인 사도행전 28장을 읽었다. 책의 마지막을 장식하는 문
구였다.

바울이 온 이태를 자기 셋집에 머물면서 자기에게 오는 사람을 다
영접하고 하나님의 나라를 전파하며 주 예수 그리스도에 관한
모든 것을 담대하게 거침없이 가르치더라(행 28:30-31).

바로 무릎 꿇고 다음과 같이 주님 앞에 고백하며 다짐했다.

나는 평생 전도자가 되겠습니다. 하나님 나라와 복음의 전문가인
참된 전도자가 되겠습니다. 그리고 바울처럼 담대하게, 거침없이,
주님의 복음을 마음껏 전하겠습니다.

내 인생은 결정되었다. 신학 공부도 목사나 교수가 되려고 시
작한 일이 아니었다. 그저 내가 믿는 예수 그리스도가 어떻게 인
간의 문제와 곤궁에 대답이 될 수 있을지, 예수님의 이야기가 어
떻게 인간이 만든 갈등과 미움과 다툼에 평화를 전하는 이야기가
될 수 있을지 배우고 싶었다. 그래서 내 실존을 걸고 내 생명을 바
쳐서 예수님 이야기를 원 없이 외치고 싶었다. 그것이 나의 소원
이었다. 사실 이렇게 임의로 성경을 펼쳐 읽는 기도는 위험한 기
도다. 잘못하면 하나님을 내 문제에 해답을 내놓는 도깨비방망이
로 오해할 위험이 크기 때문이다. 본래 이런 기도를 친첸도르프

10

(Nicolaus Ludwig von Zinzendorf) 식 기도라 일컫는다. 평생에 한두 번만 가능한 기도가 아닐까? 내 실존 전체를 내건 기도, 그 기도 응답으로만 살아도 더 바랄 것이 없는 마지막 기도 말이다.

가끔 후배 목회자들이 물었다. 목회하면서 그렇게 매일 새벽 기도하는 것이 힘들지 않나요? 왜 힘들지 않았겠는가. 말씀을 준비하는 것도, 새벽에 일찍 일어나는 것도 엄청난 스트레스였다. 그래서 결단한 것이 새벽 3시 30분에 일어나서 한 시간 말씀을 준비하는 것이었다. 그리고 5시에 교회에 도착해서 5시 30분부터 6시까지 성도들과 함께 기도하며 말씀을 나누는 것이 내 일상의 과제가 되었다. 놀랍게도 새벽 기도는 내 목회의 첫 열매였고, 나를 살리는 에너지의 원천이었다. 어제의 스트레스와 힘들었던 고뇌의 사건들이 언제 그랬냐 싶게 사라졌다. 말씀에 귀 기울이며 기뻐하는 성도들의 모습을 보면, 내 마음이 더 기뻐 뛰놀았다. 그러면서 예수 믿는 사람들을 다시 살리고 회복하는 길은 기도와 말씀밖에 없구나, 하고 깊이 깨달았다. 그 깨달음이 내게는 큰 축복이었다.

참회의 기도란, 하나님 앞에서 나를 적나라하게 해부하는 기도다. 내 폐부를 찌르고 내 속마음을 아시는 분에게 거짓 없이 나의 치부를 그대로 드러내는 기도다. 밑바닥까지 내려간 내 모습을 아뢰면서, 나 자신을 조명하는 기도다. 그래서 회개의 기도는 동시에 나를 살리는 생명의 기도이기도 하다. 어제의 나에게서 나를 탈출시키는 기도다. 잘났다고 뻐기며 오만했던 나, 못났다고 움츠리며 도망갔던 나를 내다 버리는 기도다. 슬퍼하고 탄식하며 억울해하는 내 속에 갇힌 나를 해방하는 기도다. 그래서 참회의 기도문은 나의 원점, 곧 시작점이 어디인지를 기억나게 하는 기도다. 요한계시록에 등장하는 첫 번째 교회인 에베소 교회를 향하여 우리 주님이 하신 말씀이 떠오른다.

너를 책망할 것이 있나니 너의 처음 사랑을 버렸느니라.
그러므로 어디서 떨어졌는지를 생각하고 회개하여 처음 행위를
가지라(계 2:4-5).

참회의 기도는 처음 사랑을 회복하는 기도다. 사랑해도 사랑해
도 더 사랑하고 싶던 그 사랑을 도대체 어디에 버렸나, 주어도 주
어도 더 주고 싶던 헌신의 마음이 언제부터 변질되었나, 거래하
듯 하나님과 협상하려는 못된 마음이 언제부터 나를 사로잡았나,
확인하는 것이다. 성경은 우리에게 그 처음 사랑이 어디서 떨어
졌는지 생각하고 회개하라고 촉구한다.
회개란 하나님이 우리에게 주신 가장 큰 선물 중 하나다. 어제
로부터 나를 탈출시키며, 못되고 악한 나를 돌이켜 다시 시작하
게 하는 새로운 출발선이 되기 때문이다. 이 회개의 기도는 은혜
에 참여하도록 하나님이 우리에게 보내신 초대장과도 같다. "나
같은 죄인 살리신 주 은혜 놀라워"라는 찬송가 가사처럼 놀람의
경탄을 지니고 하나님의 자리에 참여하라고 부르는 특별한 초대
장이다. 이를 통해 하나님께서 우리에게 다시 기회를 주신다.

그렇게 주저앉아 있지 말아라. 이제 다시 일어나라.
다시 시작해라. 다시 도전해라. 내가 너와 함께할 것이니,
이제 강하고 담대하게 세상을 향해 나가라!

이 책에 소개된 기도문은 2012년부터 은퇴하던 2018년까지 했
던 것을 모은 것으로, 주일예배의 성경 본문과 설교 제목, 설교 내
용을 거의 다 기록한 후에 마지막으로 작성한 것이다. '오늘 사랑
하라'가 설교 주제라면, 어떻게 내가 사랑하지 못했는지를, '감사
하라'가 주제라면, 감사하지 못하는 내 삶의 문제는 무엇인지를
역으로 추적해서 참회의 기도문을 작성했다. 때로는 쉽게 써졌

다. 하지만 때로는 오랜 시간 끙끙 앓으면서 써야 했다. 그래서 이 책에서는 각각의 기도문에 그때 설교한 성경 본문을 적고 내용에 맞추어서 작은 제목도 달았다.

이 참회의 기도문에 동참한 소망교회 성도들, 무엇보다 새벽 기도를 통해 하루를 열었던 성도들께 진심으로 감사드린다. 교회를 누구보다 사랑하며 목회자와 동고동락한 소중한 분들과 함께 만든 기도문이다. 그분들에게 이 책을 바친다. 이런 새벽 기도를 지금도 묵묵히 감당하는 후임자 김경진 목사에게도 훈훈한 박수를 보낸다. 나와 거의 오십 평생을 동행한 아내를 생각하면 그저 고마울 뿐이다. 사랑하는 아들과 딸 내외, 지금까지 옆에 있어 주어서 너무 든든하다. 네 명의 손자와 손녀들, 보기만 해도 마냥 미소 짓지 않을 수 없다. 늘 나 혼자라고 하나님 앞에서 투덜거렸던 내 모습과 겹쳐서 아이들의 사랑스러운 자태가 떠오른다. 이 책자를 이렇게 정성스럽게 편집하고 예쁘게 만들어 준 김도완 대표와 비아토르 출판사에도 감사드린다. 어느 날 불쑥 찾아와서 기도문을 모아 참회의 기도문을 출간하자는 김 대표의 제안이 없었다면, 이 책은 나올 수 없었을 것이다. 후배 목회자들과 성도들에게 작은 도움이 되길 소원한다.

참회의 기도, 우리를 다시 살리며 세상을 향해 담대히 나가라는 하나님의 초대장이다. 이 책을 읽고자 하는 모든 분을 기쁜 마음으로 초대한다.

2025년을 새롭게 시작하는 1월에
김지철 목사

1

높아진 마음을 낮추어 겸손의 길로

교만한 삶을 돌이켜
겸손을 배우는
기도

거룩한 존재

고전 1:1-3

고린도에 있는 하나님의 교회 곧
그리스도 예수 안에서 거룩하여지고
성도라 부르심을 받은 자들과 또
각처에서 … 예수 그리스도의 이름을
부르는 모든 자들에게.

사랑의 하나님, 하나님은 나를 불러 거룩한 존재로 만드셨습니다. 하지만 나에게는 거룩함이 엄청난 부담으로 다가왔습니다. 앞뒤가 꽉꽉 막힌 듯 답답하기만 했습니다. 거룩함을 곡해한 탓에 거룩함을 멀리했습니다. 그래서 믿으면 믿을수록 자꾸 교만해지고 뻔뻔해졌습니다. 두렵고 떨리는 마음으로 회개합니다. 하나님께 영광 돌리는 참된 예배가 사라지고 있지는 않은가? 기도가 형식화되고 있지는 않은가? 끼리끼리 교제하면서 만족하려 하지는 않았는가? 봉사하면 할수록 더 교만해지지는 않았는가? 못된 악인들의 꾀를 따르면서 스스로 지혜롭다고 착각하지는 않았는가?

정작 알고 자랑스러워야 할 것을 많이 놓쳤습니다. 하나님을 아는 지식을 자랑하지 못했고, 예수 그리스도를 믿는 것을 자랑하지 못했습니다. 한 인간, 한 영혼이 세상의 모든 것보다 더 중요하다는 말씀을 잠시 잊었습니다. 이 시간 나를 찾아오셔서 주님의 거룩한 손으로 친히 만져 주옵소서. 내 안에 있는 교만과 거짓, 탐욕과 부패의 악들을 쳐서 부숴 버리소서. 하지만 주님을 사랑하는 내 마음과 영혼은 부드럽게 만져 주시고 받아 주소서.

예수만이
나의 자랑

고전 1:26-31

하나님께서 세상의 미련한 것들을 택하사 지혜 있는 자들을 부끄럽게 하려 하시고 세상의 약한 것들을 택하사 강한 것들을 부끄럽게 하려 하시며.

사랑의 하나님, 주님을 향한 사랑을 처음 고백했던 설렘이 지금도 있는가 돌아봅니다. 하나님의 마음을 시원하게 해 드리겠다는 약속을 잊고 살았습니다. 하나님의 마음을 기쁘게 해 드리기는커녕 마음을 아프게 하고 슬프게 한 적이 더 많았습니다. 예수 그리스도가 교회의 주인이심을 잊고 있었습니다. 예배할 때조차 예배를 하나의 공연처럼 생각하고, 스스로 관람객이라 여겼습니다. 내가 드리는 예배의 관람자는 하나님 한 분이신 것을 압니다. 나는 하나님께 기쁨을 드리는 연출자요 연기자일 뿐입니다. 예배를 드리면서 내가 마치 하나님께 큰 서비스를 하는 양 착각했습니다.

내가 있어야 하나님이 이익이고 내가 없으면 하나님이 손해라고 여겼습니다. 내가 상처 준 것은 다 잊어버리고, 교회가 내게 상처 준 것만 기억하고 그것 때문에 불평하고 원망했습니다. 교회에 나가 예배드릴 때는 스스로 거룩한 존재인 듯 느꼈습니다. 그러나 교회를 나와 세상으로 발걸음을 옮기면 순식간에 세속적인 사람으로 변했습니다. 교회가 위선적이라고, 겉과 속이 다르다고 비판했지만, 그 모습이 바로 내 안에 있었습니다. 예배 속에 오직 하나님만 높임을 받기를 원합니다. 예수님만 나의 자랑이 되게 하옵소서.

자랑하는 어리석음

고전 2:1-5

내가 너희 중에서 예수 그리스도와 그가 십자가에 못 박히신 것 외에는 아무것도 알지 아니하기로 작정하였음이라.

사랑의 하나님, 나의 나 됨은 하나님의 은혜입니다. 하지만 그 놀랍고도 사랑스러운 사실을 잊고 살 때가 많았습니다. 나에게 주신 믿음은 하나님의 선물인데, 이 믿음이 사람의 지혜로운 설득의 힘에 의한 것인 줄로 착각하고 사람을 예찬하곤 했습니다. 그리하여 예수 그리스도를 자랑하는 것이 아니라, 예수님을 전하는 설교자를 더 자랑하는 어리석음을 범했습니다. 내가 하나님을 만났을 때 느끼고 경험했던 두렵고 떨리는 마음을 어느샌가 내팽개쳐 버렸습니다. 그러다 보니, 세월이 지나면서 신앙을 가졌다고는 하나, 겸손하지 아니하고 오히려 더 방자해지고 교만해졌습니다. 하나님은 말씀을 통해서 나에게 이 땅에서 바르게 살 수 있는 하늘의 지혜와 총명을 주셨습니다. 하지만 나는 이기적인 꾀와 술수로 인생을 살고자 도모한 적이 많았습니다. 그래서 신앙생활을 한다고 하면서도 성령의 능력이 나타나는 역동적인 삶을 살지 못했습니다.

이 시간 나를 위해 저 십자가에 달려 죽으신 예수 그리스도를 다시 기억하게 하옵소서. 믿음이 하나님께서 베푸신 선물임을 알게 하시고 내 영혼이 기쁨으로 뛰놀게 하옵소서.

더 지혜로운 진리

고전 3:18-23

아무도 자신을 속이지 말라. 너희 중에 누구든지 이 세상에서 지혜 있는 줄로 생각하거든 어리석은 자가 되라.

사랑의 하나님, 주님을 향해 품었던 처음 사랑을 잃어버리지는 않았는지 돌아봅니다. 어딘가에 떨어뜨렸는지 다시 기억하고 되찾게 하옵소서. 내 몸이 성령이 거하시는 전임을 알면서도 소중히 여기지 못했습니다. 오히려 내 몸을 학대하고 탐욕의 도구로만 사용했습니다. 내가 여기까지 온 것이 내가 잘난 덕인 줄로 착각했습니다. 그래서 교만한 마음을 품고 하나님과 사람들 앞에서 허세를 부렸습니다. 세상 철학과 학문, 기술만 잘 알고 닦으면, 스스로 최고가 되는 줄로 여겼습니다. 세상의 철학과 학문보다 더 지혜로운 진리가 예수 그리스도의 십자가 복음임을 잠시 잊었습니다. 그래서 하나님의 말씀을 읽고 묵상하고 삶의 양식으로 삶는 데 게을렀습니다.

내가 보고 듣고 경험하는 것, 아니 보이지 않는 것들조차도 모두 다 하나님이 선물로 주신 축복입니다. 그런데 나는 두려워했습니다. 주인처럼 행하지 않고 종처럼 겁을 냈습니다. 이제는 주님 안에서 자유자로 이 모든 것을 바르게 관리하며 누리며 살기를 원합니다. 나는 오직 그리스도에게만 속해 있습니다. 예수 그리스도는 만물을 다스리는 분이십니다. 그러니 나도 주님의 자유로 세상과 교회를 변화시키는 진정한 자유자로 살게 하옵소서.

임마누엘

마 1:18-25

보라 처녀가 잉태하여 아들을 낳을
것이요 그의 이름은 임마누엘이라 하리라
하셨으니 이를 번역한즉 하나님이 우리와
함께 계시다 함이라.

사랑의 하나님, 예수님이 어린아이의 모습으로 오셨기에 나는 무시했습니다. 가장 낮고 비천한 자리인 구유에 오셨기에 관심을 다 껐습니다. 보통 남자와 여자인 요셉과 마리아를 통해서 오셨기에 별 볼 일 없는 존재처럼 여겨 그냥 흘려보냈습니다. 예수님이 나를 위해 오신 세상의 빛이요, 생명이요, 진리와 길이요, 자유요, 평화임을 몰랐습니다. 빛이신 예수님이 없었기에 내 삶은 어둠 속에서 헤맬 때가 많았습니다. 생명이신 예수님이 없었기에 늘 죽음의 두려움 속에서 겁내며 살았습니다. 진리와 길이신 예수님이 없었기에 세상의 거짓과 불의를 행하면서도 양심의 가책을 잘 받지 않았습니다. 자유이신 예수님이 없었기에 방종하게 살면서 탐욕으로 내 몫 챙기기에 여념이 없었습니다. 평화이신 예수님이 없었기에 시기와 다툼으로 분노하면서 세월을 보냈습니다.

그렇게 분주하게 살면서도 문득문득 인생이 따분하고 지루했던 이유는 마음에 예수님이 없는 탓이었습니다. 그렇게 소유해도 만족함이 없고, 그렇게 자리를 차지해도 영혼의 갈급함이 사라지지 않았던 까닭은 마음에 예수님이 없는 탓이었습니다. 이 시간 임재하셔서, 임마누엘의 복된 경험을 하게 하옵소서. 그리하여 내 영혼이 주님과 함께 기뻐 뛰놀게 하옵소서.

진정한 나를
찾아서

창 25:27-34

그 아이들이 장성하매 에서는 익숙한 사냥꾼이었으므로 들사람이 되고 야곱은 조용한 사람이었으므로 장막에 거주하니.

사랑의 하나님, 입으로는 신앙을 가졌다고 하면서 신앙의 정체성을 잃고 살 때가 많았습니다. 나 아닌 다른 사람에게서 나의 존재 이유를 찾으려 했습니다. 그래서 칭찬에는 솔깃해하고 조롱과 비난에는 쉽게 무너졌습니다. 나의 고유함을 보지 못하고 남에게 끌려다녔습니다. 세상 돌아가는 일에 급한 나머지, 내가 얼마나 소중한 존재인지 그 가치를 모르고 살았습니다. 먹고 마시는 것, 돈과 재물, 명예와 권력에 집착하는 어리석은 사람으로 살 때가 너무 많았습니다. 본능적인 욕구가 일어나면 빨리 해결하고 싶어서 안절부절못했습니다. 그래서 더 중요한 것과 덜 중요한 것을 제대로 분별하지 못했습니다. 무엇보다 보이지 않는 영적 가치를 귀히 여기지 못했습니다. 나를 남과 비교하려는 마음이 늘 있습니다. 그래서 무언가 남보다 더 가진 것이 있어 보이면 쉽게 오만해졌습니다. 남보다 부족한 것이 있어 보이면 금방 우울해하고 낙심했습니다.

외부 환경이나 타인의 판단에 따라 정체성이 흔들리지 않게 하옵소서. 예수 그리스도 안에서 내가 누구인지를 새롭게 발견하게 하시고, 기뻐하게 하옵소서. 밭에 심긴 보화처럼 모자라고 부족한 내 속에 예수님을 닮은 고유하고 독특한 복이 있음을 깨닫게 하옵소서. 그 축복을 성령 안에서 마음껏 누리게 하옵소서.

하나님의
뒤집기

창 25:21-26

후에 나온 아우는 손으로 에서의
발꿈치를 잡았으므로 그 이름을
야곱이라 하였으며.

사랑의 하나님, 못된 성품과 어리석은 욕망이 내 안에 얼마나 가득한지 주님은 잘 아십니다. 늘 내 것이 모자란다는 생각에 감사함을 잊고 살았습니다. 남이 나보다 더 많이 가졌다며 질투하고 시기했습니다. 어떻게든 내 몫을 잘 챙겨야 살아남을 수 있다고 여겼습니다. 내 몫만이 아니라 남의 몫도 빼앗아 내 것으로 만들어야 남보다 앞설 것이라 여겼습니다. 그래서 너무 탐욕적이었고 이기적이었습니다. 하나님을 사랑한다고 말했지만, 하나님 때문에 하나님을 기뻐한 게 아니었습니다. 내 문제, 내 집착 때문이었습니다. 하지만 인생이 내가 계획한 대로 풀리는 게 아님을, 갖고 싶다고 다 내 것이 되는 게 아님을 이제야 깨닫습니다.

주님은 내게 "내가 너를 만세 전부터 예정하고 택했다"라고 말씀하셨습니다. 이 말을 나의 의지와 자유를 빼앗는 말로 오해하고 거부하려 했습니다. 예정이 나 같은 비천한 죄인을 사랑하고 회복시키는 은혜의 사건임을 이제야 깨닫습니다. "먼저 된 자가 나중 되고 나중 된 자가 먼저 된다"는 하나님의 비밀스러운 역설을 표현한 것임을 이제야 깨닫습니다. 이 시간 예정하시고 선택하시는 하나님의 은혜의 신비에 내 생각과 영혼과 몸을 그대로 맡깁니다. 나를 받아 주시고 변화시켜 주옵소서.

야곱에서
이스라엘로

창 32:22-29

그가 이르되 네 이름을 다시는 야곱이라 부를 것이 아니요 이스라엘이라 부를 것이니 이는 네가 하나님과 및 사람들과 겨루어 이겼음이니라.

사랑의 하나님, 내 속에 또 다른 자아, 못된 자아가 있습니다. 선한 일을 하고자 하지만, 악을 향한 탐욕이 꿈틀거립니다. 주님을 사랑하기를 원하지만, 주님을 거부하려는 마음도 있습니다. 야곱처럼 남의 것을 빼앗고 움켜잡아야 안심이 되는 못된 성품이 내 안에 있습니다. 주님을 닮아 가야 하는데 좀처럼 변하지 않습니다. 말씀으로 가르쳐 주셔도 그때뿐이고 다시 원점입니다. 이기적이고 남을 속이고 미워하는 속성이 바뀌지 않습니다. 안달하는 기질 탓에 하루에도 수십 번 근심하고 염려합니다. 어떻게 세상에서 성공해 큰소리 한 번 쳐 볼까? 어떻게 다른 사람에게 인정받고 칭찬받을 수 있을까? 보이는 것에 연연하며 살 때가 참으로 많습니다. 있으면 우쭐거리며 뽐내고, 없으면 풀 죽어 주저앉곤 합니다. 하나님의 아들이신 예수님께서 왜 저 참혹한 십자가에 달리실 만큼 무능해졌는지 도무지 이해할 수 없었습니다.

하지만 이제 깨닫습니다. 예수님의 약하심은 연약한 나를 강하게 하기 위함이요, 예수님의 낮아지심은 죄인인 나를 높이기 위함이었습니다. 이제 나의 소망, 나의 생명이신 주님만을 바라보며 살길 원합니다. 세상의 어떤 쾌락도, 어떤 재물도, 어떤 명예와 권력도 이 길을 방해하지 못하게 하옵소서. 주 예수님보다 더 귀하고 더 소중한 것은 없습니다.

교만한 마음

눅 18:9-4

이에 저 바리새인이 아니고 이 사람이 의롭다 하심을 받고 그의 집으로 내려갔느니라. 무릇 자기를 높이는 자는 낮아지고 자기를 낮추는 자는 높아지리라.

사랑의 하나님, 이 시간 나의 부끄럽고 완악한 모습, 죄악과 불순종의 모습을 주님께 고백합니다. 내 마음 가장 깊은 곳에 교만이 도사리고 있는 것을 압니다. 예수님을 믿는 신앙이 없었을 때 나는 교만했습니다. 살아 계신 하나님을 알지 못해서 그랬습니다. 하지만 신앙을 갖고 난 뒤에도 교만할 때가 많았습니다. 하나님을 알면서도 하나님을 두려워하지 않고 하나님을 내 마음대로 조종하며 부리려 했기 때문입니다.

하나님을 두려워하지 않으니, 기도가 형식화되고 습관화되었습니다. 혼자 있을 때는 기도하지 않고, 남 앞에서만 기도하는 척 흉내 낼 때도 많았습니다. 그리하여 때로는 기도하면서도 교만했고, 찬송을 부르면서도 교만했습니다. 때로는 바리새인처럼 하나님 앞에서 예배드릴 때조차 나를 과시하려 했습니다. 나는 겉모습만 보고 평가하지만, 주님은 나의 은밀한 속마음까지 다 살피시는 분임을 깨닫게 하옵소서. 하나님의 긍휼을 기다리며 간절히 기도하는 나를 주님께서 받아 주옵소서. 이제는 주님의 뜻에 겸손하게 쓰임 받는 하나님의 자녀가 되게 하옵소서.

교만과 겸손

잠 16:18-20

교만은 패망의 선봉이요 거만한 마음은
넘어짐의 앞잡이니라.

사랑의 하나님, 교활하고 비겁하고 강퍅했던 모습을 고백합니다.
하나님을 알지 못했을 때 교만하여 내 욕심대로 살았습니다. 그
런데 하나님을 믿는다고 말하는 지금도 교만할 때가 많음을 고백
합니다. 주님께 기도하면서도 교만했습니다. 하나님 앞에서조차
괜찮은 나를 자랑하고 싶었습니다. 주님께 감사하면서도 교만했
습니다. 다른 사람들보다 내가 조금 더 낫다는 사실을 하나님이
알아주었으면 하고 뽐냈습니다. 찬양하면서도 교만했습니다. 하
나님을 향해 영혼으로 부르지 않고 사람들 마음을 사로잡기 위해
입술로 부르는 노래였습니다.

　봉사하고 섬기면서도 교만했습니다. 누군가 내 일을 알아주고,
내가 하는 봉사에 고맙다고 말해 주어야 속이 시원했습니다. 예
수님을 믿는다고 고백하면서도 교만했습니다. 열등감과 자기 연
민을 신앙심인 양 포장했습니다. 이제 교만을 버리고 주님 안에
서 진정한 자부심을 품게 하옵소서. 세상에서 가슴을 펴고 당당
히 사는 하나님의 자녀가 되게 하옵소서.

지혜로운
건축자

고전 3:10-11

이 닦아 둔 것 외에 능히 다른 터를 닦아
둘 자가 없으니 이 터는 곧 예수
그리스도라.

사랑의 하나님, 하나님은 하늘에 계시고, 나는 이 땅에 있습니다. 그래서 보이지 않는 하나님을 자꾸 보이는 형상으로 바꾸려 했습니다. 때로는 나무와 돌로 우상을 만들고 절했습니다. 때로는 돈과 재물, 명예와 권력을 우상으로 만들고 안심하려 했습니다. 때로는 교리와 이데올로기를 우상으로 만들고 내가 바로 진정한 신앙인이라고 교만을 떨었습니다. 때로는 인간에게 거룩함을 부여해서 인간 우상을 만들고 환호했습니다. 거룩한 물건을 만지면 거룩해지고, 거룩한 사람을 만지면 거룩해진다고 잘못 생각했습니다. 오직 예수 그리스도만이, 오직 하나님의 말씀만이 나를 거룩하게 하십니다. 예수 그리스도만이 진정한 길과 진리요 생명이시기 때문입니다. 그런데도 이 사실을 잊고 살았습니다. 예수님만이 진정한 영웅이요 예수님을 믿는 내가 작은 영웅임을 몰랐습니다.

'개혁'을 부르짖으면서 나부터 개혁하지 못했습니다. 개혁이 내 삶을 뒤집어 놓을까 봐 전전긍긍했습니다. 신앙에도 안정감이 필요했습니다. 마음의 안정을 위한 도구가 필요했습니다. 형식이 중요했습니다. 사람이라도 의지하고 붙들어야 안심이 되었습니다. 그러나 그것은 실상 나의 불신앙이었습니다. 이제 예수 그리스도를 믿는 믿음을 다시 붙들게 하옵소서. 다시 하나님의 말씀으로 돌아가게 하옵소서. 다시 하나님의 은혜를 붙잡게 하옵소서.

이데올로기와 신앙

행 1:12-14

들어가 그들이 유하는 다락방으로 올라가니 베드로, 요한, 야고보, … 셀롯인 시몬, 야고보의 아들 유다가 다 거기 있어.

사랑의 하나님, 예수님을 구주로 믿으면 믿을수록 예수님의 품성을 더 닮아 가야 했습니다. 하지만 세월이 지날수록 내 신앙은 왜곡되고 파편화되었습니다. 오히려 바리새인처럼 남을 정죄하려는 오만이 쌓여 갔습니다. 시대의 위기를 보면서 열심당원처럼 순간 울컥하며 격분하는 성질만 더 심해졌습니다. 그래서 내 마음대로 예수님을 정치적 좌파요 진보로 규정했습니다. 내 입맛대로 예수님이 정치적 우파요 보수라고 소리쳤습니다. 나의 정치적 명예와 야망을 성취하기 위해 신앙을 교묘하게 이용했습니다. 내 안의 정치적 이데올로기가 하나님의 말씀보다 늘 앞섰습니다. 내 야심을 이루기 위해 어떤 수단과 방법을 써도 괜찮다고 여겼습니다. 신념은 있으나 그 신념이 말씀을 통해 참된 신앙으로 승화되지 못한 탓입니다.

세속적인 성공 신화에 빠져서 신앙의 정도를 걷지 않았습니다. 입으로는 하나님을 찬양했지만, 마음으로는 하나님에게서 멀리 떠나 있었습니다. 주님을 향한 나의 신앙은 겉모습뿐이었고, 전 인격을 다해 진실하게 믿지 못했던 탓입니다. 이제는 신앙의 연륜을 자랑하지 않고 예수님을 자랑하게 하옵소서. 이제는 예수님을 믿으면 믿을수록 더 두렵고 떨리는 심정으로 주님을 사랑하며 섬기게 하옵소서.

영혼을 파는 사람

왕상 21:20-21

아합이 엘리야에게 이르되 내 대적자여
네가 나를 찾았느냐. 대답하되 내가
찾았노라. 네가 네 자신을 팔아 여호와
보시기에 악을 행하였으므로.

사랑의 하나님, 입으로는 하나님을 두려워한다고 하면서도 보이지 않는 하나님이시기에 실상은 전혀 겁내지 않으며 뻔뻔하게 살려 했습니다. 벌거벗은 내 모습을 비추는 진정한 거울인 하나님이 내 시야에서 사라졌기 때문입니다. 나의 나 됨의 진정한 근원을 하나님에게서 찾지 않으면서 본래의 모습을 잃어버리기 시작했습니다. 그때부터 탐욕을 위해 나를 사탄에게 팔아넘기기 시작했습니다. 더러는 돈 욕심에, 더러는 세상의 쾌락에 빠져서, 더러는 맹목적으로 권력을 좇다가 양심과 인격을 팔아넘기기도 했습니다. 충동적인 욕망에 나를 내맡기려 했습니다. 내가 얼마나 소중한 존재인지 깨닫지 못하고 쓰레기통에서 육체의 욕망을 채우려 했습니다.

위기가 닥치면 '이러면 안 되겠다' 잠깐 반성하는 듯하다가 다시 탐욕스러운 모습으로 돌아갑니다. 내 안에 하나님을 두려워하는 마음이 없는 탓입니다. 진정으로 하나님을 두려워하는 마음이 없어서 악을 행하기에 담대한 나의 악한 모습을 참회합니다.

섬기는 자

마 20:25-28

너희 중에 누구든지 크고자 하는 자는
너희를 섬기는 자가 되고 너희 중에
누구든지 으뜸이 되고자 하는 자는
너희의 종이 되어야 하리라.

사랑의 하나님, 내가 얼마나 교만한 인간이었는지 모릅니다. 남을 섬긴다는 건 내 인생 사전에는 없었습니다. 오직 내가 지도자로서 남을 잘 다스리고 이끌어야 한다는 당위성만 있었습니다. 얼마나 기회주의자였는지 모릅니다. 나에게 높은 자리를 달라, 권력을 달라, 그리하면 괜찮은 지도자가 되겠다고 여러 번 기도했습니다. 하지만 먼저 남을 섬기겠다, 이웃이 살아날 수 있도록 내 목숨을 드리겠다는 사랑의 열정은 부족했습니다. 얼마나 이기주의자였는지 모릅니다. 늘 지금의 자리가 불만족스러웠고, 늘 대접받지 못하는 소외자라는 울분을 안고 살았습니다. 힘 있는 자리를 원했던 이유는 큰소리치면서 세상을 다스려 보고 싶었기 때문입니다. 나는 하나님의 '역전의 법칙'을 모르는 무지한 자였습니다. 크고자 하는 자는 남을 섬기는 자가 되라는 말씀을 전혀 이해할 수가 없었습니다. 으뜸이 되고자 하는 자는 종처럼 낮은 자가 되라는 말이 너무나 당혹스러웠습니다. 진정한 지도력이 섬김에서 생겨나는 것임을 잘 몰랐던 탓입니다. 지도자의 지위를 탐했지만, 참된 지도자가 될 수 없었습니다.

하늘의 은혜를 사모하오니, 나의 연약함을 도와주옵소서. 예수님의 마음을 품고 이웃을 섬기게 하옵소서. 그리하여 새 생명과 치유와 회복의 역사가 일어나게 하옵소서.

큰 기쁨의
좋은 소식

눅 2:8-14

오늘 다윗의 동네에 너희를 위하여
구주가 나셨으니 곧 그리스도 주시니라.

사랑의 하나님, 성탄절의 사건은 모든 인간에게 주시는 큰 기쁨의 좋은 소식입니다. 예수님께서 유대 땅 베들레헴에 오셨습니다. 짐승들의 여물통인 구유에 누우셨습니다. 가장 버림받고 천대받는 목자들에게 이 놀라운 소식을 알리셨습니다. 한밤중에 들밖에서 양 떼를 치는 비천한 목자들에게 예수 탄생의 소식을 전하셨습니다. 그것은 자기가 최고라고 뽐내는 건방진 자를 쳐부수는 하나님의 심판이었습니다. 하지만 나는 몸과 마음에 밴 교만을 버리지 못해 예수님을 기쁨으로 맞이하지 못했습니다. 다윗의 동네, 작고 소박한 마을 베들레헴에서 아기 예수님이 태어나셨습니다. 그것은 힘 있는 자들, 가진 자들에 대한 하나님의 경고였습니다. 하지만 나는 가진 힘과 권력을 사람들 앞에 뽐내는 것으로 즐거움을 삼으려 했습니다. 영광의 주님이신 예수님께서 짐승들의 먹이통인 구유에 누우셨습니다. 그것은 버려진 자, 소외된 자, 가난한 자들에 대한 하늘의 위로였습니다. 하지만 나는 내가 가진 것이 너무 적다고, 나는 왜 흙수저로 태어났느냐고, 이렇게 가난하게 사느니 죽는 게 낫다고 탄식했습니다.

이제 몸과 마음에 밴 오만방자한 때를 벗겨 주옵소서. 이제 몸과 마음에 찌든 노예근성, 거지 근성을 깨뜨려 부수옵소서. 이제 몸과 마음으로 진정한 겸손을 배우게 하옵소서. 이제 몸과 마음으로 저 낮은 곳을 향하여 담대히 나갈 용기를 주옵소서.

거룩한 매력

눅 10:21-24

이는 주의 율법에 쓴 바 첫 태에 처음 난 남자마다 주의 거룩한 자라 하리라 한 대로 아기를 주께 드리고.

사랑의 하나님, 세상 사람들이 조롱합니다. "예수님은 좋다. 그런데 예수쟁이는 싫다!" "예수님은 거룩한 매력을 지녔다. 그런데 예수쟁이는 매력이 없다!" 내가 예수님의 거룩한 매력으로 살려하지 않고 나의 매력에만 매달렸던 탓입니다. 하나님을 사랑하기보다는 거짓된 우상을 열심히 따랐던 탓입니다. 그러다 보니 인생의 방향이 뒤틀리고 말았습니다. 내 인생의 목표는 높이 날아오르는 것이었습니다. 조금 더 많이 갖고 다른 사람들에게 가진 것을 뽐내는 것이었습니다. 조금 더 힘을 가진 자가 되어 사람들에게 큰소리치는 것이었습니다. 모두 나의 이기적인 탐욕을 위해서였습니다.

하지만 예수님은 나와는 전혀 다른 길을 가셨습니다. 당대의 지혜자와 총명한 자들이 아니라 어린아이와 같은 순전한 자들, 기다리는 사람들, 민중들을 찾으셨습니다. 가난한 사람들, 애통하는 사람들, 소외된 어린이들, 천대받던 여인들을 사랑하셨습니다. 이제 나도 예수님의 마음을 품고 예수님이 가신 길을 따라 걷게 하옵소서.

내가
누구이기에

출 3:9-14

모세가 하나님께 아뢰되 내가 누구이기에
바로에게 가며 이스라엘 자손을
애굽에서 인도하여 내리이까.

사랑의 하나님, "나는 스스로 있는 자다"라고 말씀하신 주님이 내가 기다려야 할 창조주 하나님이심을 찬양합니다. 하지만 나는 피조물이면서 창조주 행세를 하려 했습니다. 못된 죄인이면서 시침 떼고 거룩한 척했습니다. 하나님께서 지도자로 세우시려고 하면, "내가 누구이기에?"라고 질문하면서 못한다고 내뺐습니다. 반대로 지도자로 세우시지도 않았는데, 하나님이 나를 보냈다며 내가 진짜 지도자라고 우겼습니다. 내가 누구인지도 잘 모르면서 잘난 체했습니다. 그래서 권력이 조금만 생기면 내 것인 양 마구 휘두르려 했습니다. 하나님께서 함께하시겠다고 약속하지도 않았는데, 먼저 내달릴 때도 있었습니다. 그러고는 나를 따라오지 않으면 안 된다고 하나님을 윽박지르기까지 했습니다.

이제 교만이 가득한 허세를 내게서 다 빼 주옵소서. 자기 연민의 탄식과 슬픔을 내려놓게 하옵소서. 이제 주님이 부르시면, "예" 하고 대답하게 하옵소서. 주님이 가라 하시면, "예" 하고 순종하게 하옵소서. 주님이 멈추라고 하시면, "예" 하고 멈추어 서게 하옵소서. 나와 함께하시겠다고 말씀하신 임마누엘의 약속을 믿고 인생의 새로운 첫 발걸음을 내딛겠습니다.

신을 벗으라

출 3:4-5

하나님이 이르시되 이리로 가까이 오지
말라 네가 선 곳은 거룩한 땅이니 네
발에서 신을 벗으라.

사랑의 하나님, 세상에서 살면서 성공만을 향하여 달릴 때가 많
았습니다. 돈과 재물을 얻고, 지식을 터득하고, 심지어는 권력을
손에 쥐기도 했습니다. 그래서 성공한 사람으로 대우받기도 했습
니다. 그러나 세상 지위가 높이 올라가면 갈수록 마음에 허무의
그림자가 더욱 짙게 깔렸습니다. 그때마다 나를 유혹하는 병적인
바이러스들이 침투했습니다. 성공한 자가 느끼는 기쁨보다 책임
감과 외로움이 더 크게 다가왔습니다. 그래서 때로는 더 독선적
인 사람이 되었고, 그리하여 더 외톨이가 되었습니다. 내 속에 잠
재해 있었던 교만함이 독사의 머리처럼 고개를 내밀었습니다. 그
것은 자존감이 아니라 남을 함부로 대하고 무시하는 오만함이었
습니다. 때로는 분에 넘치는 파괴적인 모험을 시도하려 했습니
다. 그것도 잘 안되면, 성적 쾌락으로 외로움을 달래려 했습니다.
돈과 재물, 지식과 권력은 하나님이 내게 잠시 맡기신 선물임을
잊은 탓입니다.

　　모세에게 하셨듯이 이제 나에게 친히 말씀하시옵소서! "네가
선 곳은 거룩한 땅이니 네 신발을 벗으라"고! 세상에서 더럽고 누
추한 때가 묻은 신발을 벗게 하옵소서! 내 속에서 나를 억누르고
있는 트라우마의 신발을 내던지게 하옵소서! 주님을 사랑합니다.
내가 서 있는 자리, 밟는 땅, 만지는 것, 내가 꿈꾸는 것이 거룩하
게 하옵소서.

34

겸손한 마음

빌 2:3-5

아무 일에든지 다툼이나 허영으로 하지
말고 오직 겸손한 마음으로 각각
자기보다 남을 낫게 여기고.

사랑의 하나님, 이 시간 주님을 사랑하는 마음으로 주님 앞에 나
왔습니다. 내 삶을 지켜보시는 주님 앞에 이 시간 나의 허물과 죄
악을 토해 냅니다. 예수님은 온유하고 겸손한 모습으로 죄인인
나를 영접하셨습니다. 하오나 나는 오만한 모습으로, 때로는 비
웃는 태도로 이웃에게 함부로 했습니다. 나의 교만한 태도와 말
과 행동으로 깊은 상처를 주고 분노를 유발했습니다. 예수님의
온유와 겸손을 조롱한 적도 있습니다. 이렇게 치열한 경쟁 사회
에서 온유와 겸손이 밥 먹여 주는지 묻지 않을 수 없었습니다.

　때로는 예수님의 온유와 겸손을 닮길 원했습니다. 나를 비하하
고 경멸하면 된다고 여겼습니다. 하지만 그럴수록 비참해졌고 자
존감이 땅에 떨어지고 무력해졌습니다. 때로는 영적으로 게으르
고 나태한 삶을 즐기면서 이것이 온유하고 겸손한 삶이라고 오해
하고 생을 낭비했습니다. 이 세상을 변화시키겠다고 큰소리쳤지
만, 정작 나 자신도 바르게 다스리지 못하는 나입니다. 이제 예수
님을 닮은 진정한 온유와 겸손의 사람이 되고 싶습니다. 예수님
을 더 사랑하고 더 닮아 가겠습니다. 그리하여 뜨겁게 타오르는
불꽃같이 내 삶이 주님을 위해 태워지기를 원합니다. 주님께서
어느 날 나를 부르실 때 "감사합니다"라고 고백하면서 역사의 뒷
면으로 미련 없이 사라지게 하옵소서.

처음 사랑

계 2:1-7

그러나 너를 책망할 것이 있나니 너의
처음 사랑을 버렸느니라.

사랑의 하나님, 예수님을 믿는 것이 나의 기쁨이요 하나님을 사
랑하는 것이 나의 자랑이 되게 하옵소서. 그런데 예수님의 이름
을 계속 불러도 가슴이 벅차지 않습니다. 하나님의 거룩함 앞에
선다고 하면서도 두렵고 떨리는 경건한 감정이 흐릿해졌습니다.
성령님의 도우심과 이끄심을 받는다고 하면서도 내 영혼이 기쁨
으로 뛰놀지 않습니다. 엎드려 기도하면서도 마음은 교만했습니
다. 찬송을 부르면서도 나를 뽐내고 싶어 했습니다. 하나님을 섬
긴다고 하면서 실상은 하나님께서 나를 섬기기를 바랐습니다. 그
래서 일이 잘 풀리지 않으면 하나님께 분노했습니다.
　하나님을 사랑함이 인생의 우선순위가 되지 못한 탓입니다. 그
리하여 신앙은 성숙해지지 않고 퇴보했습니다. 주님을 첫사랑으
로 만났던 그 설렘을 너무 쉽게 망각한 탓입니다. 신앙은 그저 습
관에 머물렀고 아예 화석화되기 시작했습니다. 이 시간 머리 숙
여 기도하오니 임재하옵소서. 죄인을 용서하시는 하나님의 놀라
운 사랑에 감격하게 하옵소서.

오만함

삼하 24:1-4, 9-10

다윗이 백성을 조사한 후에 그의 마음에 자책하고 다윗이 여호와께 아뢰되 내가 이 일을 행함으로 큰 죄를 범하였나이다. 여호와여 이제 간구하옵나니 종의 죄를 사하여 주옵소서.

사랑의 하나님, 주님을 사랑하고 주님께 감사합니다. 예수님을 믿는 것이 나의 자랑입니다. 하지만 나를 사랑하시는 하나님을 망각하며 살 때가 많습니다. 너무 힘들고 어려울 때는 "도대체 하나님은 어디 계신 거야?" 하며 원망했습니다. 모든 게 잘 풀리고 풍요로울 때는 "하나님 없이도 잘나가네!" 하며 교만했습니다. 교만해지니 다른 사람 이야기를 들으려 하지 않았습니다. 나 혼자 이야기하는 걸 즐겼습니다. 교만해지니 항상 지시만 했습니다. 다른 사람의 의견을 청취할 마음이 없었습니다. 교만한 나는 사탄을 너무 닮았습니다. 하나님이 없는 것처럼 행세했습니다. 아니, 하나님을 대신하는 것처럼 우쭐댔습니다. 스스로 숭배의 대상이 되려 했습니다. 어떤 항의도, 어떤 문제 제기도, 어떤 비판도 거절했습니다.

하나님의 영광을 위한다고 하면서 실상은 내 욕망을 향해 질주합니다. 이제 나의 영적인 무지를 밝혀 주옵소서. 탐욕스러운 오만함을 꺾어 주옵소서. 하나님이 쓰실 만한 겸손한 자로 세워 주옵소서.

온유함의 리더십

모세로 말하자면, 땅 위에 사는 모든 사람 가운데서 가장 겸손한 사람이다.

민 12:3-7

사랑의 하나님, 먼저 하나님의 나라와 그 의를 구하라 하신 말씀대로 살기를 기도합니다. 모세와 같은 온유함을 갖고 세상에서 살기를 원합니다. 무엇보다 예수님의 온유하고 겸손하신 모습을 닮길 간구합니다. 하지만 치열하고 척박한 경쟁 사회에서 '온유와 겸손'의 덕을 갖추고 살기가 얼마나 어려운지요? 마치 달걀로 바위를 치는 것처럼 허무한 일 아닌가 탄식한 적도 있습니다. 온유함을 나약하고 우유부단한 성품으로 오해한 탓입니다. 때로는 게으르고 나태한 삶을 즐기면서 그것이 온유한 삶이라고 오해하고 생을 낭비했습니다.

온유란 하나님으로만 만족할 수 있는 올곧은 성품인 줄 알지 못했습니다. 힘과 능력이 있으나 자제할 줄 아는 성품임을 간과했습니다. 그래서 헛똑똑이가 될 때가 종종 있었습니다. 불의와 악을 보고 거룩한 분노를 발해야 할 때는 모른 척 침묵했습니다. 참고 기다려야 할 때는 너무 쉽게 화를 냈습니다. 세상의 못된 행태를 개혁하겠다고 큰소리쳤지만, 나 자신도 제대로 다스리지 못할 때가 너무 많았습니다. 이제 예수님을 닮아 진정한 온유함과 겸손함을 지니고 삶을 살고 싶습니다. 그리하여 뜨겁게 타오르는 불꽃처럼 이 인생을 주님을 위해 태우길 원합니다. 그리하다가 주님께서 내 이름을 부르며 오라 하실 때 역사의 뒷면으로 미련 없이 사라지게 하옵소서.

사랑의 배반

창 3:1-7

여자가 그 나무를 본즉 먹음직도 하고 보암직도 하고 지혜롭게 할 만큼 탐스럽기도 한 나무인지라. 여자가 그 열매를 따먹고 자기와 함께 있는 남편에게도 주매 그도 먹은지라.

사랑의 하나님, 피조물인 내가 오만하게도 창조주이신 하나님과 맞짱 뜨려고 했습니다. 사탄이 다가와 "너는 하나님과 비슷하다" 하고 부추길 때 내가 정말 괜찮은 존재인 줄 착각했습니다. 하나님의 사랑을 신뢰하지 못하고 의심했습니다. 간교한 사탄의 꼬드김인 줄 알면서도 유혹에 넘어가고 싶어 방조했습니다. 내 욕망대로 하고 싶은 것을 사탄이 대변해 주었기 때문입니다. 먹고 마시는 육체의 정욕은 먹음직했고, 눈을 즐겁게 하는 사치스러운 욕망은 보암직했습니다. 명예와 권력을 추구하려는 이기적인 야망은 탐스러워 보였습니다. 그래서 사탄의 유혹에 빠져 슬며시 죄를 즐기려 했습니다. 혼자 죄짓지 않고 옆에 있는 사람을 꼬드겨 공범으로 만들었습니다. 그 순간 하나였던 공동체가 깨지고 서로 낯선 사람이 되었습니다. 서로를 보며 부끄러워했습니다.

하나님의 놀이터인 에덴동산을 싸움터로 변질시킨 죄가 나에게 있습니다. 모질고 흉악한 죄악을 나 스스로는 씻을 수 없습니다. 이제 내가 하나님의 아들 예수님을 기다립니다. 내 죄악의 짐을 대신 지고 십자가에서 보혈을 흘리신 예수님, 이 시간 주님의 이름을 부르는 나에게 사죄의 은총을 내려 주옵소서.

바벨탑

또 말하되 자, 성읍과 탑을 건설하여 그 탑 꼭대기를 하늘에 닿게 하여 우리 이름을 내고 온 지면에 흩어짐을 면하자 하였더니.

사랑의 하나님, 하나님은 나에게 생각할 줄 아는 힘을 주셨습니다. 하오나 나는 이 생각을 이기적인 욕심을 채우는 데 먼저 사용했습니다. 하나님은 나에게 대화할 수 있는 언어를 주셨습니다. 하오나 나는 악을 도모하고 이웃을 거짓으로 넘어뜨리는 언어로 바꾸었습니다. 심지어 하나님을 대적하는 언어로 사용하기를 주저하지 않았습니다. 바벨탑을 쌓은 사람들처럼 더 큰 것, 더 높은 것, 더 많은 것을 탐하며 무작정 달려온 어리석음을 고백합니다. 세상에서 너무 분주하고 피곤하게 살았습니다. 업적에 목을 매고 죽자 살자 뛰었습니다. 마음 한복판에는 소영웅주의가 도사리고 있었던 탓입니다.

세속적인 성공과 출세가 늘 나의 목표였습니다. 바울은 배설물처럼 여겼던 것을 나는 금은보화처럼 떠받들었습니다. 그 자리에 하나님은 계시지 않았습니다. 아니, 하나님께 내 삶에 들어올 기회를 드리지 않았습니다. 낮고 천한 죄인이었던 나를 위해 종의 모습으로 오신 예수님을 다시 기억합니다. 이제 예수님의 거룩한 마음을 품고 이웃의 낮은 곳을 높이고 천한 곳을 빛나게 하는 사람이 되게 하옵소서.

영적 분별력

고전 2:12-16

우리가 이것을 말하거니와 사람의 지혜가
가르친 말로 아니하고 오직 성령께서
가르치신 것으로 하니 영적인 일은
영적인 것으로 분별하느니라.

사랑의 하나님, 성령께서 나에게 오셔서 예수님을 향해 나의 주
님, 나의 하나님이라고 고백하게 하신 것에 감사드립니다. 하오
나 나는 예수님을 주님처럼 대접하지 못한 적이 너무나 많습니
다. 오히려 내 욕심대로 행하면서 예수님더러 내게 맞추시라고
요구했습니다. 그래서 내 신앙은 기복주의 신앙에 머무르고 말았
습니다. 성령께서는 내게 세상 모든 것을 헤아리고 분별하는 능
력을 주셨습니다. 하오나 나는 분별의 영에 눈을 감았습니다. 모
든 사물을 주님의 눈으로 판단하지 아니했습니다. 오히려 탐욕의
눈으로만 바라보았습니다. 그래서 스스로 교만해졌고, 남을 멸시
했고, 하나님의 뜻을 거부했습니다.

성령께서는 영적인 은사를 많이 주셨습니다. 지혜, 지식, 믿음,
병 고치는 은사, 능력 행하는 은사, 예언, 각종 방언을 하는 은사
들이었습니다. 그런데 나는 이런 은사를 교회의 덕을 세우는 데
사용하지 못했습니다. 내게 이런 은사가 있다고 자랑하기에 바빴
습니다. 오히려 교만을 떠는 데 사용하여 사람들을 미혹했습니
다. 성령께서 예수 그리스도의 영이신 것을 다시금 깨닫게 하옵
소서. 성령을 받고 성령의 사람이 되었으니, 이제 예수님의 눈과
마음으로 세상의 모든 것을 분별하게 하옵소서.

지혜와 계시의 영

엡 1:17-19

우리 주 예수 그리스도의 하나님, 영광의 아버지께서 지혜와 계시의 영을 너희에게 주사 하나님을 알게 하시고.

사랑의 하나님, 그동안 소홀히 했던 내 생각과 판단, 잘못된 믿음을 고쳐 주옵소서. 마음의 눈과 귀를 밝혀 주셔서 보지 못하던 것을 보고 듣지 못하던 것을 듣고 깨닫지 못하던 것을 깨닫고 경험하게 하옵소서. 나의 믿음과 사랑이 얼마나 부족했는지, 내가 얼마나 방자하고 교만했는지 잘 압니다. 이 시간, 참회하는 마음으로 주님께 간구합니다. 내가 한낱 흙으로 만든 피조물임을 겸손히 깨닫게 하옵소서. 창조주 하나님을 매일 더 알아 가는 지혜로 삶이 더욱 충만하기를 원합니다. 하루하루 주어진 시간이 그냥 흘러가는 시간이 아니라, 하나님과 동행하는 시간이 되게 하옵소서. 내가 살아가는 삶의 현장이 하나님의 운동장임을 알고 주님과 함께 기쁨으로 뛰놀게 하옵소서.

내가 내 인생의 주인공으로 살기를 하나님은 원하십니다. 지금도 관중석에서 나를 보며 손뼉 치며 기뻐하는 분이 하나님이심을 알게 하옵소서. 그리하여 내가 천하를 주고도 바꿀 수 없는 소중한 존재임을 자랑스럽게 여기게 하옵소서. 계시의 영을 주사 지상의 내가 저 하늘의 신비한 계시와 맞닿아 있음을 경탄하며 살게 하옵소서. 지혜의 영을 주사 누추하고 보잘것없는 삶의 자리에 찾아오시는 하나님을 경험하며 그 은혜를 찬양하며 살게 하옵소서.

빚진 자의 소망

롬 1:8-15

헬라인이나 야만인이나 지혜 있는 자나 어리석은 자에게 다 내가 빚진 자라. 그러므로 나는 할 수 있는 대로 로마에 있는 너희에게도 복음 전하기를 원하노라.

사랑의 하나님, 놀라운 하나님의 은혜를 깨달은 사람답게 살지 못했음을 고백합니다. 하나님을 향한 처음 사랑을 잃어버렸습니다. 그러자 영적인 부채 의식도 사라졌습니다. 내가 잘 나서 여기까지 온 것처럼 교만을 떨었습니다. 그러자 고마운 마음이 줄어들었습니다. 서운함과 분노가 나를 사로잡았습니다. 그러자 보상 심리가 더욱 커졌습니다. 이웃의 소중함을 망각했습니다. 더욱 이기적인 개인주의자가 되고 말았습니다. 그러자 이웃을 축복할 마음이 생기지 않았습니다. 오히려 오만하게 비판하고 심판하는 자가 되었습니다. 그러자 내 영혼에 기쁨이 사라졌습니다. 그냥 어쩔 수 없이 사는 무기력한 사람이 되었습니다.

영적으로 하나님 앞에 빚진 자의 의식을 회복시켜 주옵소서. 그리하여 주님 안에서 나의 나 된 것에 감사할 수 있게 하옵소서. 감사하면서, 예수님을 사랑할 줄 알게 하옵소서. 사랑하면서, 예수님을 자랑하게 하옵소서. 예수님을 자랑하며 사는 것이 평생의 사명이 되게 하옵소서.

다시 사신 예수

막 16:1-8

여자들이 몹시 놀라 떨며 나와 무덤에서 도망하고 무서워하여 아무에게 아무 말도 하지 못하더라.

사랑의 하나님, 예수님의 부활은 인류 역사상 어디에서도 찾아볼 수 없는 유일무이한 생명의 사건, 신비의 사건, 전적인 계시의 사건이었습니다. 마땅히 죽어야 할 죄인인 나를 다시 살리기 위한 '하나님의 사랑'의 사건이었습니다. 하지만 나는 아직도 부활의 신비를 바르게 경험하지 못하고 있습니다. 예수님의 부활 소식을 듣고도 그냥 무덤덤했습니다. 나의 어리석은 믿음은 예수님을 아직 십자가에 달린 채로 머물러 있게 합니다. 아니, 무덤 속에 갇혀 계신 분으로 체념합니다. 그래서 살아 계시고 부활하신 예수님의 능력을 내 것으로 삼지 못하고 있습니다. 왜 나는 아직도 부활하신 예수님을 보지도 듣지도 가슴으로 깨닫지도 못하는 걸까요? 나의 교만함과 완악함 때문입니다. 그래서 부활하신 예수님이 앞에 계심에도 볼 수가 없었습니다.

다시금 깨닫습니다. 예수님은 자기 잘났다고 뽐내는, 마음이 부요한 자들과 오만한 권세 있는 자들에게는 자신을 감추셨습니다. 부활하신 예수님은 오히려 사회에서 버려진 여인들, 그러나 예수님을 사랑하며 뒤따랐던 여인들에게 먼저 나타나셨습니다. 이 시간 나에게 계시의 영, 지혜의 영을 부어 주옵소서. 닫힌 마음의 눈을 밝히 뜨게 하셔서 살아 계신 생명의 주님을 만나게 하옵소서. 그리하여 평생 부활과 생명의 신비를 지니고 사는 기쁨을 갖게 하옵소서.

반항하는
요나

온 1:1-3

그러나 요나가 여호와의 얼굴을
피하려고 일어나 다시스로 도망하려 하여
욥바로 내려갔더니 마침 다시스로 가는
배를 만난지라.

사랑의 하나님, 주님은 하늘과 땅을 창조하신 하나님이십니다.
하나님의 형상으로 인간을 만드시고 축복하십니다. 누구나 예수
님을 믿고 다 하나님의 자녀가 되기를 원하십니다. 하지만 나에
게는 요나와 같은 못된 마음이 있습니다. 예수님을 믿고 나만 복
받고 나만 잘되려는 마음이 있습니다. 하나님 앞에서조차 너무
교만하고 오만방자했습니다. 내 생각이 하나님 생각보다 더 옳고
바르다고 우겼습니다. "내가 있어서 세상이 있는 것 아닌가?" "하
나님도 나를 위해, 나 중심으로 돌아야 한다!"라고 강변했습니다.
그래서 하나님의 뜻을 알면서도 내 뜻만을 관철하려 했습니다.
　요나 속에 내 못된 모습이 들어 있습니다. 내 생각과 다르면 하
나님조차 틀렸다고 주장했습니다. 신앙을 가졌다고 하면서도 왜
이렇게 편협한지 모르겠습니다. 넉넉하고 여유로운 사람이 되지
못했습니다. 하나님의 위대한 사랑을 나의 이기적인 탐욕으로 바
꾸려 했습니다. 내가 가고자 하는 길과 다르면 하나님이 보여 주
신 길이라도 잘못된 길이라고 우겼습니다. 사랑과 긍휼이 넘치는
하나님의 마음을 알면서도, 인색하고 속이 좁아 용납하지 못하며
살 때가 너무 많습니다. 이제 내 자아보다 훨씬 더 크신 궁극적인
자아이신 하나님께 나를 맡깁니다. 주님의 뜻을 바르게 깨닫고
순종할 줄 아는 사람이 되게 하옵소서.

부르심을
받은 자

롬 1:1-7

너희도 그들 중에서 예수 그리스도의
것으로 부르심을 받은 자니라.

사랑의 하나님, 예수님을 '나의 주님'으로 고백했습니다. 이는 내
삶의 주인이 예수님으로 바뀌었다는 선언이었습니다. 내 삶에 새
로운 혁명이 시작되었다는 뜻이었습니다. 그런데도 이 사실을 깊
이 생각하지 못했습니다. 그냥 보이는 것만을 향해 달렸습니다.
잠깐 성공했을 때는 교만이 극에 달했습니다. 하지만 환경과 여
건이 변할 때마다 나의 자랑과 자존감이 얼마나 쉽게 변질되고
무너졌는지 한참 후에야 깨달았습니다. 예수님을 믿은 그 순간
나는 하나님께 부름 받은 사람이 되었습니다. 하지만 누구에게
부름을 받았는지 잘 모르는 사람처럼 우왕좌왕하며 살았습니다.
때로는 하나님에게 부름 받았다는 사실을 부끄러워했습니다. 나
는 약하다, 나는 부족하다, 나는 죄인이다, 하고 세상에 까발리고
다니는 것 같았기 때문입니다. 그래서 그 대신 가문과 학벌, 직업
과 재산으로 내가 누구인지 자랑하려 했습니다. 주위 환경으로
나를 규정하는 게 얼마나 가변적이고 헛된 것인지 알지 못했습니
다.

이제야 고백합니다. 나를 만드신 하나님 앞에 서야 내가 정말
누구인지 깨달을 수 있습니다. 나를 당신의 형상으로 창조하신
분 앞에 서야, 이 땅에서 이루어야 할 사명을 주님에게 받을 수 있
습니다.

나를
규정하는 것

롬 2:25-29

오직 이면적 유대인이 유대인이며 할례는
마음에 할지니 영에 있고 율법 조문에
있지 아니한 것이라. 그 칭찬이
사람에게서가 아니요 다만
하나님에게서니라.

사랑의 하나님, 하나님의 '말씀의 거울' 앞에 서기를 원합니다. 내
모습을 있는 그대로 보게 하옵소서. 내가 누구인지, 어디에 있는
지 정확히 알지 못했습니다. 돈이 조금 있을 때는 부자라고 뽐냈
습니다. 권력을 가졌을 때는 무소불위의 권세를 누릴 수 있다고
우쭐댔습니다. 지식을 쌓았을 때는 나보다 더 똑똑하고 잘난 사
람 있으면 나와 보라고 큰소리치고 싶어 했습니다. 내가 얼짱이
요 몸짱임을 자랑하고 싶을 때도 있었습니다. 그래서 겉모양을
예쁘고 멋지게 꾸미고 싶어 했습니다. 얼마나 많은 돈과 정성을
기울였는지 모릅니다. 하지만 내면세계를 가꾸는 데는 관심이 별
로 없었습니다. 사람들 시선에는 매우 민감했습니다. 사람들이
나를 어떻게 볼지에 너무 연연했습니다. 나를 사랑하시는 하나님
의 시선을 받고 있다는 사실은 까맣게 잊었습니다.

　하나님께서 인정하시고 칭찬하시는 게 무엇인지 알고 싶어 열
망하게 하옵소서. 그리하여 세상의 인정과 칭찬에 일희일비하지
않게 하옵소서. 이제는 성령에 붙잡힌 사람이 되어 내 인생의 주
도권을 쥐려 하는 거짓 우상들에게서 훌훌 벗어나게 하옵소서.
이제는 예수님의 마음으로 세상을 향해 담대히 나아가는 사람이
되게 하옵소서.

분노와 인내

은 4:1-4

여호와께서 이르시되 네가 성내는 것이
옳으냐 하시니라.

사랑의 하나님, 이 시간 예수님의 십자가 앞에서 나의 부끄러운
죄악을 토해 냅니다. 내 안에 교만과 시기심과 함부로 성내는 어
리석음이 있습니다. 시도 때도 없이 마음이 불안하고 두렵습니
다. 그럴 때마다 이를 감추기 위해 화를 내고 다른 사람을 들볶습
니다. 화를 냈으면 빨리 풀어야 하는데, 분노를 가슴에 깊이 새기
고 차곡차곡 쌓아 두었습니다. 그러고는 내가 화병에 걸렸다고
자책하며 탄식했습니다. 스스로 소중히 여기는 진정한 자존감이
없는 탓입니다. 좁고 편협한 사고로 모든 일, 모든 사람을 가늠하
고 비판하려 했습니다. 나와 다르면, 내 생각과 조금이라도 맞지
않으면, 버럭 화를 냈습니다. 나의 연약함과 죄악에 대해 하나님
께서 일일이 분노하셨으면, 나는 살아남지 못할 존재임을 망각한
탓입니다.

　남을 존중하지 않으면서 나는 남에게 존중받기를 바라는 이기
적인 존재가 바로 나였습니다. 감히 창조주처럼 행세한 것을 용
서하옵소서. 피조물 인생이며 아침 안개처럼 꺼져 갈 삶임을 겸
손히 깨닫게 하옵소서. 하나님의 사랑에 빚진 자가 바로 나임을
알게 하옵소서. 이제는 남을 귀히 여기고 사랑할 줄 아는 사람이
되게 하옵소서.

2

욕망의 사슬을 끊고 자유를 만나다

세속적 욕망에서 벗어나
참된 자유를 찾아가는
기도

돈에 대한 강박

눅 12:16-21

어리석은 자여 오늘 밤에 네 영혼을 도로 찾으리니 그러면 네 준비한 것이 누구의 것이 되겠느냐.

사랑의 하나님, 사람이 떡으로만 사는 존재가 아니라 하나님의 말씀으로 사는 영적인 존재임을 가르쳐 주시니 감사드립니다. 하지만 나는 세상에서 먹고 마시고 즐기는 육체의 쾌락이 유일한 즐거움인 것처럼 살 때가 많았습니다. 내 영혼이 주님 안에서 쉬고 즐기는 기쁨을 누릴 겨를이 없었습니다. 재물을 얻을 능력을 주시고 그 재물을 바르게 사용할 마음도 주신 것에 감사드립니다. 그런데 나는 돈과 재물이 우상이 되어 나를 지배하려 하는데도 방치했습니다. 벌어도 벌어도 만족을 모르는 탐욕은 돈에 대한 강박으로 이어졌습니다.

이만큼 건강하게 복을 주신 것에 감사드립니다. 그러나 나는 이 건강과 이 젊음이 마냥 계속될 줄로 착각하며 살았습니다. 인생에 마감이 있고, 심판자이신 하나님 앞에 서는 날이 있음을 망각하며 살았습니다. 내게 주어진 건강, 내게 주어진 삶이 잠시 맡겨진 하나님의 선물임을 잊고 마치 내 소유인 양 착각하며 살았습니다. 그래서 내 것만 챙기고 이웃을 돌아보지 못했습니다. 내게 주어진 돈과 재물을 먼저 하나님의 나라와 의를 위하여 사용하게 하옵소서. 그리하여 보물을 하늘 창고에 쌓아 두는 지혜로운 하나님의 자녀가 되게 하옵소서.

인생의
목적

마 4:5-7

예수께서 이르시되 또 기록되었으되 주 너의 하나님을 시험하지 말라 하였느니라 하시니.

사랑의 하나님, 보이지 않는 하나님보다 보암직도 하고 먹음직도 한 물질세계에 현혹되어 살 때가 많았습니다. 하늘에 계신 하나님에게서 이 땅의 모든 것이 창조되었고, 하나님이 나에게 그것을 선물로 주신 사실을 너무 쉽게 잊은 탓입니다. 세상에서 출세해서 가장 높이 올라가는 일에 연연하며 살았습니다. 그것이 인생의 목표요 목적인 양 치열하게 살았습니다. 그 목표를 이루기 위해 때로 수단과 방법을 가리지 않았습니다. 그 때문에 내 옆에 있는 사람은 인격적인 존재가 되지 못했고, 나의 출세를 위한 수단과 방편에 불과했습니다. 최고 높은 꼭대기에 올라 나를 뽐내며 자랑하고 싶었습니다. 수많은 사람에게 인정받고 싶었습니다. 저 능력자를 보라, 저 성공자를 보라, 저 매력 있는 인기인을 보라는 칭찬을 열망하며 살았습니다. 영웅적인 무용담의 주인공이 되고 싶었습니다. 그것이 사람을 바꾸는 일이고, 공동체와 역사를 변혁시키는 일이라고 큰소리쳤습니다.

이 시간, 헛된 교만과 야망을 주님 앞에 내려놓습니다. 예수님께서 가장 비천하고 가장 힘겹고 가장 추운 길을 가셨기에 나는 고귀해졌고 편해졌고 따뜻한 길에 들어설 수 있었습니다. 예수님의 품성을 닮아 가는 나를 통해 이 땅이 더 밝고 더 따뜻하고 더 거룩하게 변화되게 하옵소서.

거룩한 열심, 이기적 탐심

요 2:13-22

이르시되 이것을 여기서 가져가라 내 아버지의 집으로 장사하는 집을 만들지 말라 하시니.

사랑의 하나님, 2천 년 전에 예수님께서 예루살렘 성전을 향하여 진노하시던 모습이 떠오릅니다. 하나님께 기도하며 예배드리는 집을 '강도들의 소굴'로 바꾸어 놓았다고 탄식하셨습니다. 그런 못된 모습이 혹 내 안에도 있는가 두렵습니다. 주님을 믿는다고 하면서 인간적인 욕심이나 이익만을 추구하며 탐내는 강도와 같은 모습이 나에게 있으면 다 내어 쫓게 하옵소서.

내가 만든 잣대로 하나님마저 판단하고 내 욕심대로 생을 사는 게 인생의 멋인 줄 착각했습니다. 문제가 생기고 위기에 봉착했을 때만 겨우 하나님께 나와서 매달리고 간구하는 기회주의적인 신앙인으로 살았습니다. 때로는 하나님 것을 마치 내 소유물처럼 사유화하지 않았는지 돌아봅니다. 하나님과 재물을 동시에 섬기려는 이중적인 마음, 돈에 대한 탐욕으로 매몰되었던 삶을 회개합니다. 하나님을 예배한다고 하면서 실상은 내 명예를 위해 달려온 삶을 부끄럽게 고백합니다. 교회에 나가 이리저리 뛰며 열심히 섬기는 듯했으나 그저 나를 위한 열심이었을 뿐, 하나님을 사랑하는 마음은 부족했습니다. 스스로 올바른 신앙인이라고 생각했으나, 실상은 경건의 모양만 갖추고 경건의 능력은 잃어버렸던 것을 고백합니다. 다시 기도하게 하옵소서. 다시 찬양하게 하옵소서. 다시 주님의 말씀에 귀를 기울이게 하옵소서. 다시 진정으로 예배드리게 하옵소서.

너희도
가려느냐

요 6:66-71

그때부터 그의 제자 중에서 많은 사람이
떠나가고 다시 그와 함께 다니지
아니하더라. 예수께서 열두 제자에게
이르시되 너희도 가려느냐.

사랑의 하나님, "두려워하지 말고 담대하라"는 주님의 말씀을 듣고도 너무 쉽게 잊고 겁먹으면서 살았습니다. 나를 알고 인정하고 칭찬하시는 분은 예수님이신데, 사람들에게 인기를 얻어 보려고 안달했습니다. 그래서 세상의 눈치를 보고 그것에 아부하며 살지 않을 수 없었습니다. 사람이 빵만으로 사는 것이 아니라, 하나님의 입에서 나오는 말씀으로 산다는 걸 그냥 귓등으로 흘렸습니다. 먹을 빵만 있으면 만족하며 사는 줄 알았습니다. 외모를 꾸미고 자랑하는 게 행복의 길인 줄 알고 내면세계를 소홀히 대하며 내면을 말씀으로 채우려 하지 않았습니다.

소유물을 너무 좋아해서 어떻게 하면 더 많이 갖고 누릴지에만 매몰되었습니다. 더 큰 쾌락과 풍요를 탐해도 남는 건 공허와 외로움뿐인 걸 알지 못했습니다. 신앙이 있다고 말하면서 하나님보다 하나님이 주신 눈에 보이는 선물에만 관심을 가졌습니다. 예수님의 인격을 경험하고 사랑하기보다 먹고 마실 것을 손에 쥐어 주셨을 때 훨씬 더 감격했습니다. 예수님을 다시 신뢰하고 사랑하는 마음을 주옵소서. 예수님이 나의 만족이 되고, 예수님이 나의 기쁨이 되게 하옵소서.

나를 더
사랑하느냐

요 21:15-19

예수께서 시몬 베드로에게 이르시되
요한의 아들 시몬아 네가 이 사람들보다
나를 더 사랑하느냐 하시니.

사랑의 하나님, 주님을 전심으로 사랑한다고, 주님을 위해 헌신하겠다고 약속한 적이 한두 번이 아닙니다. 하지만 번번이 그 다짐을 헌신짝처럼 내버렸습니다. 나를 위해 십자가에 못 박혀 죽으신 예수님을 생각하면서 나도 주님을 위해 목숨이라도 바치겠다고 결단하기도 했습니다. 그러나 다시 탐욕스러운 옛 삶으로 돌아가는 걸 보면서 스스로 한심하게 여길 때가 한두 번이 아닙니다. 하나님을 경외하고 섬기는 게 우선이라고 생각했습니다. 하지만 실제로는 하나님보다 더 관심이 가고 더 사랑하는 것이 너무 많습니다. 때로는 돈과 재물을 긁어모으려고 밤을 새웠습니다. 때로는 성적 쾌락을 탐하며 어둠의 자리를 즐겼습니다. 때로는 명예와 권력을 얻으려고 헐떡이며 돌아다녔습니다. 때로는 사랑스러운 아들과 딸을 우상처럼 떠받들며 집착했습니다.

이 시간 "나를 다른 어떤 것보다 더 사랑하느냐?"고 물으시는 예수님 앞에 다시 서기를 원합니다. 이렇게 살아 있음에 감사합니다. 아직 심장이 뛰고 숨을 쉴 수 있음에 감사합니다. 주님 앞에 서서 주의 얼굴을 뵙는 그날까지 "내가 주님을 사랑하는 줄 주님께서 아십니다"라고 진심으로 고백하게 하옵소서.

짝퉁 하나님

롬 1:18-23

썩어지지 아니하는 하나님의 영광을
썩어질 사람과 새와 짐승과 기어다니는
동물 모양의 우상으로 바꾸었느니라.

사랑의 하나님, 나는 경쟁을 부추기는 사회에서 살고 있습니다.
남보다 잘났다는 소리가 듣고 싶어서 안달하며 삽니다. 사람들의
환호 속에 갈채를 받을 때 특별한 사람이 되었다고 여기며 자랑
스러워합니다. 보통 사람이 되는 것을 견디지 못합니다. 그래서
성공과 인기를 위해 달려가야만 했습니다. 오락과 취미가 내게
짝퉁 하나님으로 다가왔습니다. 잠깐이라도 하지 않으면 가슴이
타고 답답했습니다. 성적인 쾌락이 나의 신이 되기도 했습니다.
이성을 인격적인 존재로 보지 않고 동물적 욕망을 충족시키는 대
상으로 삼았습니다. 먹고 마시는 것이 삶의 단순한 즐거움이 아
니었습니다. 먹는 것이 너무 지나쳐 매일 다이어트를 걱정할 정
도가 되었습니다.

　남을 미워하고 분노할 때마다 생각했습니다. 낙심하고 절망의
밀물이 다가올 때마다 고민했습니다. 바로 그때 나를 붙잡고 있
던 것은 거짓 만족감을 주던 짝퉁 하나님이었습니다. 하지만 그
것은 결국 하나님 앞에서 진정한 정체성을 발견하기 위한 몸부림
이었습니다. 예수님만이 나의 생명, 나의 사랑, 나의 소망이십니
다. 내가 예수님 안에 거하게 하시고, 예수님이 내 안에 계시옵소
서.

재물을
넘어서

행 18:1-4

생업이 같으므로 함께 살며 일을 하니 그
생업은 천막을 만드는 것이더라.
안식일마다 바울이 회당에서 강론하고
유대인과 헬라인을 권면하니라.

사랑의 하나님, 지난 시간 내 삶을 가장 괴롭힌 것이 있다면 그것
은 바로 돈이었습니다. 돈을 좇으며 그렇게 몸부림을 쳤는데도,
내 손에 쥔 것은 별것 없었습니다. 가진 것으로 만족하려고 해도
자족할 수가 없었습니다. "더 많이, 더 크게!" 하면서 탐욕스러운
자아가 나를 부추긴 탓입니다. 그래서 매일 불안하고 답답해서
어쩔 줄 몰랐습니다. 자족하는 마음이 없으니 입에서 나오는 말
은 불평과 투정뿐이었습니다. 잘못된 믿음과 일그러진 생각을 고
쳐 주옵소서. 기도만 하면, 하늘에서 돈이 뚝 떨어지는 줄로 생각
했습니다. 기적을 구하기만 하면, 돈을 벌고 부자가 된다고 잘못
믿었습니다. 손 하나 까딱하지 않고, 수고하지도 땀 흘리지도 않
으면서 내 품에 가득 차기만을 바랐습니다. 그때마다 나는 돈의
주인이 되지 못했고 돈이 나를 노예처럼 함부로 대했습니다. 가
진 돈을 바르게 사용할 준비도 하지 않은 채, 돈과 재물이 내 손에
넘치기를 원한 탓입니다.

　보이는 돈을 모아 부자가 되기 전에 보이지 않는 마음으로 먼
저 부유한 자가 되게 하옵소서. 내 손과 발로 수고하고 땀 흘리게
하옵소서. 먼저 하나님의 나라와 그 의를 구하게 하옵소서. 그리
하면 세상의 보이는 것을 선물로 주리라 하신 말씀을 마음에 새
기고 삶의 현장에 다시 나가게 하옵소서.

탐식과 절제

눅 7:33-35

인자는 와서 먹고 마시매 너희 말이 보라
먹기를 탐하고 포도주를 즐기는
사람이요 세리와 죄인의 친구로다 하니.

사랑의 하나님, '무엇을 먹을까, 무엇을 마실까' 하는 염려와 근심
이 하루의 대부분을 차지했습니다. 먹는 것에 연연해하는 탐식이
내 안에 들어 있는 탓입니다. 먹을 때 너무 급히 먹었습니다. 음식
의 맛과 향을 음미할 새도 없이 마구 목구멍으로 삼켜 버렸습니
다. 그러다 음식에 감사하는 마음을 잊었습니다.

게걸스럽게 좋아하는 음식에만 집착했습니다. 그러다 옆에서
함께 식사하는 사람을 배려하지 못했습니다. 과도하게 먹어 댔습
니다. 배부른 다음에도, '한 숟갈만 더!' 하며 멈추지 못했습니다.
내 정체성이 먹고 마시는 것에 달린 양 허둥댔습니다. 까다롭게
먹었습니다. 음식 앞에서 투정했고 음식을 준비한 사람의 얼굴이
붉어지게 했습니다. 미식가라는 칭찬을 듣고 싶은 허영 탓이었습
니다. 사치스럽게 먹었습니다. 비싸고 고급스러운 것이 아니면
먹을 게 못 된다는 교만에 붙잡혀 있었습니다. 이제는 일용할 양
식을 주신 하나님께 감사하면서 먹고 마시게 하옵소서.

탐욕과
자족

눅 12:16-21

또 이르되 내가 이렇게 하리라 내 곳간을
헐고 더 크게 짓고 내 모든 곡식과 물건을
거기 쌓아 두리라.

사랑의 하나님, 이 시간 십자가에 달리신 예수님 앞에 섰습니다. 나의 교만, 시기심, 분노, 게으름, 탐욕을 주님과 함께 십자가에 못 박습니다. 돈을 많이 벌기 위해 부지런했고 열심을 냈습니다. 하지만 하나님을 사랑하는 열망은 너무 부족했습니다. 때로 돈에 혈안이 되어 좇아가다 보면 가족도, 이웃도, 하나님도 보이지 않았습니다. 미래를 안전하게 준비하기 위해 돈을 벌자고 다짐했습니다. 하지만 돈을 만질 때마다 '조금 더 많이' 하면서 안달했습니다. 그것을 반복하다가 어느새 돈에 중독되었습니다. 어떻게든 많이 번 다음에 하나님을 위해 돈을 사용하자고 마음먹었습니다. 하지만 돈을 번 후에도 '한 번만 더' 하며 더욱 탐욕스러워졌습니다. 돈만 내 손에 쥐면, 내 생이 영원히 지속될 것 같은 착각에 빠져 살았습니다. 생명도, 건강도, 재물도, 가족도, 내 것이 아니라는 사실을 잊고 있었습니다.

　돈에 취해 돈에 집착해서 사는 탐욕스러운 삶을 용서하여 주옵소서. 돈보다 더 크신 분, 재물을 선물로 주신 하나님을 다시 바라보게 하옵소서. 이제는 청지기의 특권으로 주님이 맡겨 주신 재물을 바르게 사용할 줄 아는 지혜자가 되게 하옵소서.

정욕과
정결

삼하 13:10-14

그가 그에게 대답하되 아니라 내
오라버니여 나를 욕되게 하지 말라 이런
일은 이스라엘에서 마땅히 행하지 못할
것이니 이 어리석은 일을 행하지 말라.

사랑의 하나님, 교만과 시기심, 분노, 게으름, 탐욕, 탐식, 정욕이 나를 노예처럼 부리려고 호시탐탐 노리고 있습니다. 힘이 있을 때, 돈이 풍족할 때, 시간이 많을 때 너무 쉽게 정욕에 빠집니다. 나의 몸은 하나님이 거하시는 거룩한 성전인데, 정욕의 잡동사니가 모인 쓰레기통처럼 함부로 대했습니다. 이성에게 느끼는 성적 욕망은 하나님이 주신 선물인데, 바르게 사용할 줄을 몰랐습니다. 성적인 욕망을 욕정의 수단으로만 여겨 짧은 육체적 쾌락에 몰두했습니다. 성적 결합이란 사랑하는 이와 하나가 되는 것인데, 찰나적인 즐거움을 채우는 도구로 상대방을 이용했습니다.

진정으로 사랑해야 할 때, 상대방을 정욕의 대상으로만 대했습니다. 상대방을 주인공으로 세우기 위한 사랑이 아니라, 내 육체의 욕망을 채우기 위한 몸짓이었습니다. 내 속에 있는 거짓된 욕망들, 악한 정욕들을 통제할 수 있는 성령의 능력을 허락하옵소서. 이 시간, 보혈의 능력으로 이 죄악의 사슬에서 해방되는 기쁨을 누리게 하옵소서.

잔치를 베푸는 사람

마 9:9-17

예수께서 그들에게 이르시되 혼인집 손님들이 신랑과 함께 있을 동안에 슬퍼할 수 있느냐.

사랑의 하나님, 나는 내가 누구인지 미처 몰랐습니다. 알려고도 하지 않았습니다. 생각하면 할수록 내가 창피했기 때문입니다. 사람들은 나를 두고 일에 중독된 사람, 돈만 좋아하는 사람, 실속을 잘 차리는 사람, 남의 것을 탐내는 사람이라고 숙덕거렸습니다. 내가 그렇게 아침부터 저녁까지 일에 몰두한 이유는 돈의 맛을 보았기 때문입니다. 뒤에서는 비난하며 조롱하던 사람들도 앞에서는 아양 떨며 다가왔기 때문입니다. 나를 보호하는 강력한 무기는 돈뿐이라고 여겼기 때문입니다. 하지만 그럴수록 내 영혼은 어찌할 줄 몰라 방황했습니다. 양심의 가책으로 하루도 편히 자거나 쉴 수 없었습니다. 잠깐의 쾌락, 일시적인 만족은 있었지만, 내 영혼은 자꾸 지쳐 갔습니다. 그럴수록 일에 매달렸고 돈 버는 데 혈안이 되었습니다. 진정한 친구는 사라졌고, 돈 때문에 거래하는 인간들만 주위에 서성거렸습니다.

그 사실을 깨달은 순간 내 영혼은 소스라치게 놀랐습니다. 바로 그때 부드럽지만 단호하게 다가오시는 예수님을 만났습니다. 그 순간 내 영혼은 어린아이처럼 기뻐 뛰놀았습니다. 이제 더 이상 방황하며 되돌아가지 않게 하옵소서. 이제는 내 영혼이 주님과 함께 잔치하며 살게 하옵소서. 이제는 이웃에게 주님의 잔치를 즐거이 베푸는 복된 사람이 되게 하옵소서.

향유 옥합

막 14:3-9

예수께서 베다니 나병환자 시몬의 집에서
식사하실 때에 한 여자가 매우 값진 향유
곧 순전한 나드 한 옥합을 가지고 와서
그 옥합을 깨뜨려 예수의 머리에 부으니.

사랑의 하나님, 태양처럼 빛나는 주님의 사랑 앞에 촛불과도 같은 미약한 사랑을 고백합니다. 그동안 하나님을 깊이 사랑한다고 여겼습니다. 하지만 인생에 위기가 찾아올 때 그것은 사랑이 아니었음을 깨닫습니다. 주님을 사랑한다면서 실상은 명예를 좇았습니다. 주님을 위해 헌신한다면서 실상은 지위와 권력을 향한 욕망 때문에 주님을 잠시 이용했습니다. 돌아보니, 주님을 향한 사랑이 부족했습니다. 생명을 걸고 뜨거운 열정으로 사랑하지 못했습니다. 내 속에서 새어 나오는 탐욕이 나를 사로잡은 탓입니다. 탐욕이 사랑마저 잡아먹는 괴물인 줄 몰랐습니다. 내 사랑은 살짝 디뎌도 그냥 깨지는 살얼음처럼 얄팍했습니다. 주님은 머리부터 발끝까지 나를 속속들이 아시는데, 나는 주님께 속마음을 감추는 데 익숙했습니다. 주님 앞에서 나를 온전히 열어 보인 적이 없었습니다.

진정으로 사랑할 줄 몰랐습니다. 사랑을 제대로 배운 적이 없었던 탓입니다. 아니, 용기가 없어서였습니다. 게을러서였습니다. 전심으로 사랑하면 손해 볼 것만 같아서 나를 드려 열정적으로 사랑하기를 주저했습니다. 십자가의 사랑이 나를 내 인생의 주인공으로 세웠으니, 이제는 주님께 받은 사랑으로 주님과 이웃을 사랑할 줄 아는 사람이 되게 하옵소서.

마중물과 같은 사람

요 1:35-42

또 이튿날 요한이 자기 제자 중 두 사람과 함께 섰다가 예수께서 거니심을 보고 말하되 보라 하나님의 어린 양이로다. 두 제자가 그의 말을 듣고 예수를 따르거늘.

사랑의 하나님, 세상에 나가 살면서 내가 누구인지 잘 몰랐습니다. 모르면서도 진지하게 질문하지 않았습니다. 나의 정체성, 인생의 목표, 삶의 방향에 관해 깊이 생각하지 않았습니다. 그저 보이는 것들, 먹고 마시고 출세하고 노는 것들만 보고 달려왔습니다. 잠깐의 만족이 있었으나 영혼은 늘 불안하고 허전했습니다. 나는 늘 세상에서 첫 번째가 되길 원하는 교만한 자였습니다. 앞에 있는 사람을 넘어뜨려서라도 앞으로 나가려 했습니다. 뒤처지면 자존심이 상해 안절부절못했습니다. 좋고 귀한 것을 가지면 혼자 독점하려 했습니다. 가장 좋고 선하신 예수님을 믿으면서도 혼자 예수 믿는 것으로 만족했습니다. 이웃에게 전하려 하지 않았습니다. 게으름 때문입니다. 확신 없는 불신앙 때문입니다.

적은 것을 우습게 여겼고 작은 것을 조롱했습니다. 더 큰 것, 더 많은 것, 더 힘 있는 것을 향해 미친 듯이 내달렸습니다. 작은 개울이 모여 강이 되고 강이 모여 바다가 되는 이치를 깨닫지 못했습니다. 어리석고 게으르고 거짓되고 완악한 모습을 주님께 아룁니다. 예수님의 손으로 내 영혼과 마음과 몸을 하나하나 만져 주옵소서. 이 시간 사죄의 은총을 내리시고 치유의 복을 허락하옵소서.

지혜 교육

전 12:9-13; 마 11:29

전도자는 지혜자이어서 여전히 백성에게
지식을 가르쳤고 또 깊이 생각하고
연구하여 잠언을 많이 지었으며.

사랑의 하나님, 직장에서 일할 때 화가 나는 순간은 회사가 나를
인간으로 대접하지 않는 것처럼 보일 때입니다. 나를 마치 일하
는 기계처럼 생각하고 일을 맡길 때입니다. 생각이란 걸 하지 않
는 로봇을 다루듯 반복 업무로 몰아갈 때입니다. 상사가 나를 소
중한 인격으로 대하지 않고 자기 종처럼 부릴 때입니다. 직장이
요구하는 실적을 채우느라 늘 시달리고 완벽주의 때문에 늘 고달
픕니다. 돌이켜 보니, 어려서부터 지식만 잘 쌓고 성적만 잘 나오
면 된다는 미시적인 생각에 붙잡혀 있었습니다. 부모에게 배운
것이 그런 것이었고, 자녀를 키울 때도 똑같은 생각에 집착하며
자녀들을 들들 볶았습니다. 인간다움이나 인간의 성숙에 대해 깊
이 숙고하지 않았습니다.

　이제는 단순한 지식 교육이 아니라 성숙한 지혜 교육으로 나아
가길 원합니다. 머리로 외우는 데서 그치지 않고 마음으로 배우
고 깨닫는 사람이 되길 원합니다. 무엇보다 말씀을 배우기를 원
하고, 말씀 중의 말씀이신 예수님을 배우고 사랑하기를 원합니
다. 평생 예수님과 함께 삶의 현장에서 생각하며 배우게 하옵소
서. 그 배움이 내 삶의 기쁨과 즐거움이 되게 하옵소서.

노동의 가치

창 2:15; 3:17-19

여호와 하나님이 그 사람을 이끌어 에덴 동산에 두어 그것을 경작하며 지키게 하시고.

사랑의 하나님, 자연 속에서 가족, 친구들과 쉬며 평안을 누렸습니다. 하지만 삶의 현장으로 돌아오면 세상에 나가서 어떻게 살아야 할지를 다시 고민합니다. 노동을 죄의 결과로 오해했습니다. 그래서 어떻게든 힘든 노동을 하지 않고 사는 법을 찾아보려 한 적도 있습니다. 일하면서 짜증 냈고, 어쩌다 이런 일이 내게 주어졌는가 탄식한 적도 많았습니다. 일하고 수고하는 것이 인생의 축복이라는 생각을 하지 못했습니다. 하나님도 일하셨고 지금도 일하고 계신다는 사실을 잊었습니다. 하나님께서 하루하루 세상을 창조하실 때마다 "보기가 좋구나" 하신 그 말씀이 내게는 해당되지 않았습니다. 노동을 입에 풀칠하기 위한 세속적인 행위로만 여겼습니다. 그러면서도 세속적으로 성공한 사람들, 학력과 돈, 명예와 권력을 가진 사람들을 보면 부러워했습니다.

"하나님이 일하시니 나도 일한다!"라고 예수님께서 말씀하셨습니다. 이제 "하나님이 일하시고 예수님이 일하시니 나도 일한다!"라는 생각을 나도 품게 하옵소서. 하루를 돌아보면서 "보기가 좋구나!" 하는 하나님의 마음을 갖게 하옵소서. 그래서 수고하고 일하며 땀 흘리는 것을 귀찮아하거나 싫어하지 않게 하옵소서. 삶의 자리에서 내 일과 직업을 자랑하며 일하게 하옵소서.

성령이
오실 때

요 15:26-27

내가 아버지께로부터 너희에게 보낼
보혜사 곧 아버지께로부터 나오시는
진리의 성령이 오실 때에 그가 나를
증언하실 것이요.

사랑의 하나님, 어제의 무지와 게으름, 어제의 탐욕과 교만, 어제
의 죄악과 허물에서 해방되어 예수님과 더불어 새로운 삶을 살기
를 원합니다. 먼저 성령의 사람, 먼저 말씀의 사람이 되기를 기도
합니다. 사람을 만날 때 그의 나이, 학력과 스펙, 사회적 지위에
관심이 많았습니다. 더 큰 것, 더 많은 것, 더 높은 것을 얻기 위해
시간과 열정을 쏟아부었습니다. 하지만 성령님께서는 내가 가진
소유가 아니라 내 존재 자체를 보고 싶어 하셨습니다. 성령님께
서는 내 영혼이 무엇 때문에 아파하는지, 내 속에 간절한 열망이
무엇인지 알고 싶어 하셨습니다. 성령님께서는 내가 평범하고 사
소한 것 속에서 아름다운 신비를 볼 수 있는 눈을 가지길 원하셨
습니다. 성령님께서는 남의 고통을 외면하지 않고 함께 아파하며
나눌 수 있는 마음이 있는지 나에게 물으셨습니다.

　그런데 나는 아무도 신뢰할 수 없고, 그래서 누구에게도 나를
맡기고 싶지 않다고 나를 스스로 꽉 붙들어 매었습니다. 성령님
의 도우심과 이끄심을 마음으로부터 거절했습니다. 이 시간 기도
하오니 못난 옛 자아를 훌훌 벗고 예수님과 함께 새로운 자아로
태어나게 하옵소서.

진리와 미혹

요일 4:1-6

우리는 하나님께 속하였으니 하나님을 아는 자는 우리의 말을 듣고 하나님께 속하지 아니한 자는 우리의 말을 듣지 아니하나니.

사랑의 하나님, 몸은 주님 앞에 나가 예배하면서도 마음은 어둠의 탐욕에서 벗어나지 못할 때가 많습니다. 위장술이 너무 뛰어나서 때로는 주님 앞에서조차 은폐하려 했습니다. 속으로는 미워하면서 어설픈 미소를 지으며 속내를 감추었습니다. 분노의 칼을 갈면서도 부드러운 매너로 친절한 사람으로 인정받고 싶어 했습니다. 불끈 쥔 주먹으로 누군가를 치고 싶어 하면서도 비단 장갑을 끼고 악수를 청했습니다. 얼마나 가증스러운 위장술과 은폐술을 동원해서 경건의 형식만을 취했는지 모릅니다. 보석에 모조품이 많고 명품에 짝퉁이 많듯이, 가장 고귀한 이름인 예수 그리스도를 믿는 무리 속에도 가짜가 많았습니다. 예수님마저도 나의 이기적인 탐욕을 위한 수단으로 사용하곤 했습니다.

하나님의 이름이 높아지기를 원하면서도 실상은 내 명예가 드러나기를 열망했습니다. 하나님의 나라가 나타나기를 기도하면서도 실상은 내가 다스리는 영역이 커지기만을 바랐습니다. 하나님의 뜻이 이루어지기를 사모하면서도 실상은 내 뜻대로 안 되면 어느 것도 만족할 수 없었습니다. 주님의 영을 보내사 나의 못되고 악한 모습을 그대로 보게 하옵소서. 또한 이 시대의 악한 영, 미혹하는 영의 정체를 분별하게 하옵소서. 오직 예수 그리스도의 사랑만이 참된 사랑임을 선포하게 하옵소서.

야망과 사명

출 3:4-10

여호와께서 그가 보려고 돌이켜 오는
것을 보신지라. 하나님이 떨기나무
가운데서 그를 불러 이르시되 모세야
모세야 하시매 그가 이르되 내가 여기
있나이다.

사랑의 하나님, 나에게 주신 삶이 하나하나 하나님의 선물이고
축복입니다. 하지만 이 놀라운 사실을 잊고 살았습니다. 너무 바
빴습니다. 내 야망과 야심을 채우느라 분주했던 탓입니다. 소중
한 이웃은 내 야망을 위한 수단에 불과했습니다. 때로는 너무 지
루했습니다. 의미 있는 일이 무엇인지 알지 못했던 탓입니다. 반
복되는 삶을 향해 분노만 하고 있었습니다. 때로는 너무 피곤하
고 답답했습니다. 생각할 틈도, 즐거워할 여유도 없었습니다. 그
냥 하루하루를 낭비하며 흘려보냈습니다. 때로는 너무 외로웠습
니다. 수많은 군중 속에서조차 홀로 있는 듯했습니다. 옆에서 이
야기를 들어줄 친구조차 사라졌습니다. 때로는 너무 교만했습니
다. 내가 성공하고 잘돼야 한다는 생각에 하나님마저 내 행복을
위한 도구로 사용했습니다.

주님을 위하여 살아왔다고 자부했습니다. 하지만 사실은 내 야
망을 쟁취하기 위하여 겉모습만 신앙인인 체했습니다. 내 이름을
부르며 다가오신 하나님의 부르심을 정말 경험했는지 돌아봅니
다. 처음에는 야심과 야망의 영을 품고 출발했습니다. 하지만 이
제는 사명의 영으로 승화된 복된 자가 되길 원합니다.

작지만 큰
능력

계 3:7-13

볼지어다. 내가 네 앞에 열린 문을
두었으되 능히 닫을 사람이 없으리라.
내가 네 행위를 아노니 네가 작은 능력을
가지고서도 내 말을 지키며 내 이름을
배반하지 아니하였도다.

사랑의 하나님, 풍요와 결실의 계절에 주님에 대한 신앙과 사랑
이 어떤 열매를 맺었는지 돌아봅니다. 힘들고 어려울 때 하나님
의 이름을 수없이 불렀습니다. 하지만 무언가 됐다 싶으면, 하나
님 이름을 뒷전으로 내팽개쳤습니다. 하나님을 누구보다, 아니
내 생명보다 더 사랑한다고 고백했습니다. 하지만 실상은 내 욕
심과 야망이 먼저였고 이기적인 나를 사랑하는 게 우선이었습니
다. 하나님이 기뻐하시는 일은 둘째였고 내가 좋아하는 일이 우
선이었습니다. 거룩한 편에 서기보다는 내 행복에만 관심을 쏟았
습니다. 진실한 편에 서기보다는 사탄의 거짓된 모양에 너무 쉽
게 속아 넘어갔고 변명하기 바빴습니다. 생명을 살리는 일보다는
사람을 비방하고 조롱하는 일에 시간을 썼습니다. 그래서 아무리
소중하고 귀한 일이라도 내 이익에 반하면 거부하고 배반하려 했
습니다.

크고 많은 것만 좋아하고 작고 적은 것은 무시하며 비웃었습니
다. 빗방울이 모여 시냇물과 거대한 강물을 이루는 걸 잘 몰랐습
니다. 일분일초가 쌓여 위대한 시간이 되는 것을 깨닫지 못하고
시간을 낭비했습니다. 이 시간 임재해 주시고, 내 미련함과 완악
함을 용서하여 주옵소서. 예수님의 이름을 부를 때 하늘 문을 여
시고 나를 받아 주옵소서.

69

물욕

마 6:24

한 사람이 두 주인을 섬기지 못할 것이니 혹 이를 미워하고 저를 사랑하거나 혹 이를 중히 여기고 저를 경히 여김이라. 너희가 하나님과 재물을 겸하여 섬기지 못하느니라.

사랑의 하나님, 내가 가진 건강, 먹고 마시고 입는 것, 집과 재물, 재능 모두가 다 하나님의 선물입니다. 그런데 선물 주신 분을 잊고 선물에만 신경 썼고 때로는 집착했습니다. 얼마나 손에 쥐고 있는지, 얼마나 높은 자리에서 힘을 휘두르고 있는지 자랑하고 싶어 했습니다. 그때 가장 먼저 돈이 우상처럼 다가왔습니다. 돈이면 안 되는 게 없다는 말을 어려서부터 주입받은 탓입니다. 돈을 너무 아끼다가 나도 쓰지 못하고 남에게 베풀지도 못했습니다. 넉넉히 베푸는 씀씀이가 사람을 너그럽게 한다는 사실을 미처 깨닫지 못했습니다. 매달 수입이 있었습니다. 그런데도 하나님 앞에 드리는 십일조를 아까워했습니다. 하나님 앞에 내놓기도 아까운데 어떻게 이웃에게 베풀 수 있겠습니까? 십분의 일은 하나님께, 십분의 일은 이웃을 위해 베풀게 하옵소서. 나와 가족을 위해서는 십분의 팔을 사용할 줄 아는 멋진 믿음의 사람이 되게 하옵소서.

말씀대로 하나님을 사랑하고 돈을 이용했습니다. 그런데 어느 날부터인가 돈을 사랑하고 하나님을 이용했습니다. 왜곡되고 잘못된 삶의 행태를 용서해 주옵소서. 다시 하나님을 사랑하게 하옵소서. 이를 위해 돈을 이용하게 하옵소서. 하나님 나라와 의를 위해 사용하게 하옵소서.

사랑의 시작

창 12:1-4

이에 아브람이 여호와의 말씀을 따라갔고 롯도 그와 함께 갔으며 아브람이 하란을 떠날 때에 칠십오 세였더라.

사랑의 하나님, 나에게 주신 선물, 그 축복이 너무 크고 아주 많습니다. 생명을 주셨고 부모님을 주셨습니다. 형제와 자매를 주셨고 소중한 친구들을 주셨습니다. 소유하고 누리는 삶의 터전을 주셨습니다. 하지만 이 좋은 것들이 어느 순간 우상이 되고 말았습니다. 삶의 터전이 사명의 자리가 아니라 욕망의 놀이터로 변질되었습니다. 멋진 친구들마저 나를 얽어매는 우상이 될 때가 있습니다. 나를 그토록 사랑하시는 부모님조차 나를 힘으로 눌러서 복종시키는 우상이 될 때가 있습니다. 한 번 회개하고 옛것에서 벗어나면 다 된 줄 알았습니다. 그래서 매일 반복해서 나를 돌아보고 떠나보내는 훈련을 게을리했습니다.

좋은 것, 재미있는 인간관계, 사랑스러운 부모님 품에서 떠날 줄 몰랐습니다. 그것은 불신앙이었고 불순종이었습니다. 거짓 우상들이 마음속에서 나를 지배했습니다. 이 시간 하나님보다 더 높였던 것, 하나님보다 더 소중히 여겼던 것, 하나님보다 더 많이 생각했던 것들을 다 토해 내기를 원합니다. 이제는 하나님을 먼저 자랑하고, 하나님을 먼저 사랑하고, 하나님께 먼저 감사하는 사람으로 살겠습니다.

오직
믿음으로

마 16:15-18

시몬 베드로가 대답하여 이르되 주는
그리스도시요 살아 계신 하나님의
아들이시니이다.

사랑의 하나님, 우리는 예수님을 우리의 '주님'이라고 고백합니
다. 우리는 늘 새롭게 개혁되는 주님의 교회입니다. 하지만 개혁
이 쉽지 않습니다. 개혁을 방해하는 세력 가운데 영적 지도자들
이 있습니다. 말씀을 강조하면서도 말씀 없이 살기를 두려워하지
않습니다. 예수님을 닮아 가겠다면서 세상의 욕심쟁이가 되어 가
고 있습니다. 어떤 것도, 어떤 인간도 예수 그리스도와 성도 사이
에 들어갈 수 없음을 알고 있습니다. 그런데도 내가 마치 중보자
가 된 양 큰소리를 치고 있습니다. 교만이 멸망의 앞잡이임을 알
면서 겸손보다는 자기 자랑과 명예가 이 시대의 아이콘이라고 허
튼소리를 합니다.

　언제부터인가 신앙을 갖는 것이 세상에서 출세하는 도구가 되
었습니다. 돈과 재물을 버는 수단으로 교회 형제와 자매들을 이
용할 때도 있습니다. 진정한 개혁을 부담스러워합니다. 변화하고
성숙하기보다는 그저 익숙한 것에 안주하려 할 때가 너무 많습니
다. 개혁이 필요하다고 생각은 합니다. 개혁하려면 나부터 시작
해야 하는데 남의 눈치를 봅니다. '오직 성경으로!'라는 신앙의
본질로 돌아가게 하옵소서. '오직 그리스도로'라는 예수님을 향
한 처음 사랑을 되찾게 하옵소서.

창조주를
기억하라

전 12:1-2; 13-14

너는 청년의 때에 너의 창조주를
기억하라. 곧 곤고한 날이 이르기 전에,
나는 아무 낙이 없다고 할 해들이 가깝기
전에 … 하나님을 경외하고 그의
명령들을 지킬지어다.

생명을 주신 하나님, 내 영혼과 몸이 주님의 생명으로 충만하게
하옵소서. 하지만 나는 생명이 아니라 죽음을 향해 나아가려 했
습니다. 삶이 내 뜻대로 풀리지 않으면 그냥 화가 났습니다. 누군
가를 원망하고 싶었습니다. 그러고서는 나를 이해하고 받아 주는
사람이 없다고 탄식만 했습니다. 스스로 고립되었습니다. 스스로
무력감에 빠졌습니다. 그러다 사는 것이 의미가 없다고 여겨지
면, 모든 걸 포기하고 자살하고픈 충동을 느낄 때도 있었습니다.
  때로 생각 자체가 귀찮았습니다. 생각이 게을러지니, 목표도
생기지 않았습니다. 목표가 없으니, 어디에 삶을 헌신해야 할지
불분명했습니다. 삶에 대한 열정이 없는 사람으로 서서히 변했습
니다. 일시적인 육체의 쾌락, 재물에 대한 욕심, 권력에 대한 야망
에만 집착했습니다. 삶의 의미를 깨닫지 못했습니다. 내가 누구
인지, 내 삶이 왜 가치가 있는지, 질문하지 않은 탓입니다. 삶이
허무하고 답답할 때 나를 만드신 창조주를 기억하게 하옵소서.
하나님을 경외하는 것이 인생의 답이요 삶의 지혜임을 깨닫게 하
옵소서.

나의
나 된 것은

고전 15:3-11

그러나 내가 나 된 것은 하나님의 은혜로 된 것이니 내게 주신 그의 은혜가 헛되지 아니하여.

사랑의 하나님, 이 시대를 지배하는 이기적인 탐욕을 파괴하게 하옵소서. 이 시대를 풍미하는 얄팍한 현실주의를 부수게 하옵소서. 인생의 목표가 돈 버는 것뿐인 물신 숭배를 타파하게 하옵소서. 돈보다 더 큰 인간의 존엄성을 놓쳤고, 인간의 존엄성을 살리시는 사랑의 하나님을 상실했습니다. 죽음을 미워해야 함에도 그냥 방관하며 살았습니다. 죽음 앞에서 도망치기에 급급했습니다. 죽음의 세력을 향해 저항하지 않으려는 비겁함을 용서하여 주옵소서. 청소년이 어른보다 먼저 죽고, 가난한 자와 소외된 자가 있는 자와 누리는 자보다 먼저 고통당하는 이 비정한 사회를 용서하여 주옵소서. 이 시대에 만연한, 나 혼자만 살려고 줄행랑치는 보신주의를 무너뜨리게 하옵소서.

다시 기본으로 돌아가게 도와주옵소서. 성령님의 능력으로 다시 밑바닥에서부터 출발하기를 원합니다. 나의 나 된 것이 하나님의 은혜임을 깨달은 날로부터 다시 시작하게 하옵소서.

벧엘로
올라가자

창 35:1-5

우리가 일어나 벧엘로 올라가자. 내 환난 날에 내게 응답하시며 내가 가는 길에서 나와 함께 하신 하나님께 내가 거기서 제단을 쌓으려 하노라.

사랑의 하나님, 이 시간 일어나 하나님이 계신 벧엘로 올라가게 하옵소서. 기도하는 바로 이 자리가 하나님을 친히 뵈옵는 벧엘이 되게 하옵소서. 먼저 이 시간 세상에서 꽉 붙잡고 있던 것을 모두 내려놓습니다. 놓고 싶지 않던 것들, 없으면 죽을 것만 같은 것들, 꼭 잡고 있던 우상들을 다 내려놓게 하옵소서. 기도하면서도 하나님 앞에서 감추고 있는 욕심이 많았습니다. 허무한 마음, 무력감, 외로운 감정, 탄식하는 영혼의 목소리를 주님 앞에 토해 내지 않았습니다. 하나님 앞에서조차 나를 완벽하게 방어하려고 했던 탓입니다. 얼마나 피곤하고 답답하고 숨이 막혔던지요?

때로는 심술과 오기로, 교만과 고집으로, 때로는 뽐내고 싶은 물질로, 돈과 재물로, 때로는 세상의 명예와 권력으로 나를 숨기고 치장하려 했습니다. 그럴수록 춥고도 시린 영혼의 어두운 터널에서 빠져나올 수 없었습니다. 겹겹이 방어막을 치고 무장한 나를 주님의 놀라운 사랑으로 해체하옵소서. 이제 무장 해제된 어린아이처럼 주님 앞에 내 모습 이대로 나아갑니다. 이제 내가 예배드릴 분이 하나님뿐임을 알고 예배하는 주님의 자녀가 되게 하옵소서.

믿음을
굳게 지키라

계 2:12-17

네가 내 이름을 굳게 잡아서 내 충성된 증인 안디바가 너희 가운데 곧 사탄이 사는 곳에서 죽임을 당할 때에도 나를 믿는 믿음을 저버리지 아니하였도다.

사랑의 하나님, 예수님은 낮고 비천한 이 땅에 내려오셔서 나를 하나님의 자녀로 영광스러운 자리로 올리셨습니다. 하지만 나는 세상의 심판주이신 하나님을 잊고 살 때가 많았습니다. 거룩함과 정결함을 잃고도 안타깝게 생각하지 않았습니다. 거짓말을 해도, 불의와 악을 행해도 두렵고 떨리지 않았고 철면피처럼 뻔뻔했습니다. 하나님의 이름을 부르면서도 돈과 재물에 눈이 어두워 너무 쉽게 세상과 타협했습니다. 영원한 생명을 사모한다고 하면서 실상은 찰나의 쾌락과 즐거움에 몸을 맡기려 할 때가 더 많았습니다. 하나님의 뜻에 순종하겠다고 하면서 세상 우상에 더 큰 호기심을 갖고 매달렸습니다. 그리하여 믿음이 있노라 하면서도 선물을 주신 분은 기억하지 못하고 선물에만 집착했습니다. 세상에서 하나님의 이름이 모욕당하고 조롱받을 때도 마음에 통분함이 없었음을 고백합니다. 하지만 내 명예와 기득권이 손상되면, 분노하고 애통해하던 부끄러운 모습을 용서하여 주옵소서.

　이제 생명을 걸고 주님을 사랑하고 충성하기를 원합니다. 십자가의 길과 부활의 능력을 오늘도 가슴에 품게 하옵소서.

사랑의 언약

창 9:7-13

내가 내 무지개를 구름 속에 두었나니 이것이 나와 세상 사이의 언약의 증거니라.

사랑의 하나님, 내 속에 아담의 뿌리 깊은 죄가 도사리고 있습니다. 하나님 마음을 아프게 한 노아 시대의 타락과 부패가 있습니다. 나 혼자만 방주에 들어가면 된다고 생각했습니다. 내 생명, 내 돈과 재물, 내 권력과 명예를 내 마음대로 사용하는데 무슨 상관이냐고 생각했습니다. 악한 말, 자기중심적인 못된 행위를 보시며 탄식하시는 하나님의 음성을 듣지 못했습니다. 아예 들을 생각조차 하지 않았습니다. 세상의 쾌락에 너무 깊이 빠져서 하나님의 섬세한 음성을 들을 수 없었던 탓입니다.

내게 주신 무한한 자유를 남용했습니다. 창조주 하나님을 거부하고, 사랑해야 할 이웃에게 해를 끼쳤습니다. 나의 불행은 하나님께 예배하는 일을 망각한 것이었습니다. 하나님을 두려워하지 않으니 세상의 욕망과 명예에만 관심이 있었습니다. 하나님의 웃음인 무지개를 보면서 위로받게 하옵소서. 지금도 하나님이 가장 기뻐하며 찾으시는 사람이 바로 예배드리는 사람입니다. 이 시간 내게 진정으로 회개할 용기를 주시고, 예배하는 기쁨을 되찾게 하옵소서.

그리스도와 아담

롬 5:16-19

한 사람의 범죄로 말미암아 사망이 그 한 사람을 통하여 왕 노릇 하였은즉 더욱 은혜와 의의 선물을 넘치게 받는 자들은 한 분 예수 그리스도를 통하여 생명 안에서 왕 노릇 하리로다.

사랑의 하나님, 내 속에는 하나님의 말씀을 거부하고 불순종한 아담의 피가 흐르고 있습니다. 조금만 틈이 생기면 하나님에게서 탈출하려고 호시탐탐 기회를 노립니다. 그것은 곧 방종이요 타락인데, 마치 성숙한 자유인이 되는 것처럼 오해했습니다. 예수를 믿고 교회에 다니면서도, 누군가가 너는 왜 하나님을 믿느냐고 질문하기를 학수고대했습니다. 예수님을 자랑하고 싶어서가 아니었습니다. 아담이 그랬듯, 변명하면서 하나님에게서 도망갈 명분을 찾고 싶어서였습니다. 거짓과 불의를 행할 때도 함께할 패거리를 만들고 싶었습니다. 그래야 책임이 분산되고 필요하면 남에게 전가할 수 있으니까요.

하나님의 아들이신 예수님이 내 안에 오시기 전까지 나는 어둠과 짝하며 근심과 불안 속에서 살았고 무의미와 허무 속에서 방황했습니다. 아담적 인간이 추구했던 길과 행태가 무엇인지 이제야 깨닫습니다! 하나님을 떠난 인간의 삶은 이기적인 욕망으로 가득한 미성숙의 삶입니다. 자기 탐욕으로 점철된 얽매임의 삶입니다. 구태의연하고 진부한 삶입니다. "누구든지 그리스도 안에 있으면 새로운 피조물이라"라고 말씀하신 주님, 이 시간 주님이 참으로 기뻐하시는 '새 인간'으로 태어나기를 간구합니다.

어둠과 빛

요 1:1-5

그 안에 생명이 있었으니 이 생명은
사람들의 빛이라. 빛이 어둠에 비치되
어둠이 깨닫지 못하더라.

사랑의 하나님, 하나님은 빛 자체이십니다. 예수님도 이 땅에 오
신 하나님의 빛이십니다. 성령님도 나를 살리시는 생명의 빛이십
니다. 나도 주님 안에서 세상의 빛입니다. 하오나 나는 어두운 세
상에서 빛의 자녀처럼 살지 못했습니다. 주님을 알지 못했을 때
는 어둠 속에 있었습니다. 그럼에도 어둠 속에 있는 줄 몰라 탈출
할 생각도 못 했습니다. 그 속에서 어둠의 일, 나를 위한 욕망을
분출하는 일을 즐기려 했습니다. 그것은 내 소유욕을 과시하고
싶은 돈을 향한 욕망이었습니다. 그러자 돈이 내 주인 행세를 했
고, 내 마음과 생각을 지배했습니다. 그것은 육체의 쾌락을 마음
껏 누려보려는 성적인 욕망이었습니다. 그러자 건강한 가정의 축
복이 순식간에 깨졌습니다. 그것은 남을 지배하고 큰소리치고 싶
은 권력을 향한 욕망이었습니다. 그러자 이웃을 사랑으로 섬기신
예수님과는 전혀 다른 탐욕가가 되고 말았습니다.

　참된 빛이신 예수님 안에 거하려 하지 않았던 탓입니다. 이제
는 예수님 안에서 빛의 자녀처럼 생각하고 말하고 행동하기를 원
합니다. 하지만 내 힘으로는 잘할 수가 없습니다. 성령의 빛, 생명
의 빛을 비추어 주옵소서. 주님의 말씀으로 다시 새롭게, 다시 거
룩하게 시작하겠습니다.

나의 벧엘

창 28:10-19

야곱이 아침에 일찍이 일어나 베개로
삼았던 돌을 가져다가 기둥으로 세우고
그 위에 기름을 붓고 그곳 이름을
벧엘이라 하였더라.

사랑의 하나님, 하나님이 인생의 주인이라고 고백하면서도 세상의 시선이 강요하는 대로 살았습니다. 남의 시선에 얽매이고 타인의 평가로 포장된 인생을 살았습니다. 때로는 어머니와 아버지에게 인정받기 위해 존재하는 사람처럼 살았습니다. 친구들과 세상 사람들에게 비난받지 않고 칭찬받으려고 기를 썼습니다. 그렇게 집착하고 연연해하던 것들이 내가 아니라 하나님이 원하시는 것이라 여기며 안도하려 했습니다. 하지만 그것은 내 탐욕이었고 내 우상이었습니다. 나를 억압하는 우상이 박살 나기 전까지 진실한 마음으로 하나님을 바라보지 않았고 바라볼 수도 없었습니다. 그런데 정작 우상들이 무너지고 인생이 밑바닥을 쳤을 때는 오히려 하나님을 원망했습니다. 벼랑 끝에 서서 다른 출구가 없는 것 같을 때는 하나님이 나와 상관없는 잔인한 분이라 여겼습니다.

그러나 바로 거기에 하나님의 손길이 있었음을 이제야 깨닫습니다. 바로 그 자리가 하나님이 나를 만나는 자리였음을 고백합니다. 너무 교만했습니다. 너무 탐욕스러웠습니다. 나밖에 모르는 이기적인 어린아이였습니다. 이제 살아 계신 하나님, 나보다 나를 더 사랑하시는 하나님만 바라보게 하옵소서. 그리하여 세상의 어떤 것에도 얽매이지 않고 어떤 것도 두려워하지 않으며 살게 하옵소서.

3

깨어진 관계, 화해의 다리 놓기

갈등과 상처를 치유하고
화해를 구하는
기도

같은 마음,
같은 뜻

고전 1:10-17

모두가 같은 말을 하고 너희 가운데
분쟁이 없이 같은 마음과 같은 뜻으로
온전히 합하라.

사랑의 하나님, 교회의 주인은 예수 그리스도이시고 우리는 그
몸의 지체임을 압니다. 그런데도 우리가 교회의 주인인 양 교만
하게 굴었습니다. 나 혼자만 예수 잘 믿고 나만 잘되면 그만이라
고 여겼습니다. 내 이름이 드러나고, 내가 맡은 직분이 돋보여야
좋은 교회라고 생각했습니다. 그리스도 안에서 한 몸에 속한 지
체임을 알면서도 옆에 있는 지체에게 소홀했습니다. 지체가 아프
면, 몸 전체가 통증을 느낀다는 사실을 잊고 살았습니다. 그래서
안타깝게 여기지 않고, 중보기도 하지 않았습니다.

그리스도 안에서 하나인데도, 수없이 갈라지고 찢긴 교회의 모
습을 부끄럽고 두려운 마음으로 아룁니다. 우리 속에 갈등과 분
파와 분쟁이 있는 것을 용서하여 주옵소서. 나의 작은 자아로 남
의 자아를 정죄했습니다. 갈등하는 사람들 마음에 미움과 분노라
는 독약을 주사한 적도 있습니다. 비난하고 조롱하고 저주하며
분쟁을 만들었습니다. 이기심과 탐욕과 교만에서 비롯된 행동입
니다. 예수 그리스도의 십자가 복음을 바르게 깨닫지 못한 탓입
니다. 우리로 깨닫게 하시고, 예수 그리스도의 자아, 그분의 마음
을 가슴에 품게 하옵소서. 그리스도 안에서 같은 마음, 같은 뜻을
품게 하옵소서.

오해와 비난

고전 4:1-5

사랑의 하나님, 주위 사람들의 눈치와 말에 연연하며 때로는 오만하게, 때로는 비굴하게 살았던 모습을 아룁니다. 나를 조롱하고 비난하는 말을 들었을 때는 억울했고, 화가 치밀어 잠을 잘 수가 없었습니다. 그런데도 남을 험담할 때는 침까지 튀기면서 열을 냈습니다. 남을 인정하고 칭찬하는 일을 즐거워하기보다는 남의 약점을 들추고 비난하는 일을 즐겼습니다. 단순히 비판한 것이 아니라, 내 못된 감정까지 집어넣어 비난했습니다. 단지 비난한 것이 아니라, 없는 이야기도 덧붙여서 험담했습니다. 내가 한 험담이 부메랑처럼 돌아온다는 사실을 늦게야 깨달았습니다. 남의 불행을 내 행복처럼 여기는 악한 마음이 내게 있었습니다.

내 귀는 너무 얇아서 남이 하는 비판 한 마디에 그냥 주저앉아 서러워했습니다. 남이 지나가듯이 한 조롱의 말에 원통해했습니다. 그 말을 가슴에 꼭꼭 묻고 평생 끙끙 앓으면서 어리석게 살았습니다. 남은 다 잊었는데 혼자만 기억하며 나를 못살게 굴었습니다. 하나님의 말씀에 귀를 기울이지 못한 탓입니다. 그래서 사람에게 칭찬받으면 우쭐대고, 비난받으면 풀이 죽었습니다. 이제는 먼저 하나님의 말씀을 듣는 마음을 갖게 하옵소서. 하나님 앞에서 의연한 삶을 살게 하옵소서.

부모와 자녀

마 18:1-6

또 누구든지 내 이름으로 이런 어린아이 하나를 영접하면 곧 나를 영접함이니.

사랑의 하나님, 부모인 내가 하나님을 먼저 경외하며 말씀대로 순종하는 모범을 보이지 못했습니다. 자녀를 말씀과 기도로 키운다고 하면서도, 실제로는 이기적인 욕심이 앞설 때가 더 많았습니다. 때로는 어리고 미숙하다고 자녀들을 비인격적으로 대하기도 했습니다. 내 마음대로 할 수 있는 소유물인 양 함부로 업신여기고 무시하기도 했습니다. '부모의 사랑'이라는 이름으로 사사건건 간섭했고, 자녀가 할 일을 대신함으로써 의지력과 결단력을 빼앗고 창의력을 무디게 만들었습니다. 엄하고 분명한 태도를 보여야 하는 순간에 오히려 아이의 눈치를 살피며 비위 맞추기에 급급할 때도 있었습니다. 넉넉한 사랑을 베풀어야 할 순간에 오히려 내 기분에 사로잡혀 화를 내며 함부로 말하고 손찌검할 때도 있었습니다. 공부 잘하는 것이 인생의 전부인 줄 알고 잔소리를 늘어놓으며 재촉하고 몰아댔습니다. 세상을 쉽고 편안하게 사는 얄팍한 처세술을 참된 지혜라고 잘못 가르쳤습니다. 세상일에 바쁘다는 핑계로 자녀들과 대화하며 하나님 나라의 비전과 꿈을 나누지 못했습니다.

이제라도 하나님께 예배드리는 것이 우리의 가장 소중한 본분임을 가르치겠습니다. 예수님만이 진리요 생명이요 지혜이심을 가르치겠습니다. 자녀들을 위해 기도하오니, 나의 간구에 응답하여 주옵소서.

또 부르고 싶은 이름

요 19:25-27

예수께서 … 자기 어머니께 말씀하시되 여자여 보소서 아들이니이다 하시고 또 그 제자에게 이르시되 보라 네 어머니라 하신대.

사랑의 하나님, 부모님이 없었다면 내가 이 땅에 결코 존재할 수 없다는 사실을 미처 생각하지 못했습니다. 그 사랑과 그 돌봄이 없었다면, 내가 이만큼 될 수 없었을 텐데도 감사할 줄 몰랐습니다. 아버지와 어머니는 무조건 자녀를 사랑하고 희생하는 게 당연한 줄 알았습니다. 그래서 부모님이 내게 조금만 서운하게 해도 막 화를 냈고, "내 부모는 정말 형편없어"라며 불평하기 일쑤였습니다. 내가 연약하면 나를 강하게 해 주어야 하고, 내가 부족하면 알아서 다 채워 주어야 하는 도깨비방망이처럼 여기고 요구만 해 댔습니다. 아버지와 어머니가 가난하고 사회에서 별 볼 일 없다고 부끄러워했고, 내 어머니 내 아버지를 자랑스럽게 생각하지 않을 때가 많았습니다. 왜 돈 많고 잘나가는 다른 부모처럼 살지 못 했냐고 투정 부릴 때도 있었습니다.

이제 내가 부모가 되어서야 겨우 깨닫습니다. 부모님이 살아 계실 때는 그 마음을 기쁘게 위로해 드리지 못했습니다. 부모님이 떠나고 나서야 그때 효도할걸, 그때 정말 잘해드릴 걸 하며 탄식하는 어리석은 존재가 바로 나입니다. 내 마음에 다시 감사하는 마음이 가득하게 하옵소서. 부모님에게 "사랑합니다", "고맙습니다"라는 따뜻한 말을 할 수 있는 자녀가 되기를 원합니다.

사랑하는
까닭에

창 29:13-20

야곱이 라헬을 위하여 칠 년 동안 라반을 섬겼으나 그를 사랑하는 까닭에 칠 년을 며칠 같이 여겼더라.

사랑의 하나님, 부모들과 선배들이 품었던 헌신적인 사랑 덕분에 내가 이만큼 하나님의 축복을 받았습니다. 하지만 이 놀라운 사실을 망각하며 살 때가 많습니다. 하나님께서는 내가 부모님에게 생명을 선물로 받고 사랑의 기쁨을 누리게 하셨습니다. 하지만 이 생명을 업신여기고, 사랑하기를 포기하며 살 때가 많았습니다. 소중한 아내와 듬직한 남편을 주셨는데, 아내를 몸종처럼 부리며 비인격적으로 대하거나 남편을 돈 버는 기계처럼 몰아붙이며 요구만 할 때가 많았습니다.

나라 사랑, 민족 사랑에 관한 거대 담론에는 침을 튀기며 열을 올렸습니다. 하지만 지금 내가 서 있는 자리에서 지켜야 할 가장 기본적인 시민 도덕과 질서를 지키는 일에는 눈감고 살 때가 많았습니다. 주님의 몸 된 교회를 통하여 말씀을 듣고 배우게 하시고 예배드리는 특권을 주셨는데, 보이지 않는 하나님께 예배드리는 일을 소홀히 하고 눈에 보이는 내 욕심만 채우려고 기를 쓰며 살았습니다. 나에게 사랑이 너무 부족하오니, 먼저 주님께서 주시는 사랑으로 충만하게 하옵소서. 그리하여 하나님의 사랑으로, 사랑해야 할 사람을 사랑하게 하옵소서. 주님의 사랑을 지닌 나로 말미암아 가정이, 교회가, 나라가 치유받고 회복되게 하옵소서.

내 발이
이르는 곳마다

창 30:25-31

내가 오기 전에는 외삼촌의 소유가
적더니 번성하여 떼를 이루었으니 내 발이
이르는 곳마다 여호와께서 외삼촌에게
복을 주셨나이다.

사랑의 하나님, 하나님께서는 이 땅에서 사는 내게 큰 복을 내려
주셨습니다. 생명을 주셔서 심장이 뛰게 하셨습니다. 눈으로 보
게 하시고, 귀로 듣게 하시고, 손과 발을 움직이게 하셨습니다. 나
로 세상에서 열심히 수고하고 땀 흘리게 하셔서 재물을 얻는 능
력까지 허락하셨습니다. 직업도 주시고, 지위와 명예도 주셔서
높임을 받게 하셨습니다. 하지만 나는 이 모든 게 하나님이 주신
선물이요 축복임을 잊고 살았습니다. 하나님께서 이렇게 나를 축
복하심은 주위 사람들에게 복을 나누게 하시려는 은총이며 배려
임을 망각했습니다.

　옆에 있는 이웃에게 따뜻하게 대하고 사랑하는 것이 하나님의
복을 나타내는 것인 줄 알면서도 이를 실천하지 못했습니다. 인
간의 존엄성보다 개인이 가진 소유, 쌓아 온 명성, 가진 지식과 스
펙을 더 중시했습니다. 사람들과 교류하면서도 어떻게 베풀지 생
각하지 않고 어떻게 빼앗을지를 먼저 염두에 두었습니다. 내가
좋아하는 재물과 물질보다 더 소중한 존재가 인간이며 그의 인격
임을 늘 확인하게 하옵소서. 우리 모두는 하나님의 축복 자체입
니다. 이 세상에서 축복의 통로입니다. 나로 인하여 주위 사람들
이 복을 받게 하시고 주님께서 영광을 받으시옵소서.

용서를 넘어
화해로

창 33:8-14

에서가 또 이르되 내가 만난 바 이 모든
떼는 무슨 까닭이냐. 야곱이 이르되 내
주께 은혜를 입으려 함이니이다.

사랑의 하나님, 나는 용서의 은혜를 받은 죄인입니다. 그런데도
내게 상처와 고통을 준 사람들을 쉽게 용서하지 못했습니다. 도
리어 용서하는 것이 하나님의 공의와 정의를 무너뜨리는 것이라
주장하며 용서하기를 거부했습니다. 용서보다 보복이 인간 본성
에 더 자연스럽다고 생각했습니다. 그래서 상대도 나와 같은 아
픔과 탄식을 경험하고 나와 똑같은 고통을 맛보아야만 용서가 될
것 같았습니다. 아니, 그보다 더 큰 대가를 치러야 한다고 생각했
습니다. 상처받고 힘들 때는 그냥 잊고 살면 되리라 생각했습니
다. 그러나 그 일이 떠오르기만 하면, 마음속에 미움과 분노가 솟
구쳤습니다. 내게 몹쓸 짓을 한 사람을 용서하기가 너무 힘들었
습니다. 하지만 남이 용서하지 못하면, 용서도 못 하냐고 윽박질
렀습니다. 때로는 힘들어하는 사람에게 용서를 강요했습니다. 용
서 콤플렉스를 갖도록 심리적으로 압박하기도 했습니다.

내게는 남을 용서할 능력도 마음도 없습니다. 하나님이 내게
용서할 마음을 주실 때만 용서할 수 있습니다. 가슴에 맺힌 슬픔
과 아픔을 살아 계신 하나님, 역사의 주관자이시며 심판자이신
하나님께 다 맡기게 하옵소서. 이제부터 주님의 은혜를 힘입어
용서하고 화해하며 평화를 만드는 복된 삶을 살게 하옵소서.

부모가
된다는 것

창 34:25-35:1

너희가 내게 화를 끼쳐 나로 하여금 이 땅의 주민 곧 가나안 족속과 브리스 족속에게 악취를 내게 하였도다.

사랑의 하나님, 나는 아버지가 되고 어머니가 된다는 게 어떤 의미인지도 모르고 마냥 좋아서 결혼부터 했습니다. 아버지가 될 준비, 어머니가 될 준비가 전혀 안 되어 있었습니다. 부모로서 당연히 내가 낳은 자녀를 사랑하는 간절한 마음이 있었습니다. 그런데도 따뜻한 말 한마디 건네는 데 너무 인색했습니다. 내가 내 부모에게 "사랑한다"는 격려의 말을 들어보지 못한 탓에 나 역시 자녀에게 그런 말 하는 것을 쑥스럽게 여겼습니다. 때로는 자녀들을 형이라고, 아우라고 편애했습니다. 때로는 아들이라고, 딸이라고 편애했습니다. 자녀들이 타는 가슴으로 몰래 울고 있는데도 잘 알지 못했습니다. 주님께서 나에게 베푸신 그 놀라운 은혜를 자녀들과 함께 나누지 못했습니다. 부모로서 자녀들이 어렸을 때 따뜻한 스킨십을 나누지 못했습니다. 조금 덩치가 큰 뒤로는 대화는커녕 마주 앉지도 못했습니다. 그렇게 닮지 않겠다고 다짐했던 내 부모의 모습과 성품이 내 안에 그대로 배어 있습니다.

　이 시간 임재하셔서 머리부터 발끝까지 기름을 부어 주옵소서. 하늘에 계신 아버지 하나님을 통해 진정한 부모 됨을 다시 회복하게 하옵소서.

천방지축
요셉

창 37:1-11

요셉은 노년에 얻은 아들이므로
이스라엘이 여러 아들들보다 그를 더
사랑하므로 그를 위하여 채색옷을
지었더니.

사랑의 하나님, 아버지 이삭의 편애로 고통받으며 아파하던 야곱
과 같은 슬픔이 내 안에 있습니다. 아버지 야곱의 편애로 자기도
취에 빠진 요셉처럼 우쭐대며 남을 배려하지 않는 교만이 내 안
에 있습니다. 나 역시 그렇게 살면서 편애의 피해자이자 가해자
였음을 고백합니다. 어린 요셉처럼 천방지축 할 말 안 할 말 가리
지 않고 쏟아 낼 때가 많았습니다. 무심코 뱉은 말로 남에게 상처
를 주어 낙심하게 한 적도 있습니다. 남에 대해 좋은 이야기보다
나쁜 이야기를 하면서 더 큰 쾌감을 느낄 때가 많았습니다.

　내가 하나님의 자녀인 줄 아는데도 나의 열등감이 나를 괴롭혔
습니다. 잘난 체하며 뽐내며 살았던 이유는 내 열등감을 감추기
위해서였습니다. 그래서 이웃에게 넉넉하고 자비로울 때보다 인
정머리 없고 잔인할 때가 훨씬 더 많았습니다. 나만 하늘의 꿈과
비전을 갖고 있다고 여기면서 남을 업신여기고 무시할 때가 많았
습니다. 이제는 야곱처럼 사람들 눈치만 보지 않고 하나님만 바
라보게 하옵소서. 이제는 요셉처럼 너무 눈치 없는 자가 되지 않
고, 성령님이 주시는 사랑으로 이웃을 배려할 줄 아는 사람이 되
게 하옵소서.

용서
콤플렉스

창 42:18-25

우리가 아우의 일로 말미암아
범죄하였도다. 그가 우리에게 애걸할
때에 그 마음의 괴로움을 보고도 듣지
아니하였으므로 이 괴로움이 우리에게
임하도다.

사랑의 하나님, 때로는 입술로, 때로는 손과 발로 남에게 상처를
주었습니다. 그러고도 내가 준 상처를 잘 기억하지 못했습니다.
그래서 잘못했다고 사과하지 못했습니다. 하지만 내가 받은 상처
는 오래 기억합니다. 때로는 그냥 지나가듯 한 말인데, 그 말이 비
수가 되어 가슴에 꽂힙니다. 무시와 조롱을 당했다는 생각에 미
움과 분노와 적개심이 솟구칩니다. 그러다 시간이 지나면 용서
콤플렉스에 시달립니다. 용서해야 치유된다는 사실을 알고 있습
니다. 그러나 용서할 수 없습니다. 아니, 용서하기 싫습니다. 용서
를 구하지도 않고 뻔뻔하게 행동하는 사람을 용서하려니 더 화가
나고 속이 뒤틀립니다. 그럴수록 상처는 더 깊어지고 속에서 곪
아 터집니다. 급기야 상처가 나를 조종합니다. 울화통이 터지고
화병이 날 때도 있습니다. 화가 나고 분노가 치솟을 때, 그냥 저주
를 퍼부으면 안 되는 걸까요?

　이 시간 기도할 때 십자가에 달리신 예수님을 기억하게 하옵소
서. 나의 흉악한 죄악이 사함을 받고, 나 같은 죄인이 용서받았다
는 사실을 다시 확인하게 하옵소서. 주님께 용서받은 자로서, 남
을 용서할 수 있는 하늘의 용기를 주옵소서.

어린아이처럼

마 18:2-7

진실로 너희에게 이르노니 너희가 돌이켜
어린아이들과 같이 되지 아니하면 결단코
천국에 들어가지 못하리라.

사랑의 하나님, 어린아이처럼 되어야 천국에 들어간다는 주님의 말씀을 들었으면서도 그렇게 살지 못했습니다. 예수님은 비둘기처럼 순전하고 뱀처럼 지혜로운 사람이 되라 말씀하셨습니다. 하지만 어린아이와 같은 순전한 모습은 어느 순간 사라지고 사특한 뱀의 꾀만 나를 사로잡았습니다. 어린아이와 같이 신뢰하던 믿음이 점점 의심과 불신으로 바뀌었습니다. 어린아이와 같이 기뻐 뛰놀던 즐거움이 이기적인 탐욕으로 바뀌었습니다.

하나님께서 선물로 주신 자녀를 붙들고 "네가 있어 기쁘고 감사하다"고 말하지 못했습니다. 오히려 "너 때문에 내가 이렇게 마음고생하며 어려움을 당한다"고 핀잔을 주었습니다. 자녀가 어리다고 무시하고 내 소유물인 양 비인격적으로 대한 적도 많습니다. 세상일에 바빠서 하나님 나라의 비전과 꿈을 자녀와 함께 오손도손 나누지 못했습니다. 하나님께서 나를 향해 "너는 내 사랑하는 아들이요 내 사랑하는 딸이니, 내가 너를 기뻐하노라"라고 말씀하신 것을 기억합니다. 나도 자녀를 향해, "너는 내 사랑하는 아들이요 내 사랑하는 딸이니, 내가 너를 기뻐한다"고 입으로, 마음으로 고백하게 하옵소서.

다시 애틋한
사랑으로

시 103:8-15

아버지가 자식을 긍휼히 여김 같이
여호와께서는 자기를 경외하는 자를
긍휼히 여기시나니.

사랑의 하나님, 하나님의 놀라우신 사랑을 알도록 이 땅에 어머니, 아버지를 허락하신 것에 감사드립니다. 우리 부모님이 만나지 않았다면, 내가 이 땅에 존재할 수 없다는 사실을 망각할 때가 많았습니다. 그래서 진정한 감사를 자주 잊고 살았습니다. 나만 생각하는 욕심쟁이였습니다. 나를 위해서 늦잠을 자도 안되고 아파도 안되는 철인 같은 어머니를 요구했습니다. 홀로 삶의 무거운 짐을 묵묵히 지셨던 상처 나고 찢긴 가슴을 들여다보려 하지 않았습니다. 오히려 '나는 어머니처럼 살지 않을 거야!' 하면서 어머니를 무시했습니다. 아버지가 치열한 삶의 경쟁에서 살아남기 위해 그렇게 처절하게 분투해야 했는지 미처 몰랐습니다. 가족을 먹여 살리려고, 자식들이 더 훌륭한 교육을 받게 하려고 온몸이 골병들도록 애쓰는 것을 알지 못했습니다. 내게 따뜻한 말한마디 안 해 준다며 바쁘게 살던 아버지를 미워했습니다. '나는 아버지처럼 살지 않을 거야!' 하고 우쭐대며 멸시했습니다.

어머니, 아버지가 살아 계실 때는 그 마음을 기쁘게 해 드리지 못하고 불효막심했습니다. 부모님이 돌아가신 후에야 '효도할걸, 잘해드릴걸' 하며 어리석게 탄식합니다. 이 시간 통회하는 마음에 찾아오시옵소서. 부모님의 은혜를 기억하게 하시고, 다시 애틋한 사랑으로 다가서게 하옵소서.

사랑은
깊은 관심

전 9:9

네 헛된 평생의 모든 날 곧 하나님이 해 아래에서 네게 주신 모든 헛된 날에 네가 사랑하는 아내와 함께 즐겁게 살지어다.

사랑의 하나님, 사랑으로 만난 가정, 사랑으로 이끌어 가야 할 가정이 갈등과 다툼으로 자주 흔들립니다. 깨어진 항아리처럼 금이 가고 부서지고 있습니다. 그런데도 한 지붕 밑에서 살기만 하면 그냥 좋은 가정이라고 착각하고 방치했습니다. 부부인 남편과 아내 사이에 다른 경쟁자를 두면 안 되는 줄 알면서도 용납했습니다. 때로는 입에 풀칠하느라고 수고하고 땀 흘리며 몰두하던 직장 일이 가정의 소중함을 좀먹었습니다. 때로는 알량한 취미를 가정보다 우선시했고, 때로는 세상의 술과 쾌락이 끼어들었습니다. 때로는 자녀에게만 집착하느라 배우자를 두 번째로 밀어냈습니다. 때로는 부모님에게 의지하느라 옆에 있는 배우자가 얼마나 소중한지 미처 몰랐습니다.

사랑은 깊은 관심이고, 관심은 엄청난 에너지가 든다는 사실을 소홀히 했습니다. 사랑은 주면서 받는 것인데, 받아야 준다고 생각했습니다. 사랑은 상대방이 좋아하는 방식으로 주는 것인데, 내가 좋아하는 방식으로 주고 사랑했다고 여겼습니다. 사랑은 둘이 하나가 되는 것이라고 주장하면서 나와 똑같이 되라고 윽박질렀습니다. 주님의 사랑으로 처음 사랑을 회복하게 하옵소서. 우리 가정이 은혜와 평안의 쉼터가 되게 하시고, 세상을 향한 축복의 베이스캠프가 되게 하옵소서.

나의 이웃

레 19:1-2, 33-37

너희와 함께 있는 거류민을 너희 중에서
낳은 자 같이 여기며 자기 같이 사랑하라.
너희도 애굽 땅에서 거류민이
되었었느니라.

사랑의 하나님, 인생을 돌아보면 다른 사람을 축복하고 베푸는
삶을 살기보다는 남이 베푸는 걸 누리며 살기를 더 좋아했습니
다. 나를 위해 무언가를 베풀어 주는 사람이 곁에 있는 것을 좋아
했습니다. 이웃을 진심으로 축복하며 베푸는 사람이 내가 되어야
한다는 생각은 깊이 하지 못했습니다. 오히려 이웃을 경계의 대
상으로 여길 때가 많았습니다. 내 문제만 생각하고 해결하기에도
삶이 너무 벅찼기 때문입니다.

　이웃을 축복하려는 마음보다 냉소하며 조롱하려는 마음이 더
컸습니다. 그래서 때로는 세상을 개혁해야 한다고 큰소리쳤습니
다. 하지만 스스로 책임지는 것은 별로 없었습니다. 변화와 개혁
의 대상은 늘 상대방이고 나는 늘 피해자라고 여겼습니다. 잘될
때는 내가 얼마나 괜찮은 존재인지 자랑하고 싶어 했습니다. 하
지만 잘 안될 때는 나를 이렇게 만든 사람이 있다며 남 탓하는 게
습관이 되었습니다. 나는 별 볼 일 없는 존재였지만, 예수님께서
나 같은 자를 용납하시고 축복하셨습니다. 나도 예수님을 본받아
진심으로 이웃을 용납하고 축복하게 하옵소서.

눈의 들보

마 7:1-5

외식하는 자여 먼저 네 눈 속에서 들보를 빼어라. 그 후에야 밝히 보고 형제의 눈 속에서 티를 빼리라.

사랑의 하나님, 내 속에 무슨 죄악이 있는가, 믿음의 공동체에 무슨 불의가 있는가 돌아보며 회개합니다. 음란하고 탐욕스러웠던 생각, 거칠고 오만했던 말버릇, 손과 발로 행했던 불의와 죄악들을 회개합니다. 나의 나 됨이 하나님의 부르심이며 은혜입니다. 하지만 그 놀랍고도 사랑스러운 사실을 망각하며 살 때가 너무 많았습니다. 죄인인 내가 거룩한 하나님을 만났을 때 전율처럼 두려움과 떨림을 경험했습니다. 예수님을 '나의 주님, 나의 하나님'으로 고백하던 때가 생각납니다. 평생 하나님의 마음을 시원하게 해 드리겠다고 약속했었습니다. 하지만 하나님의 마음을 기쁘게 해 드리기보다 아프게 하고 슬프게 한 적이 더 많습니다.

다른 사람의 약점을 볼 때마다 쉽게 흥분하며 비판합니다. 한국 교회의 단점과 이 사회의 문제점도 매우 잘 보입니다. 그러면 입이 근질근질해서 참지 못하고 비난과 조롱을 퍼붓습니다. 하지만 내 눈에 있는 거대한 들보는 보지 못합니다. 그래서 자기비판과 회개는 늘 뒷전이었습니다. 다시 첫 마음으로 주님을 사랑하게 하옵소서. 다시 두렵고 떨리는 마음으로 주님의 교회를 섬기게 하옵소서. 다시 기도하며 주님의 말씀을 붙들게 하옵소서.

생명의 사람

눅 24:1-12

여자들이 두려워 얼굴을 땅에 대니 두 사람이 이르되 어찌하여 살아 있는 자를 죽은 자 가운데서 찾느냐.

사랑하는 주님, 유구무언으로 우리들의 부끄러움을 아룁니다. 어른들의 죄악 때문에 어린아이들이 고통 속에 신음하고 있습니다. 우리의 잘못, 우리의 탐욕, 우리의 교만, 우리의 거짓, 우리의 게으름, 우리의 비겁함 때문입니다. 우리 어른들이 먼저 우리의 죄악과 부끄러움을 회개합니다. 남의 탓을 하며 핑계 대며 불평하던 우리 삶을 회개합니다. 주님, 우리의 아이들을 지켜 주시고 함께해 주옵소서. 슬프게 울며 탄식하는 부모와 친구들의 마음을 위로해 주옵소서.

내 곁에 정말 소중하고 사랑스러운 사람이 있다는 사실을 자주 잊습니다. 옆에 있을 때 무심히 대하고 때로 미워하고 사랑하지 못했던 것을 용서하옵소서. 가장 비천한 곳에 오셔서 낮은 사람을 찾으시고 동행하시는 주님이시여, 아직도 고통과 고난 속에 있는 주위 사람들을 헤아리게 하옵소서. 이제 나로 부활의 증인으로, 생명의 사람으로 나가게 하옵소서.

부모의 신앙

딤후 1:3-8

이는 네 속에 거짓이 없는 믿음이 있음을 생각함이라. 이 믿음은 먼저 네 외조모 로이스와 네 어머니 유니게 속에 있더니 네 속에도 있는 줄을 확신하노라.

사랑의 하나님, 내가 태어나자마자 핏덩이 같은 나를 껴안고 볼을 비빈 이는 어머니와 아버지였습니다. 나를 꼭 껴안고 이름을 불러 준 이도 어머니와 아버지였습니다. 내가 이 세상에 얼마나 소중하고 필요한 존재인지 가르쳐 주었습니다. 아버지와 어머니는 늘 나를 생각하고 나를 위해 기도하며 사셨지만, 내가 부모님을 생각하고 부모님을 위해 기도한 시간은 그 십분의 일, 백분의 일도 되지 않습니다. 부모님에게도 꿈을 꾸며 자아를 실현하고 싶을 때가 있었는데, 좋은 시절을 다 포기하면서 나를 키우신 걸 몰랐습니다. 늘 내 곁에 있어야 하고, 늘 나를 위해 묵묵히 희생하는 게 당연하다고 여겼습니다. 무뚝뚝하고 말수가 적은 아버지가 내게는 관심도 없고 나를 사랑하지도 않는다고 지레짐작했습니다. 자상하고 살가운 어머니에게 잔소리꾼이라며 짜증 낼 때가 많았습니다. 가까이서 내 삶에 함께하려는 애틋한 사랑의 열망을 외면했습니다.

내가 부모가 되어서야 그 사랑을 겨우 깨닫습니다. 부모님을 원망하던 마음이 이해하는 마음으로 변했습니다. 여전히 커다란 산이고 언제나처럼 넓은 바다인 어머니 아버지에게 이제 사랑과 감사를 표현하길 원합니다. 어머니와 아버지의 사랑과 신앙에 늘 감사하며 살게 하옵소서.

함부로 뱉은 말

삼하 6:16-23

여호와의 궤가 다윗 성으로 들어올 때에 사울의 딸 미갈이 창으로 내다보다가 다윗 왕이 여호와 앞에서 뛰놀며 춤추는 것을 보고 심중에 그를 업신여기니라.

사랑의 하나님, 이 시간 말로 지은 죄악들을 주님께 아룁니다. 가슴 속에 알게 모르게 미움과 분노가 차곡차곡 쌓여 있었습니다. 그것을 스스로 삭이지 못했습니다. 억누르던 감정을 갑자기 터트리며 입으로 욕설을 내뱉던 악한 모습을 고백합니다. 남을 따뜻하게 감싸고 배려하는 말을 하지 못했습니다. 오히려 비꼬는 말로 남을 무시하려 했습니다. 농담을 빙자하여 다른 사람 가슴을 멍들게 했습니다. 함부로 뱉은 말 한마디가 논쟁과 싸움의 불씨가 되었습니다. 마음으로 조롱하며 내뱉은 말 한마디가 비수같이 이웃의 마음에 상처를 주었고 삶을 파괴했습니다.

　무례한 말 한마디가 미움의 씨를 뿌리고 사랑의 등불을 꺼 버렸습니다. 더럽고 악한 말이 혀의 습관이 되어서 나도 모르게 쏟아 낼 때도 많았습니다. 공의와 정의를 구현한다면서 서슬 퍼런 비방과 비난의 언어로 남을 정죄할 때도 많았습니다. 이웃을 따뜻하게 격려하는 말을 할 수 있는 넉넉한 마음을 주옵소서. 주님에게 축복받은 자로서 축복하는 말을 할 줄 아는 사람이 되게 하옵소서.

하나 되게

엡 4:1-6

모든 겸손과 온유로 하고 오래 참음으로
사랑 가운데서 서로 용납하고 평안의
매는 줄로 성령이 하나 되게 하신 것을
힘써 지키라.

사랑의 하나님, 주님은 우리에게 하나님 나라의 큰 소망을 품게
하셨습니다. 가정을 사랑 공동체로, 교회를 말씀 공동체로 불러
주셨습니다. 성령 안에서 하나 되는 생명 공동체를 이루게 하셨
습니다. 하지만 우리는 하나 됨이 그냥 저절로 되는 건 줄 알았습
니다. 한 공간에 함께 있기만 하면 하나가 되는 줄 알았습니다. 똑
같은 모양을 갖추고 똑같은 소리를 내기만 하면 하나가 되는 줄
알았습니다. 한 곳에 있기는 했지만, 실상은 하나가 아니었습니
다. 하나 됨을 위하여 힘쓰지 않았습니다. 미움이 생기니, 가까이
있는 사람과도 감정적으로 하나가 되기 싫었습니다. 가치관과 인
생의 목표가 다르니 함께 있기가 괴로웠습니다. 출애굽 정신이
없었고, 실제 출애굽을 할 용기도 갖지 못했습니다. 애굽의 옛것
들에 계속 집착했습니다. 그것은 노예 의식, 거지 근성, 방종한 삶
의 습관이었습니다.

　겸손과 온유로 사람을 대하지 않았습니다. 오래 참지 못했고,
사랑 가운데 용납하지 못했습니다. 옛 가치관, 옛 사고방식을 그
대로 놔두고 새것을 맞이하려 했습니다. 새 포도주를 새 부대에
넣을 생각을 하지 않았습니다. 주님 주시는 평안의 줄로 서로를
다시 감싸며 보듬게 하옵소서. 이 땅에 생명 공동체, 사랑 공동체
를 만들어 가는 하나님의 사람들이 되게 하옵소서.

내 교훈은

요 7:15-17

예수께서 대답하여 이르시되 내 교훈은 내 것이 아니요 나를 보내신 이의 것이니라.

사랑의 하나님, 하나님께서는 나에게 소중한 자녀들을 잠시 맡겨 주셨습니다. 부모로서 자녀의 학교 성적에 대해서는 엄청난 관심을 쏟았습니다. 하지만 신앙 교육에는 소홀할 때가 많았습니다. 잘못된 길로 가는 걸 뻔히 알면서도, 때가 되면 하나님께서 도우시겠지, 하면서 방관했습니다. 실상은 내가 부모로서 책임지기가 두려웠고 싫었던 탓입니다. 돈 많이 버는 게 자녀를 잘 키우는 것보다 더 중요하다고 생각하기도 했습니다. 열심히 일하는 부모를 자녀들이 자랑스러워할 거라고 착각했습니다. 아이들은 함께 마주 보며 웃고 놀고 대화하는 부모를 자랑스러워한다는 걸 몰랐습니다. 나는 기도하지 않으면서 자녀는 기도하는 사람이 되기를 바랐습니다. 나는 말씀을 읽지 않으면서 자녀는 말씀대로 살기를 원했습니다. 자녀는 부모가 하는 대로 행한다는 사실을 잊었습니다. 어느 날 보니, 내 아들과 내 딸이 부모인 나를 너무 닮아 가고 있었습니다.

나의 무지와 게으름을 용서하옵소서. 가족을 부양해야 한다는 생각으로, 자녀를 신앙으로 돌보는 일에 소홀했습니다. 오히려 일이 더 중요했고, 자녀들과 만나는 시간은 너무 적었습니다. 이제는 자녀를 위해 작은 시간을 내게 하옵소서. 자녀 마음의 소리를 경청하며 공감하게 하옵소서. 그리하여 이 가정이 하나님이 주시는 축복의 베이스캠프가 되게 하옵소서.

자라며
강하여지고

눅 2:40

아기가 자라며 강하여지고 지혜가 충만하며 하나님의 은혜가 그의 위에 있더라.

사랑의 하나님, 나에게 선물로 주신 자녀들을 생각하고 사랑하는 마음을 주셨습니다. 하지만 부모로서 자녀를 바르게 사랑하는 법을 잘 모를 때가 많았습니다. 자녀들의 삶에 때마다 참여하고 간섭하는 게 사랑이라고 여길 때도 있었습니다. 금방 문제가 해결되는 듯했지만, 자녀들은 자꾸 부모에게만 의존했습니다. 사랑이라는 이름으로 자녀들을 너무 과잉보호한 적도 있었습니다. 그럴 때마다 자녀들이 스스로 결정해야 할 기회를 빼앗았습니다. 자녀들에게 부모의 권위를 보여 주고 싶었습니다. 그래서 때로는 권위주의적으로 명령만 하고 자녀들에게 무조건 복종만을 강요했습니다. 그때마다 자녀들은 스스로 생각하고 결단하기를 포기했습니다. 그때마다 자녀들에게서 용기와 담대함은 자꾸 사라졌습니다. 자녀들에게 자율권을 주는 걸 겁냈기 때문입니다. 그래서 자녀들이 주도적인 인물이 되지 못하고 수동적인 인물에 멈추었습니다.

세속적인 성공지상주의로 자녀들을 몰아칠 때가 많았습니다. 그 결과, 하나님을 사랑하고 하나님께 예배드리는 일이 자녀들에게 첫 번째 가치가 되지 못했습니다. 이것은 전적으로 부모인 내 잘못입니다. 자녀들이 주님의 마음을 품은 자유로운 지혜자로 자라나게 하옵소서. 하나님의 은혜를 기억하며 감사히 받을 줄 아는 자녀들이 되게 하옵소서.

103

아내
사랑하기를

엡 5:25-33

이와 같이 남편들도 자기 아내 사랑하기를 자기 자신과 같이 할지니 자기 아내를 사랑하는 자는 자기를 사랑하는 것이라.

사랑의 하나님, 하나님은 나에게 가정을 허락하시고, 가정에서 사랑의 기쁨, 생명의 기쁨을 누리게 하셨습니다. 하지만 그렇게 축복받던 가정을 조그만 오해로, 아니 아내를 배려하지 못해서, 불화하고 갈등하고 미워하며 스스로 무너뜨렸습니다. 그렇게 사랑스럽던 '님'이 어느 날 갑자기 '남'처럼 느껴졌습니다. 그래서 아내에게 투덜댔습니다. 당신과 함께 지내도 외롭다고, 당신과 함께 사는 게 괴롭다고 소리쳤습니다. 아내를 밥이나 차리는 하인으로 취급했습니다. 애 키우며 보살피는 보모로 여겼습니다. 인격적으로 소중히 여기지 못하고 함부로 대했습니다. 혼자 얼마나 힘들어하는지 마음 쓰지 못했습니다. 가족을 보살피려면 그 정도 헌신은 당연하다고 여겼습니다.

아내의 마음을 헤아리지 못했습니다. 나를 사랑해 주지 않는다고 투정만 했지, 사랑으로 감쌀 생각은 하지 못했습니다. 나에게 영적인 리더십을 허락하옵소서. 예수님이 교회를 위해 십자가에 달려 목숨을 내놓으신 것처럼, 생명을 걸고 아내를 진정으로 사랑할 마음을 갖고 실천하게 하옵소서.

네 부모를
즐겁게 하며

잠 23:24-26

네 부모를 즐겁게 하며 너를 낳은 어미를 기쁘게 하라.

사랑의 하나님, 부모님을 허락하신 하나님을 찬양합니다. 부모님에게 생명을 선물로 받았습니다. 부모님의 사랑 때문에 사랑하면서 사는 것이 최고의 기쁨임을 깨달았습니다. 거친 세상에서 어떻게 살아야 하는가를 배웠습니다. 하지만 철이 없었을 때는 "나는 엄마 아빠처럼 살지 않을 거야!"라고 너무 쉽게 말했습니다. 그러면서 부모님을 무시하며 조롱했습니다. 성년이 된 뒤에도 부모님 마음을 즐겁게 하지 못한 적이 너무 많았습니다. 현금 몇 푼, 식사 두세 번, 전화 몇 번 한 것으로 효도했다고 여겼습니다.

지금 생각해 보니, 부모님에게 "고맙습니다! 사랑합니다!"라는 말을 한 기억이 별로 없습니다. 감사의 마음을 전하는 엽서나 편지를 쓴 적은 더더구나 없습니다. 그런 내 모습을 당연하게 여겼습니다. 사랑을 표현하지 않아도 부모님은 별 탈 없이 잘 사실 거야, 하며 관심을 꺼 버렸습니다. 어떻게 해야 부모님의 마음을 기쁘게 해 드리는지 잘 몰랐습니다. 아니, 깊이 생각하지 않았습니다. 아니, 내 자식들에 대한 염려와 근심이 앞서서 부모님은 항상 뒷전이었습니다. 자식을 향한 내리사랑은 저절로 되어도, 부모님을 향한 치사랑은 기도하며 준비하고 결심해야 한다는 사실을 이제야 깨닫습니다. 지금이라도 부모님의 손을 고마운 마음으로 잡기를 원합니다. "아버지의 아들, 어머니의 딸이 된 것이 너무 자랑스럽습니다"라고 고백하게 하옵소서.

좋은 친구

전 4:7-12

두 사람이 한 사람보다 나음은 그들이
수고함으로 좋은 상을 얻을 것임이라.

사랑의 하나님, 세상에서 살면서 "왜 내게는 참된 친구가 없나?"
탄식하곤 했습니다. 외롭다, 늘 혼자다, 외치며 아파했습니다. 이
런 부르짖음은 실은 사랑을 향한 영혼의 갈구였습니다. 하지만
그럴수록 화가 났고 마음은 더 사나워졌습니다. 나를 알아주는
이가 아무도 없다는 사실에 분노가 솟구쳤습니다. 그러면 그럴수
록 친구가 생기기는커녕 남아 있던 친구들마저 내 곁을 떠났습니
다. 나 스스로 나의 친구가 되지 못했습니다. 지금의 내가 싫었고
못마땅했고 미웠습니다. 그러다 보니 성격도 비뚤어졌고 무슨 일
을 하든 화가 먼저 났습니다. 내게는 나 자신과 화해할 능력이 없
었습니다. 너무나 오랫동안 고정관념 속에 홀로 갇혀 있었습니
다. 이 세상에 버려진 외톨이처럼 여기고 슬피 울고 있었습니다.
　예수님에게 친히 하신 말씀을 이 시간 나에게도 다시 들려주옵
소서. "너는 내 사랑하는 아들, 내 사랑하는 딸, 내가 너를 기뻐하
노라." 이 말씀을 통해 먼저 나 자신과 화해하게 하옵소서. 예수님
이 제자들에게 하신 말씀을 다시 들려주옵소서. "사람이 친구를
위하여 자기 목숨을 버리면 이보다 더 큰 사랑이 없나니." 나를
친구 삼기 위하여 골고다 십자가의 길을 가신 주님을 찬양합니
다. 이제는 예수님이 나의 친구임을 자랑스럽게 여기게 하옵소
서.

사랑하는 기쁨

전 9:9

네 헛된 평생의 모든 날 곧 하나님이 해 아래에서 네게 주신 모든 헛된 날에 네가 사랑하는 아내와 함께 즐겁게 살지어다.

사랑의 하나님, 사랑하는 기쁨을 잃고 살 때가 많았습니다. 그러다 보니 품질이 나쁜 상품처럼 삶이 위축되었고 반쪽 인생처럼 초라해졌습니다. 사랑할 사람을 사랑해야 하는 줄 알면서도, 심술이 날 때마다 가슴에 비수를 꽂듯이 상처를 주었습니다. 사랑한다고 하면서도 윽박지르는 말을 가장 가까운 사람에게 퍼부었습니다. 배우자에게, 자식들에게 험한 말을 서슴없이 쏟아내며 겁을 주었습니다. 사랑하면 아픔과 슬픔이 닥칠까, 지레 겁이 나서 아예 사랑하기를 포기하며 살 때가 많았습니다. 그랬더니 아픔과 슬픔이 사라진 것이 아니라, 더 쓸쓸하고 더 외롭고 더 답답했습니다.

사랑하는 게 인생의 기쁨임을 잘 압니다. 하지만 실제로 사랑하려고 하지 않았습니다. 게으른 탓이요 무지한 탓이었습니다. 내 마음에 들지 않는다고 사랑하길 거부했습니다. 사랑에 엄청난 에너지가 드는 걸 알기에 그것이 아까웠습니다. 사랑하고 싶었습니다. 하지만 진정으로 사랑하는 마음을 품기가 두려웠습니다. 어떻게 사랑하는 게 좋은지 방법을 잘 몰랐습니다. 그냥 지나가고 사라질 인생을 지금 살고 있습니다. 진정한 사랑만이 허무를 이기는 기쁨의 길임을 알게 하옵소서. 끊임없이 방전되는 나의 사랑을 주님의 놀라우신 사랑으로 다시 충전시켜 주옵소서.

키가
자라가며

예수는 지혜와 키가 자라가며 하나님과
사람에게 더욱 사랑스러워 가시더라.

눅 2:52

사랑의 하나님, 자녀들이 어릴 때 내 가슴을 뛰게 했던 기억을 벌써 잊어 먹었습니다. 갓 태어났을 때의 기쁨, 첫걸음을 뗐을 때의 감격, 엄마 아빠를 부르며 달려올 때의 감동을 어딘가에 버렸습니다. 자녀들을 때로는 과잉보호했습니다. 지혜와 분별력, 도전하는 용기와 자율성을 밑동부터 잘라 버렸습니다. 때로는 지나치게 자유방임했습니다. 삶의 무질서와 게으름을 방치함으로써 가능성을 썩혀 버렸습니다. 때로는 성공지상주의로 자녀들을 몰아 갔습니다. 하나님께 예배드리는 삶이 인생의 우선순위임을 자꾸 놓쳤습니다. 세상에서 성공하려면, 반드시 일등을 해야 한다고 윽박질렀습니다. 그러면 그럴수록 아이들은 기겁하며 도망가려 했습니다. 사실은 부모인 나의 콤플렉스요 잘못된 강박관념이었습니다.

자녀들이 가끔은 넘어지기도 하고, 부모 마음을 섭섭하게 하는 성장통을 앓을 때도 있음을 헤아리게 하옵소서. 오늘이라도 "얘야, 네가 내 아들이어서, 내 딸이어서 정말 고맙고 감사하구나!" 하고 따뜻한 말 한마디를 건네게 하옵소서. "너는 하나님의 사랑스럽고 기뻐하시는 아들딸이란다!"라고 자꾸 알리게 하옵소서.

어머니의 하나님

롯 1:11-18

어머니께서 가시는 곳에 나도 가고 어머니께서 머무시는 곳에서 나도 머물겠나이다. 어머니의 백성이 나의 백성이 되고 어머니의 하나님이 나의 하나님이 되시리니.

사랑의 하나님, 부모님에게 받은 것이 너무 많습니다. 이 땅에서 살 수 있는 생명의 축복을 받았습니다. 사랑하고 사랑받을 줄 아는 능력을 배웠고, 어떻게 살아야 하는지 깨닫는 지혜를 배웠습니다. 선물로 주신 자녀에게 얻은 것도 너무 많습니다. 어린 생명을 보며 기뻐서 얼마나 가슴이 뛰었는지 모릅니다. 자라면서 부리는 재롱 덕분에 얼마나 웃었는지, 그래서 얼마나 감사의 눈물을 흘렸는지 모릅니다. 때로는 힘들고 어려운 삶의 과정을 겪으면서도 의젓하게 성숙한 모습이 내 가슴을 뿌듯하게 합니다. 하지만 우리 가족은 서로 가까이해야 할 때 자꾸 멀리 도망가려 했습니다. 서로 복을 빌며 자랑스러워해야 할 때 비난하며 조롱했고, 심지어 속으로 저주까지 퍼부은 적도 있습니다. 가족 공동체가 얼마나 큰 축복인 줄 망각하고, 나만 잘났다고 으스댔습니다.

나의 철없는 완악함과 미련함을 용서하여 주옵소서. 이제는 가족의 애타는 마음을 서로 이해할 수 있는 공감 능력을 주옵소서. 이제는 혼자 속에 담아두고 한 맺힌 사람처럼 분노하지 않게 하옵소서. 서로 존중하는 마음으로 담담하게 털어놓고 서로를 감쌀 수 있게 하옵소서. 이제는 무엇보다 하나님의 이름으로 가족 한 사람 한 사람을 축복할 수 있는 넉넉한 마음을 주옵소서.

사랑에 빚진 자

출 1:22-2:10

바로의 딸이 그에게 이르되 이 아기를
데려다가 나를 위하여 젖을 먹이라. 내가
그 삯을 주리라. 여인이 아기를 데려다가
젖을 먹이더니.

사랑의 하나님, 내 인생을 돌아봅니다. 그동안 삶이 너무 곤고하다며 투덜댔습니다. 때론 수수께끼 같은 삶을 이해할 수 없어서 당혹스러워했습니다. 퍼즐 게임처럼 너무 많은 조각이 산산이 흩어져 있는 듯했습니다. 어떻게 맞춰서 큰 그림을 그려야 하는지 잘 몰랐습니다. 그냥 갑자기 닥쳐오는 우연과 우연의 연속과도 같은 삶을 산다고 여겼습니다. 아니, 세상의 미움과 분노가 내 삶을 무질서하고 피폐하게 만들어 망가뜨렸다고 화를 냈습니다.

예수님을 믿고 하나님을 알게 하신 성령님의 역사를 찬양합니다. 돌아보니 나의 나 된 것은 하나님의 은혜입니다. 하지만 따뜻한 배려와 사랑을 베푼 수많은 사람이 내 주위에 있었음을 잊고 있었습니다. 바로 나를 사랑으로 낳으신 어머니와 아버지입니다. 내가 울 때 어르고 아플 때 밤새우며 돌보셨습니다. 선생님들, 멘토들, 친구들도 있습니다. 어떻게 살아야 하는지 잘 몰라 두리번거릴 때 길을 가르쳐 준 이들입니다. 하나님이 주신 지혜와 총명으로 생각하며 삶의 전략을 짜지 않았던 때가 많았습니다. 사람들을 통해 내 인생에 간섭하시고 참여하시는 하나님의 선하심을 잘 몰랐던 탓입니다. 나는 주님께서 베푸신 사랑의 빚을 잔뜩 진 자입니다. 이제 하나님과 함께하는 믿음 이야기를 이웃들과 더불어 만들어 가겠습니다.

어머니의
사랑

사 49:14-15

여인이 어찌 그 젖 먹는 자식을 잊겠으며
자기 태에서 난 아들을 긍휼히 여기지
않겠느냐.

사랑의 하나님, 일생 최고의 선물은 부모님을 주신 것입니다. '나'라는 존재가 이 땅에 태어나게 하셨고, '나'라는 인물로 여기까지 인도하셨기 때문입니다. 하지만 나는 고마운 마음으로 효도하지 못했습니다. 오히려 불평하고 원망한 적이 훨씬 더 많았습니다. 이 시간 특히 어머니를 기억하며 나의 불효를 회개합니다. 어머니는 하나님의 대리자, 사랑의 대행자임을 잊었습니다. 따뜻한 권면을 하면, 또 잔소리한다며 지겨워했습니다. 눈에 맺힌 눈물 방울을 보면서도, 헌신과 희생을 경험하면서도, 부모로서 당연히 그렇게 살아야 하는 거라고 여겼습니다. 새벽부터 일어나 밥을 짓고 저녁 늦게까지 쉬지 않고 살림을 꾸려도 허리도 다리도 절대 아프지 않을 거라고 착각했습니다. 어머니는 대접받아야 할 존재가 아니라, 가족을 위해 모든 걸 내놓고 섬기는 존재라고 생각했습니다. 절대 외로워하지 않는 단단한 강철과 같은 여인이라고 생각했습니다. 그래서 배려하기보다는 늘 무언가를 달라고만 했습니다.

어머니에게도 사랑이 필요하고 따뜻한 위로의 말 한마디가 필요함을 내가 자녀를 낳고 부모가 되고 나서야 깨달았습니다. 생각이 모자란 나의 불효를 용서하여 주옵소서. 부모님이 안 계셨더라면, 나도 이 세상에 없었음을 늘 기억하게 하옵소서.

신뢰와 사랑

몬 1:8-18

그가 전에는 네게 무익하였으나 이제는 나와 네게 유익하므로 네게 그를 돌려 보내노니 그는 내 심복이라.

사랑의 하나님, 하나님은 아들이신 예수님을 믿고 신뢰하셨습니다. 구원의 사명을 맡기고 이 땅에 보내셨습니다. 하나님께서는 또한 나를 믿고 사랑하셨기에 감히 내가 하나님 앞에 설 수 있습니다. 하지만 나에게는 참된 믿음이 모자랐고 신뢰가 너무 부족했습니다. 보이지 않는 하나님을 대신해서 나를 보살피신 보이는 부모님을 신뢰하고 사랑하는 일에 너무 게을렀습니다. 내게 선물로 주신 아들딸에게 신뢰와 사랑을 마음껏 베풀지 못했습니다. 부모님은 나의 영웅이었습니다. 그래서 사랑하고 존경했습니다. 부모님은 나의 친구였습니다. 그래서 함께 떠들고 놀았습니다. 어느 날부터인가 부모님은 내 잔소리꾼이었습니다. 그때부터 나는 입을 꽉 다물었고 부모의 눈치를 보았습니다. 부모님은 귀찮은 존재가 되고 말았습니다. 나는 부모님을 평가했고, 때로는 심하게 비난했습니다. "나는 아버지 어머니처럼은 살 수 없다!"라고 선언했습니다. 부모님은 이제 연약한 존재입니다. 그럼에도 이미 단절된 대화, 사랑의 눈빛을 쉽게 회복할 수가 없었습니다.

아버지 하나님과 아들이신 예수님이 나누신 사랑의 고백을 나도 하게 하옵소서. 자녀들에게 "네가 내 아들이어서, 네가 내 딸이어서 정말 고맙고 자랑스럽다"라고 말하게 하옵소서. 부모님에게 "생명을 주시고 사랑을 가르쳐 주신 아버지 어머니 사랑합니다"라고 고백하게 하옵소서.

좋은 친구,
나쁜 친구

욥 2:11-13

그때에 욥의 친구 세 사람이 이 모든
재앙이 그에게 내렸다 함을 듣고 …
위문하고 위로하려 하여 서로 약속하고
오더니.

사랑의 하나님, 주님 앞에서 나를 돌아볼 시간을 갖게 하시니 감사합니다. 나는 평생 그리워했습니다. 나를 알아줄 사람, 나의 연약함과 아픔에 동참할 사람, 내 편이 되어 나를 거들 사람을 찾아 헤맸습니다. 하지만 그런 친구는 세상 어디에도 없었습니다. 나역시 그런 친구가 되지 못하면서 남이 그런 친구가 되어 주길 바랐습니다. 그러고는 내 주변에는 정말 좋은 친구가 없다고 탄식했습니다. "외로워서 힘들어!", "혼자 있기가 너무 괴로워!" 하면서 세월을 낭비했습니다. 사실, 꽤 괜찮은 친구들이 있었습니다. 그런데 내가 그들을 독점하려 했습니다. 내 욕망대로 친구들을 내 소유물처럼 조종하려 했습니다. 그럴수록 옆에 있던 친구들은 슬금슬금 떠나갔습니다.

나 자신에게도 좋은 친구가 되지 못했습니다. 분노와 가슴에 맺힌 한이 나를 들볶았습니다. 못되고 심술궂은 내가 싫어서 손을 내밀어 화해하지 못했습니다. 이제는 나와 친구가 되게 하옵소서. 별로 사랑스럽지 못한 내 모습까지 사랑하고 존중하게 하옵소서. 스스로 자신을 격려할 줄 알게 하시고, 너그러운 시선을 보내게 하옵소서. 내가 지금의 나인 사실에 감사하게 하옵소서. 내 힘과 내 능력, 내 결심과 헌신으로는 불가능합니다. 나의 진정한 친구가 되신 예수님을 힘입어 다시 시작하게 하옵소서.

사명을 위한
인복

행 15:36-41

바나바는 마가를 데리고 배 타고
구브로로 가고 바울은 실라를 택한 후에
형제들에게 주의 은혜에 부탁함을 받고
떠나.

사랑의 하나님, 내가 가진 것을 헤아려 봅니다. 모두 이 땅에서 주님의 뜻을 이루라고 주신 축복임을 깨닫습니다. 이만큼 건강하게 하신 것도 사명을 위함입니다. 그런데 나는 정욕을 채우는 일에 급급할 때가 많았습니다. 이만큼 먹고 살 수 있게 하신 것도 사명을 위함입니다. 그런데 나는 그 돈과 재물로 사람들 앞에서 과시하려 했습니다. 이만큼 공부하게 하시고 지식을 쌓게 하신 것도 사명을 위함입니다. 그런데 나는 공부해서 얻은 지식과 지혜로 세상을 진리로 이끌어야 함을 망각했습니다. 이만한 직장을 얻게 하시고 직위를 갖게 하신 것도 사명을 위함입니다. 그런데 나는 나를 세상에 파송해서 이 땅에 하나님 나라를 세우고자 하시는 하나님의 높은 뜻을 잊고 말았습니다.

　이만큼 사람들과 관계를 맺고 인적 네트워크를 갖게 하신 것도 사명을 위함입니다. 그런데 나는 지금까지 그 인맥을 나만을 위한 도구로 사용했습니다. 사람들에게 얼마나 스트레스를 받는가만 기억하고 불평하며 화냈습니다. 내가 남에게 주는 스트레스는 관심 밖이었습니다. 더불어 살아가는 공동체임을 망각했습니다. 무엇보다 하나님의 일은 늘 동지, 곧 동역자가 필요함을 잊고 살았습니다. 내 마음에 예수님의 마음을 품게 하옵소서. 사람을 귀히 여기고 존중하는 것이 모든 사역의 기초임을 알게 하옵소서.

열정을 넘어 우정으로

잠 27:17

철이 철을 날카롭게 하는 것 같이 사람이 그의 친구의 얼굴을 빛나게 하느니라.

사랑의 하나님, 예수님을 믿는 사람은 다 하나님의 가족입니다. 하나님께서 우리 아버지이시고, 예수님이 우리의 맏형이시고, 우리가 다 성령 안에서 믿음의 형제요 자매가 되었습니다. 이 벅찬 사실을 경험하도록 나에게 소중한 가정을 허락하셨습니다. 부모님을 통해서 하나님의 권위를 알게 하셨습니다. 배우자를 통해서 사랑이 무엇인지 경험하게 하셨습니다. 하지만 나는 바르고 건강하게 사랑할 줄을 잘 몰랐습니다. 부모가 되고 부부가 되어도 사랑한다는 말을 잘하지 못했습니다. 대접받으려고만 했지, 상대를 소중하게 대접하려고 하지 않았습니다. 때로는 사랑을 거절당할까 두려워했습니다.

시각적으로도 실패했습니다. 서로의 얼굴을 마주 보며 대화할 기회를 놓친 적이 참으로 많았습니다. 청각적으로도 실패했습니다. 서로의 말에 귀를 기울이면서 무엇이 힘든가 듣고자 하는 마음이 너무 부족했습니다. 촉각적으로도 실패했습니다. 서로의 손을 잡고 산책하며 주위 환경을 음미해 본 기억이 가물가물합니다. 다시 시작하겠습니다. 상대방의 얼굴을 눈여겨보면서 귀를 기울여 경청하겠습니다. 손만 잡아도 가슴이 따뜻해지는 사랑을 함께 나누겠습니다. 단순한 열정을 넘어 인생을 동행하는 소중한 부부가 되겠습니다.

내 아버지
집에

눅 2:41-52

예수께서 열두 살 되었을 때에 그들이 이 절기의 관례를 따라 올라갔다가 그 날들을 마치고 돌아갈 때에 아이 예수는 예루살렘에 머무셨더라.

사랑의 하나님, 가정을 허락하시고 자녀를 주신 하나님을 찬양합니다. 부모인 나는 먼저 기도하지 않으면서 내 아들과 내 딸은 기도할 줄 아는 자녀가 되기를 바랐습니다. 부모인 나는 먼저 하나님의 말씀인 성경을 읽지 않으면서 내 아들과 내 딸은 성경 읽는 믿음의 자녀가 되기를 소원했습니다. 아이가 아직 어리다고 함부로 비인격적인 언어폭력을 가한 적이 있습니다. 아이가 아직 어려서 잘 모를 것이라고, 자녀들 앞에서 상소리를 하고 잘못된 행동을 한 적도 많습니다. 자녀가 스스로 해야 할 것도 대신 해줌으로써 자발성과 자율성을 망가뜨리기도 했습니다. 자녀가 열두 살을 넘어 스무 살이 되었고, 심지어 서른 살, 마흔 살이 되었는데도, 자녀의 삶에 깊숙이 간섭하며 부모의 뜻이라고 우기면서 마음대로 조종하려 했던 적도 있습니다.

뜻대로 되지 않는 자녀를 보며 속상해하고 화내고 슬퍼했습니다. 자녀를 돌보면서 이제야 겨우 하나님 아버지의 안타까운 마음을 조금 깨닫습니다. 하나님 아버지의 도움 없이는 절대 좋은 부모가 될 수 없음을 절감합니다. 진정한 부모가 되신 하나님께 자녀들을 맡기오니 도와주옵소서.

축복의
베이스캠프

시 68:3-6

하나님이 고독한 자들은 가족과 함께 살게 하시며 갇힌 자들은 이끌어 내사 형통하게 하시느니라.

사랑의 하나님, 선물로 주신 가정, 사랑하는 가족들을 기억하며 감사와 찬양을 주님께 드립니다. 그동안 축복의 선물인 가정을 너무 당연하게 여기고 소홀히 대했습니다. 사랑은 오래 참는 것인데, 조금만 귀찮고 짜증 나면 참을 수가 없었습니다. 사랑은 온유한 것인데, 넉넉하고 너그러운 마음이 너무 모자랐고, 때로는 아주 잔인하기까지 했습니다. 사랑은 교만하지 않는 것인데, 자기 자랑에 급급해서 상대방의 연약함을 돌아보지 못했습니다. 사랑은 무례하게 행하지 않는 것인데, "이미 내 가족인데" 하며 함부로 대할 때가 많았습니다. 심지어 입에 담지 못할 언어폭력, 신체 폭력을 행하기도 했습니다. 사랑은 성내지 않는 것인데, 너무 쉽게 화를 냈고 상대방을 비난했습니다. 사랑은 자기의 유익을 구하지 않는 것인데, 상대방에게 주기보다 요구할 때가 훨씬 더 많았습니다.

결혼의 따뜻함이 식기도 전에 가족 간 분노와 분쟁이 점차 커지고 있습니다. 이제는 내가 먼저 말을 걸고, 내가 먼저 위로하고, 내가 먼저 사랑하기를 원합니다. 기도하오니 주님의 크신 사랑으로 방전된 사랑을 충전시켜 주옵소서.

부모 공경

신 5:16

너는 네 하나님 여호와께서 명령한 대로 네 부모를 공경하라. 그리하면 네 하나님 여호와가 네게 준 땅에서 네 생명이 길고 복을 누리리라.

사랑의 하나님, 어렸을 때는 아버지가 치열한 경쟁 속에서 시달리며, 작은 봉급으로 가족을 부양하며, 자녀들 교육비를 조금이라도 더 벌려고 그렇게 수고하고 땀 흘리는 줄 몰랐습니다. 너무 바쁘게 사는 아버지를 때로 미워하며 원망했습니다. 엄마에게마저 무시당하고 자녀인 나에게도 외면당하며 쓸쓸해하는 아버지를 그냥 지나쳤습니다. 그러면서 아버지를 소년 시절의 꿈도, 청년 시절의 원대한 포부도 없는 무기력한 사람으로 치부했습니다. "나는 아버지처럼 살지 않을 거야!" 하며 오만방자하게 생각했던 나를 용서하여 주옵소서.

어머니는 자녀를 위해 아파서도 안 되고, 늦잠 자도 안 되고, 불평 없이 가족을 위해 애써야 하는 존재라고 당연하게 생각했습니다. 때로는 아버지에게 구박당해도 참는 처량한 모습을 속으로 멸시했습니다. 자녀인 내가 속 썩여도 오래 참는 모습을 보면서 '바보 같은 어머니'라고 폄하했습니다. 멍들고 찢어진 상처를 가슴으로 아파하기보다는 "나는 어머니처럼 살지 않을 거야!"라는 싸늘한 독백만 늘어놓았습니다. 그러다 부모님을 먼저 보내고서야 "잘해드릴걸, 효도할걸" 하며 탄식하는 부족하고 어리석은 존재가 바로 나입니다. 이 시간 부모님의 은혜를 다시 기억하며 고백합니다. 감사합니다. 고맙습니다! 이제 주님의 사랑으로 사랑하면서 살겠습니다.

참된 스승

요 8:31-36

그러므로 예수께서 자기를 믿은
유대인들에게 이르시되 너희가 내 말에
거하면 참으로 내 제자가 되고.

사랑의 하나님, 인생의 선배들과 스승들을 주신 하나님을 찬양합니다. 인생을 올바로 살도록 이끄신 지혜의 스승들이고, 믿음을 바르게 전승해 주신 신앙의 스승들이었습니다. 그러다 어느 날 보니 내가 바로 그 선배, 그 스승의 자리에 앉아 있었습니다. 예수님처럼 남에게 감동을 주는 스승이 되고 싶었습니다. 하지만 오히려 상처를 주고 화나게 하는 못된 선배, 스승이 될 때가 많았습니다. 선배와 스승으로 가진 기득권을 스스로 유보하거나 포기하려 하지 않았던 탓입니다. 주위 사람들에게 예수님처럼 생명의 에너지를 공급하는 선한 에너자이저가 되길 원했습니다. 하지만 나를 만나면 사람들이 슬슬 피했고 가까이하려 하지 않았습니다. 스승답지 못하게 사람을 비판하고 비난하는 데 열심이었던 탓입니다.

예수님처럼 나를 넘어 이웃을 위해 살도록 사명감을 불어 넣는 멋진 스승이 되기를 원했습니다. 하지만 나를 위해서 겨우 사는 것도 힘들다고 비명을 지를 때가 많았습니다. 이 땅의 선배로서, 스승으로서 사는 모든 사람을 축복하여 주옵소서. 우리의 영원한 스승, 진정한 스승은 오직 예수님임을 알게 하옵소서. 예수님에게 참된 지혜와 용기를 배우게 하옵소서. 그래서 예수님의 품성, 예수님의 생각, 예수님의 삶을 닮아 가는 진정한 스승들이 되게 하옵소서.

사랑의 선물

막 10:13-16

예수께서 보시고 노하시어 이르시되 어린아이들이 내게 오는 것을 용납하고 금하지 말라. 하나님의 나라가 이런 자의 것이니라.

사랑의 하나님, 축복과 사랑의 베이스캠프로 가정을 주신 것에 감사드립니다. 자녀들을 대할 때 내가 낳은 자식이라고 내 소유인 것처럼 함부로 대하곤 합니다. 학교에서 공부 잘하고 세상에서 출세하는 것이 인생의 목표라고 잘못된 가치관을 심었습니다. 그 때문에 하나님을 사랑하고 예배하는 마음이 자녀들의 생각에서 서서히 사라졌습니다. 자녀가 할 일을 대신하여 결단력을 빼앗고 창의력이 무뎌지게 했습니다. 그러면서도 그것을 부모의 깊은 배려와 사랑이라고 착각했습니다. 세상을 쉽고 편안하게 사는 얄팍한 처세술을 인생을 사는 멋진 지혜라고 그릇되게 가르쳤습니다. 엄하고 분명한 태도를 보여야 할 때 오히려 아이 눈치를 살피며 비위 맞추기에 여념이 없었습니다. 넉넉한 사랑을 베풀어야 할 때 내 기분에 따라 분노하고 화를 내며 함부로 말하고 손찌검하여 마음에 깊은 상처를 주었습니다. 세상일에 바쁘다는 핑계로 자녀들과 만나 대화하며 하나님 나라의 비전과 꿈을 나누는 시간을 갖지 못했습니다.

부모인 내가 먼저 하나님을 경외하며 말씀대로 순종하는 모범을 보이지 못했습니다. 이제 다시 자녀들을 위해 기도하며 말씀으로 돌아가겠습니다. 삶에서 가장 소중한 분이 바로 예수님을 보내신 하나님이신 것을 가르치겠습니다.

사랑의 통로

잠 23:22-25

너를 낳은 아비에게 청종하고 네 늙은 어미를 경히 여기지 말지니라.

사랑의 하나님, 이 땅에서 육신의 어머니 아버지를 허락하셨습니다. 생명을 선물로 받았고 사랑하는 법도 배우게 하셨습니다. 하오나 부모님의 마음을 얼마나 아프게 하고 상처를 주었는지 잘 몰랐습니다. 부모는 자녀를 무조건 사랑해야 하는 줄 알았습니다. 그래서 부모님이 조금만 내게 잘못해도 막 화를 내고 불평했습니다. 부모는 당연히 자녀를 위해 전부 희생해야 하는 줄 알았습니다. 그래서 도깨비방망이처럼 부족한 것을 채워 달라고 마구 요구만 했습니다. 어릴 때는 돈 많고 권력이 있는 부모를 둔 다른 집 아이를 부러워했습니다. 나이가 들어서도 돈이 필요하든지 몸이 아프든지 무언가 궁핍할 때만 부모를 찾았습니다. 가족이란 함께 있는 사랑인데 너무 오랫동안 엄마 아빠의 얼굴을 뵙지 못했습니다. 내 얼굴을 그렇게 보고 싶어 하시는데 모른 척 외면했습니다. 물리적 거리 때문이 아니라 마음의 거리가 멀었던 탓입니다.

부모님의 사랑과 돌봄이 없었으면 내가 어떻게 존재할 수 있겠는가, 하고 감사할 줄 몰랐습니다. 부모님께서 돌아가신 뒤에야 그때 효도할걸, 잘해드릴걸 하며 탄식합니다. 못난 불효를 용서하시고 주님 안에서 다시 시작하게 하옵소서.

사랑의 신비

창 2:18-28

아담이 이르되 이는 내 뼈 중의 뼈요 살 중의 살이라. 이것을 남자에게서 취하였은즉 여자라 부르리라 하니라.

사랑의 하나님, 첫 번째 공동체인 가정을 하나님께서 사랑으로 세우셨습니다. 하지만 냉장고처럼 어둡고 추운 자리로 만든 나의 못된 성품을 용서하여 주옵소서. 아내의 인격을 귀히 여기지 않고 하인처럼 마구 대했습니다. 남편을 존중하지 못하고 속으로 무시하며 조롱했습니다. 서로 생명의 유업을 함께 나눌 믿음의 친구로 대하지 못했습니다. 처음 사랑을 어딘가 떨어뜨리고 서로 낯선 사람처럼 살았습니다. 내가 먼저 사랑했던 것을 잊고, 상대방이 나를 먼저 사랑하기를 기다렸습니다. 상대방을 돌보려 하기보다는 왜 나를 돌보지 않느냐는 이기적인 불평을 입에 달고 살았습니다. 먼저 짜증을 냈고 먼저 화를 냈고 함부로 비난의 말을 뱉었습니다. 그리하여 마음에 상처를 주고 후회했습니다. 때로는 상처 준 줄도 모르고 무심하게 지냈습니다. 때로는 내 육체의 욕망을 채우면서 상대방을 사랑하는 것이라고 강변했습니다.

부부에게 사랑이 가장 소중한 것임을 알면서도 사랑하지 않은 죄가 나에게 있습니다. 십자가의 보혈로 나의 죄악과 허물을 사하여 주옵소서. 따뜻한 손을 잡을 수 있는 사랑하는 이가 바로 옆에 있다는 사실이 얼마나 소중하고 감사한지 다시 고백하게 하옵소서. 이제 서로 손을 붙잡고 사랑으로 새로운 삶에 도전할 수 있는 꿈과 용기를 주옵소서.

아우름의
리더십

행 9:26-31

바나바가 데리고 사도들에게 가서 그가
길에서 어떻게 주를 보았는지와 주께서
그에게 말씀하신 일과 다메섹에서 그가
어떻게 예수의 이름으로 담대히
말하였는지를 전하니라.

사랑의 하나님, 하나님께서 나를 여기까지 이만큼 인도하시고 지켜 주셨습니다. 하지만 나는 벅찬 가슴으로 감사하며 살지 못했습니다. 나에게 이만큼의 생명과 건강을 허락하셨습니다. 하지만 나는 생명의 기쁨을 누리며 지내지 못했습니다. 아름답고 조화로운 자연환경의 복을 주셨습니다. 하지만 나는 하나님의 창조물인 자연 만물의 아름다움과 조화로움을 즐기지 못했습니다. 나에게 인간관계의 복을 주셨습니다. 하지만 나는 인복이 인생 최고의 축복임을 모르고 살았습니다. 때로는 사람 만나기를 두려워했습니다. 사람을 긍휼히 여기는 마음을 잊은 탓입니다. 사람을 신뢰하기를 주저했습니다. 의심의 해석학이 머리를 요란하게 두드린 탓입니다. 둘이 하나보다 낫고 세 겹 줄은 쉬 끊어지지 않는다는 것도 알았습니다. 하지만 그런 노력에는 너무 많은 에너지가 든다며 도망가려 했습니다. 사람과 갈등이 생기는 것을 너무 겁냈습니다. 갈등을 넘어서 하나님의 샬롬을 만드는 게 내게 맡기신 사명임을 깨닫지 못했습니다.

　이웃을 소중히 여기지 않고 수단으로만 여기는 천박한 생각을 고쳐 주옵소서. 옆에 있는 사람이 주님 안에서 함께 협력하고 동역해야 할 소중한 사람임을 알게 하옵소서.

물질보다
사람

눅 5:5-11

예수께서 시몬에게 이르시되 무서워하지
말라 이제 후로는 네가 사람을 취하리라
하시니 그들이 배들을 육지에 대고 모든
것을 버려 두고 예수를 따르니라.

사랑의 하나님, 예수님을 단지 선생님으로만 부르고 '나의 주 나
의 하나님'이라 고백하지 않을 때가 많았습니다. 예수님을 만나
면서도 진정한 놀람의 경험을 해 본 적이 없기 때문입니다. 그래
서 내 신앙은 맹숭맹숭하고 싱거웠습니다. 예수님을 믿으면서도
뜨거운 열정이 모자랐습니다. 주님을 위해 살려는 열망도 부족했
습니다. 사람을 신뢰하기보다 의심의 눈으로 볼 때가 더 많았습니
다. 내 것을 빼앗기지 않으려고 방어막을 치고 살았습니다. 사
람을 외모로 보고 판단하려 했습니다. 어떤 옷을 입었는지, 어떤
차를 타는지, 사회에서 어떤 지위에 있는지를 보고 그에 따라 대
우하려 했습니다. 사람을 만날 때 효용성을 먼저 따졌습니다. 저
사람을 만나면 내게 어떤 유익이 있을지에만 몰두했습니다. 그때
상대방은 나의 진정한 이웃과 친구가 되지 못했습니다. 그저 내
야망을 성취하기 위한 수단과 방편에 머물렀습니다.

기도할 때 물질의 복은 간구하면서 사람의 복, 인복을 달라고
기도한 적은 아주 적었습니다. 사람의 생명을 위해서 이 땅에 오
셔서 십자가 고난의 길을 가신 예수님을 다시 묵상합니다. 나도
주님의 길을 기쁨으로 가는 복된 자녀가 되게 하옵소서.

사랑의 파산

창 4:1-9

가인이 몹시 분하여 안색이 변하니
여호와께서 가인에게 이르시되 네가
분하여 함은 어찌 됨이며 안색이 변함은
어찌 됨이냐.

사랑의 하나님, 오늘 이 시간 연약한 모습 이대로, 허물 많은 부끄
러운 모습 이대로 주님 앞에 나왔습니다. 무언가 잘 되면 내 능력
이라 자랑하고, 잘 안되면 남 탓하기 바쁜 속물근성이 나에게 있
습니다. 무언가 화나는 일이 생기면 옆에 있는 사람에게 화를 토
해 내야 직성이 풀리는 못된 습성도 있습니다. 분노의 화살을 이
웃의 가슴에 함부로 쏘아 치명적인 상처를 주기도 했습니다. 위
로해야 할 사람을 비난하고, 사랑해야 할 사람을 무한정 미워하
기도 했습니다. 비겁한 겁쟁이가 된 적도 많습니다. 악과 불의를
보고 정말 분노해야 할 때는 뒷걸음치며 도망갔습니다. 반대로
오래 참아야 할 때는 조금만 기분이 상해도 막무가내로 화를 터
뜨렸습니다. 그렇게 쉽게 화낼 때 사탄이 손뼉 치며 나를 미혹하
고 자기 손아귀에 꽉 움켜쥔다는 걸 미처 몰랐습니다.

나의 미련함과 완악함을 용서하여 주옵소서. 분노가 나를 지배
하려고 할 때 먼저 하나님 앞에 나와 간절한 기도로 토설하게 하
옵소서. 정작 분노해야 할 것이 따로 있음을 알게 하옵소서. 주님
을 더 자랑하지 못한 것, 더 사랑하지 못한 것, 더 감사하지 못한
것을 향해 분노하게 하옵소서. 그리하여 하나님께서 기꺼이 사용
하실 수 있는 주님의 사람이 되게 하옵소서.

지혜와 키가
자라가며

눅 2:40, 52

예수는 지혜와 키가 자라가며 하나님과 사람에게 더욱 사랑스러워 가시더라.

사랑의 하나님, 어린 자녀들은 하나님이 나에게 보낸 천사와도 같은 소중한 존재입니다. 하나님께서 선물로 주신 순수한 복덩어리입니다. 하지만 내 몸으로 낳았다고 마치 내 소유인 양 함부로 대한 적이 많았습니다. 어린 자녀들은 "엄마! 아빠!"라고 부르면서 그렇게 좋아하는데, 어른인 나는 하늘의 아버지이신 하나님을 향하여 "아빠 아버지"라고 부르는 걸 잊고 살 때가 얼마나 많은지요? 어린 자녀들은 부모를 신뢰하고 따르는데, 어른인 나는 하늘의 아버지이신 하나님을 의심하고 배반할 때가 얼마나 많은지요? 부모의 마음으로 어린 자녀들을 지켜보면서도, 하늘 아버지이신 하나님의 심정을 헤아리는 일을 소홀히 했습니다.

어린 자녀들처럼 순전해지기를 힘써야 했으나, 오히려 순수한 아이들을 어른처럼 영특하게 만들려고 기를 썼습니다. 하나님께서 나를 사랑하셔서 보여 주신 천국의 그림자가 바로 어린아이들임을 미처 몰랐습니다. 어린 자녀들을 통해서 얻는 기쁨이 이토록 가슴 벅차오르는 기쁨인 걸 이제야 깨닫습니다. 이제야 주님의 마음을 품고 자녀에게 고백합니다. 자녀들을 향해 "사랑한다. 고맙다. 네가 내 아들, 내 딸이어서 자랑스럽다"라고 따뜻한 말을 건네게 하옵소서.

126

지혜자의 마음

전 7:1-4

지혜자의 마음은 초상집에 있으되 우매한 자의 마음은 혼인집에 있느니라.

사랑의 하나님, 늘 인생은 유한하다고 말하면서 이 사실을 잊고 살 때가 많습니다. 어느덧 시간은 그냥 흘러갔고 지금 이 나이가 되었습니다. 죽음을 기억하라는 말을 알면서도, 죽음은 나와 상관이 없는 줄 알았습니다. 그러나 죽음이 바로 내 곁에 다가왔음을 실감합니다. 잔칫집에 가서 함께 웃고 함께 즐기는 것이 더 마음이 편했습니다. 초상집에 가서 함께 울고 함께 슬퍼하는 것은 늘 부담이었습니다. 남과 함께 죽음을 애도하는 것이 내 삶에 정신적인 걸림돌이 되었습니다. '나의 죽음'을 생각하기 싫었고 회피하고 싶었습니다. 오늘을 붙잡고 마음껏 살라는 말을 금과옥조처럼 여겼습니다. 욕심대로 육체가 원하는 대로 살라는 말로 오해했습니다. 하지만 육체의 쾌락으로 영혼을 만족시킬 수는 없었습니다. 잘 나갈 때 어렵고 구차하던 시절을 잊었습니다. 그래서 교만하고 오만방자했습니다.

남의 슬픔과 아픔에 공감할 줄 몰랐습니다. 아니, 하려고 하지 않았습니다. 인생에는 늘 반전의 순간과 역전의 기회가 있다는 사실을 몰랐습니다. 남과 함께 슬퍼할 줄 알되, 웃음으로 살게 하옵소서. 눈물 흘릴 줄 알되, 기쁨으로 살게 하옵소서. 죽음을 기억하며 오늘을 생명으로 사는 법을 가르쳐 주옵소서.

진정한 인복

창 45:1-8

하나님이 큰 구원으로 당신들의 생명을 보존하고 당신들의 후손을 세상에 두시려고 나를 당신들보다 먼저 보내셨나니.

사랑의 하나님, 이기적인 마음으로 잘못 생각하고 판단한 일이 많았습니다. 이웃에게 무심코 던진 말과 행동으로 상처를 주기도 했습니다. 무엇보다 하나님의 뜻에 불순종하여 하나님 마음을 아프게 한 허물과 죄악을 주님께 고백합니다. 운명이니 숙명이니 하는 말을 되씹으며 한탄할 때가 많습니다. '하나님의 도우심', '하나님의 섭리', '하나님이 나와 함께하심'이라는 말을 성경에서 들었지만, 삶에 적용하기에는 역부족입니다. 그래서 힘들고 어려운 일이 생기면 '팔자가 왜 이 모양 이 꼴이냐'고 자조하며 탄식했습니다. 이 숙명에서 벗어날 생각에 돈을 더 많이 벌어 재물을 모으는 게 인생 목표가 되었습니다. 돈을 조금 벌면 건방을 떨고, 돈을 잃으면 다 귀찮다며 포기하려 했습니다. 돈 버는 게 너무 중요해서 일하는 즐거움을 놓칠 때가 많았습니다. 진정한 인복이 있어야 일복도 있다는 사실을 이제야 깨닫습니다.

여기까지 인도하신 것은 하나님의 사랑이요 은혜입니다. 삶의 풍파가 아무리 거세고 높을 때라도 하나님이 주시는 인복을 소중히 여기게 하옵소서. 바로 내 옆에 있는 사람들을 통해 일하시는 하나님의 섭리를 보게 하옵소서. 나보다 나를 더 사랑하시며 하나님의 시간표에 따라 나를 이끄시는 주님을 신뢰하며 바라보게 하옵소서.

배려와 보살핌

막 6:34

예수께서 나오사 큰 무리를 보시고 그
목자 없는 양 같음으로 인하여 불쌍히
여기사 이에 여러 가지로 가르치시더라.

사랑의 하나님, 세상에서 마치 무언가 있는 지도자인 척했습니다. 때로는 사회 지도자 행세를 하고, 때로는 정치적 힘과 권력을 지녔다고 우쭐대기도 했습니다. 때로는 정신적이고 영적인 지도자를 자처했습니다. 그러나 그 힘과 권력으로 내 욕심을 채우려 할 때가 많았습니다. 이기적으로 생각하고 행동했습니다. 마음으로는 주님을 닮아 자비롭기를 원했지만, 현실에서는 잔인했습니다. 이 시대의 아픔을 보지 못한 탓입니다. 연약한 자, 소외된 자의 울부짖는 소리를 듣지 못한 탓입니다. 마음이 게으르고 무뎌서 깨닫지 못했습니다. 더러 남을 불쌍히 여기고 돕는 척했지만, 실상은 값싼 동정이었습니다. 구제한다고 했지만, 속을 들여다보면 헤픈 동냥이었습니다. 교만한 마음으로 할 때가 너무 많았습니다. 형식과 모양만 있을 뿐 진심이 없었습니다.

오직 주님만이 참되고 선한 목자이십니다. 이것을 알면서도 목자의 따뜻한 배려와 보살핌을 닮아 갈 생각은 하지 않았습니다. 오히려 목자의 특권만 누리려 했습니다. 이제 예수님을, 그 따뜻하고 넉넉한 마음을 닮아 가게 하옵소서. 예수님을 통해 축복의 통로로 쓰임 받게 하옵소서.

4

불평을 멈추고 감사로 나아가다

의심과 불만을 극복하고
감사와 신뢰를 회복하는
기도

알파와 오메가

계 22:12-13

나는 알파와 오메가요 처음과 마지막이요 시작과 마침이라.

사랑의 하나님, 수고하고 땀 흘리는 일을 즐거워하기보다 게으름 피우며 마냥 노는 것을 더 좋아했습니다. 사랑하는 마음으로 살기를 원했으나, 누군가를 싫어하고 미워하며 산 날이 너무 많았습니다. 때로는 사랑한다고 했지만, 그 대상은 사람이 아니었습니다. 단지 좋아하는 물건들이었고, 내 취미와 오락이었습니다. 하루하루 기뻐하며 살지 못했고, 그냥 우울하게 슬퍼하며 지냈습니다. 사람들에게 인기가 있을 때만 잠깐 기뻐하고, 금방 돌아서서 외톨이라고 탄식하며 지냈습니다. 감사하는 마음이 없었기에 부딪치는 모든 것이 불편하고 불만스러웠습니다. 누군가의 탓이라고 여기면서 불평하면서 살았습니다. 감탄하고 감격하면서 산 세월보다 지루하고 따분하게 산 날이 훨씬 더 많았습니다.

지상에서의 삶이 그냥 오래오래 연장되는 줄로만 알았습니다. 이제야 시간의 끝이 있고, 세상의 마지막이 있음을 알게 되었습니다. 시간의 주인이신 하나님의 뜻을 거스르며 산 날들을 회개하며 주님 앞에 나왔습니다. 시간의 처음과 마지막이신 예수님을 가슴에 모시고 살아가게 하옵소서. 이제는 주님과 함께 사랑하며 살게 하옵소서. 이제는 기뻐하며 살게 하옵소서. 이제는 감사하며 살게 하옵소서.

불평하고
원망하는 소리

눅 17:11-19

예수께서 대답하여 이르시되 열 사람이
다 깨끗함을 받지 아니하였느냐. 그
아홉은 어디 있느냐.

사랑의 하나님, 주님께서 얼마나 선하고 인자하신 분인지 자주
잊고 삽니다. 때로 감사해도 그 감사는 순전하지 못했습니다. 나
중심이었고, 그것도 잠깐뿐이었습니다. 마치 "나는 불평한다. 고
로 존재한다"라고 말하는 사람처럼 불평과 원망을 입에 달고 살
았습니다. 지금보다 더 많은 것을 받을 자격이 충분하다는 듯이
하나님께 요구했습니다. 그러고 나서는 가진 것이 너무 적다고
불평했고, 왜 나만 없느냐고 항의했습니다. 불평하고 원망하는
소리를 이웃 사람들이 듣고 하나님의 이름이 모독당하고 조롱당
하는데도 아랑곳하지 않았습니다.

나는 본래 아무것도 아닌 인생, 하나님 앞에 부끄러운 죄인이
라는 사실을 망각했습니다. 내가 가진 것과 누리는 것은 다 주님
께 선물로 받은 복입니다. 그런데도 원래부터 내 것인 양 착각하
고 감사하지 않았던 나의 무지함을 아룁니다. 지금 내가 보고 듣
고 느끼는 모든 것들이 다 하나님의 선물입니다. 나의 나 됨이 하
나님의 은혜입니다. 내가 가진 그 무엇도 당연시할 수 없음을 이
제야 깨닫습니다. 불쑥불쑥 솟구쳐 나를 괴롭히는 불평과 원망의
영을 거두어 가시옵소서. 기뻐하며 감사하는 영으로 충만하게 하
옵소서. 다시 시작하게 하옵소서. 다시 감사하게 하옵소서.

의심의
뭉게구름

예수께서 이르시되 어찌하여 두려워하며
어찌하여 마음에 의심이 일어나느냐.

눅 24:36-43

사랑의 하나님, 예수님의 부활은 너무도 놀라운 사건이라 처음에 그대로 믿지 못했습니다. "나는 부활이요 생명이다"라고 하신 말씀을 받아들이기보다 내 생각이 늘 앞섰던 탓입니다. 그리하여 늘 믿음보다 의심이 더 많았습니다. 겉으로는 신앙이 있는 것처럼 보였으나, 의심의 뭉게구름이 삶을 뒤덮었습니다. 그리하여 늘 쳇바퀴처럼 제자리를 맴돌았습니다. 의심하되 참된 믿음에 이르기까지 용기와 끈기와 부지런함을 갖고 도전하지 못한 탓입니다. 그리하여 차지도 않고 뜨겁지도 않은 미지근한 신앙으로 일관했던 부끄러움을 고백합니다. 부활 신앙이 부족해서 주님을 열정으로 사랑하고 헌신하는 데 주저했습니다. 부활 신앙이 모자라서 죽음에 대한 공포가 나를 사로잡았습니다. 그래서 사는 것이 힘들고, 죽음 앞에 서는 것이 두려웠습니다.

의심과 불신의 자리에서 뛰쳐나와 이제는 어린아이처럼 예수님을 순전하게 믿고 신뢰하게 하옵소서. 이 시대가 의심과 불신과 미움의 시대로 전락하고 있습니다. 믿어야 할 것을 믿지 못하고 의심하고 미워하고 조롱하고 분노합니다. 나의 지성과 감성과 의지에 성령의 세례를 부어 주옵소서. 부활의 능력으로 신뢰하고, 긍휼히 여기고, 따뜻한 말로 격려하는 믿음의 공동체가 태어나게 하옵소서.

신앙은 기다림

사 11:1-5

그의 위에 여호와의 영 곧 지혜와 총명의
영이요 모략과 재능의 영이요 지식과
여호와를 경외하는 영이 강림하시리니.

사랑의 하나님, 하나님께서는 내가 주님 앞에 나오기를 그렇게
기다리셨습니다. 마치 어머니가 집 나간 아들을 기다리는 것처
럼, 아니 그것과는 비교할 수 없을 정도로 나를 기다리셨습니다.
하지만 나는 못된 아들처럼 하나님을 외면했습니다. 아니, 주님
만나기를 귀찮아하고 싫어하며 거절한 적이 한두 번이 아니었습
니다. 신앙은 기다림이라는 걸 잘 몰랐습니다. 기다리는 것이 너
무 길다고 불평의 소리, 원망의 소리를 질러 댔습니다. 하나님을
기다리는 내 마음보다 나를 기다리시는 하나님의 마음이 더 강렬
하고 애타는 것을 깨닫지 못했습니다.

　하나님께서 야단치시면, 금방 앓는 소리를 해 대며 원망했습니
다. 그래서 하나님이 나를 감싸 안으시고 고쳐 주시면, 금방 내가
잘난 줄 알고 교만해져서 하나님을 떠나려 했습니다. 아침저녁으
로 변덕을 부렸습니다. 기도는 간절한 고백이 사라진 입술의 넋
두리에 그쳤습니다. 찬양은 영혼의 기쁨을 잃어버린 소리에 불과
할 때가 많았습니다. 몸은 주님 앞에 나와 있어도 마음은 세상의
유혹과 쾌락을 향해 달려가려 했던 이중적인 사람이었습니다. 이
시간 예수님을 바라볼 때 하나님의 얼굴을 친히 보게 하옵소서.
그래서 내 영혼이 주님과 함께 기뻐 뛰며 춤추게 하옵소서.

감사의 기도

욘 2:1-10

나는 감사하는 목소리로 주께 제사를
드리며 나의 서원을 주께 갚겠나이다.
구원은 여호와께 속하였나이다.

사랑의 하나님, 모든 게 감사할 일인데 진심으로 감사하는 삶을
살지 못했습니다. 많은 것을 가졌음에도 늘 남과 비교하며 모자
라는 인생이라고 화를 냈습니다. 남이 부러웠고 나는 초라하게
느껴졌습니다. 나의 나 된 모습이 얼마나 소중한지 잊고 살았습
니다. 매일매일 이만큼 건강하게 살고 있는데도 일상의 소중함을
잊었습니다. 오히려 아주 진부하고 지루하게 느껴졌습니다. 그러
다 일상의 축복을 잃어버릴 때 얼마나 놀라고 후회했는지 모릅니
다. 하루를 살 수 있는 건강과 생명의 소중함을 다시 깨닫습니다.
내 심장이 이렇게 뛰고 내 가슴으로 호흡하는 것이 얼마나 복된
것인가를 다시 느낍니다. 먹고 마실 식욕이 있고 잘 소화할 능력
이 하늘의 복임을 다시 확인합니다. 밤이 되면 깊은 단잠을 잘 수
있는 게 얼마나 큰 복인지 잊고 살았습니다. 따뜻한 손을 맞잡을
가족과 친구가 곁에 있는 게 그렇게 귀한지 잘 몰랐습니다.

아직 움직일 수 있는 손이 있음을, 어디든 갈 수 있는 발이 있음
을, 이루어야 할 사명이 있음을 알게 하시니 너무 기쁩니다. 이 계
절에 다시 입술을 열어 감사 기도를 드리게 하옵소서. 다시 내 마
음을 열어 감사의 노래로 주님을 마음껏 찬양하게 하옵소서.

감사할 줄 아는 사람

골 3:15-17

그리스도의 평강이 너희 마음을 주장하게 하라. 너희는 평강을 위하여 한 몸으로 부르심을 받았나니 너희는 또한 감사하는 자가 되라.

사랑의 하나님, 하나님께서는 나에게 아름다운 자연과 삶의 터전을 허락하셨습니다. 하지만 나는 눈이 감겨 이 모든 것을 감사하는 마음으로 바라보지 못했습니다. 가진 것에 감사하기보다는 없는 것에 불평하며 분노하기까지 했습니다. 하나님께서는 시간을 만드시고 나로 사용하게 하셨습니다. 하지만 나는 게을러서 시간을 낭비했습니다. 시간 속에서 하나님의 섭리와 뜻을 발견하지 못하고 허송세월했습니다. 하루 세 끼를 먹고 손으로 만지고 발로 걸으면서 이런 건강을 당연하게 생각했습니다. 그러다가 때로 육체가 연약하여 병들면, 남은 건강하고 팔팔한데 왜 나만 아프냐며 하나님을 원망했습니다. 내가 가지고 누리는 것은 다 주님께 선물로 받은 것입니다. 그런데도 처음부터 당연히 내 것이었던 것처럼 착각하고 감사하지 않았던 완악함을 아룁니다.

하나님은 지금까지 나에게 너무 많은 것을 선물로 주셨습니다. 이 시간 한 가지만 더 주시기를 간절히 구합니다. 하나님께 감사할 줄 아는 마음을 주옵소서! 머리부터 발끝까지 내 온몸으로 하나님을 경배하며 감사하는 사람이 되길 원합니다.

영혼의 기쁨

눅 10:21-24

그때에 예수께서 성령으로 기뻐하시며 이르시되.

사랑의 하나님, 예수님을 처음 믿을 때 정말 큰 감격으로 기뻐했습니다. 하지만 어느 날부터 넉넉하고 따뜻한 웃음이 사라졌습니다. 주님께서 주신 기쁨을 계속 간직하지 못한 탓입니다. 예수님을 통해 하나님의 자녀가 된 것을 자랑스럽게 여겼습니다. 하지만 금방 세상에서 잘나가는 사람들과 비교하면서 열등감에 빠져 위축될 때가 많았습니다. 내가 하나님의 사랑스러운 자녀라는 놀라운 축복을 자꾸 망각하는 까닭입니다.

반대로 주님의 은혜를 잊고 오만하고 방자하게 살 때도 있었습니다. 얕은 지식으로 우쭐댔습니다. 재물을 모을수록 더욱 탐욕스러운 자가 되었습니다. 조그만 권력에 취해 이기적인 야망을 향해 달려갔습니다. 어느 날 내 신앙은 그저 딱딱한 종교가 되어 오히려 나를 편협한 자로 만들었습니다. 마음이 한 번 교만해지니 보이는 것이 없었고 누구의 말도 들리지 않았습니다. 영혼의 기쁨을 잃으니, 이웃을 위한 축복의 통로가 되지 못했습니다. 오히려 이웃을 아프게 하는 다툼과 갈등의 원천이 되고 말았습니다. 이 시간 주님 앞에 회개하는 간절한 심정으로 나왔사오니, 내 영혼에 다시 주님의 기쁨이 충만하게 하옵소서.

하늘의 것

마 3:13-16

예수께서 세례를 받으시고 곧 물에서 올라오실새 하늘이 열리고 하나님의 성령이 비둘기 같이 내려 자기 위에 임하심을 보시더니.

사랑의 하나님, 하나님의 자녀답게 누구와도 비교할 수 없는 자존감을 느끼며 살기 원합니다. 하지만 어제까지 나를 얽어매던 실패의 경험이 오늘도 나를 꽉 붙잡고 있습니다. 하겠다고 결심하면, "너는 못 해!"라고 소리칩니다. 해야 한다고 다짐하면, "너는 본래 게으름뱅이야!"라고 내면에서 나를 비웃습니다. 하나님께서 기뻐하시는 존재로 주님 마음에 합한 사람이 되길 원하지만, "네가 하나님을 기쁘시게 한 적이 있긴 해?"라고 나를 조롱합니다. 주님 뜻에 순종하려고 마음먹으면, "네 본심은 다른 데 있을걸!" 하면서 코웃음 칩니다. "너는 무능한 존재야, 너는 변덕쟁이야, 너는 금방 넘어질 거야!"라면서 방해합니다.

늘 거꾸로 생각했습니다. 먼저 높은 자리에 앉아야 맡겨진 일을 할 수 있다고 여겼습니다. 많이 가져야 베풀 수 있다고 생각했습니다. 그래서 현재 모습에 만족하지 못했고 남에게 베풀지 못했습니다. 늘 땅의 것들에 붙잡혀서 땅만 보고 살았습니다. 하늘의 것이 얼마나 많이 숨겨져 있는지 알지 못했습니다. 그래서 하늘에 계신 하나님께 구하지도 찾지도 문을 두드리지도 않았습니다. 이 시간 나를 살리시려 나처럼 낮아지고 비천해지신 예수님을 묵상합니다. 하늘 문을 친히 여신 예수님과 함께 그 놀라운 계시 비밀을 이 땅에서 누리게 하옵소서.

선택과 집중

눅 10:38-42

주께서 대답하여 이르시되 마르다야
마르다야 네가 많은 일로 염려하고
근심하나 몇 가지만 하든지 혹은 한
가지만이라도 족하니라.

사랑의 하나님, 오늘도 참으로 분주하고 바쁜 나날을 보냈습니다. 그래서 늘 허겁지겁했습니다. 그러면서도 지루하고 싫증 나는 하루였습니다. 해야 할 일이 쌓여만 갑니다. 급한 일 하나를 끝내면, 더 긴박한 일이 나를 기다리고 있습니다. 일상의 삶이 너무 소모적이고 분주해서 화가 납니다. 얼마나 많은 선택을 했는지 모릅니다. 하지만 중요한 것은 놓치고 허드레 것들만 붙잡았습니다. 정작 가장 중요한 것은 뒷전으로 미루었습니다. 그래서 이제 중요한 일부터 하기로 결심했습니다. 하지만 그 결심이 나를 짓눌러 스트레스가 되었습니다. 핵심을 놓치니 그저 의무만 남았고 무거운 짐이 되었습니다. 중심축이 부실한 바퀴처럼 몇 바퀴 돌다가 금방 무너지고 말았습니다. 그럴 때마다 실망하고 낙심합니다. 그동안 하던 일도 다 때려치우고 싶습니다. 누구는 편하게 사는데 왜 나면 이렇게 뼈 빠지게 일해야 하는가, 분노가 치밉니다.

  이제는 급한 일이 아니라 소중한 일부터 관심을 쏟게 하옵소서. 이제는 가르쳐 주옵소서. 이제는 깨닫게 하옵소서. 예수님만이 내 영혼의 소중한 중심이며 내 삶의 핵심입니다. 주님을 중심에 모시고 역동적으로 움직이며 감사함으로 살아가는 인생이 되게 하옵소서.

의심과 호기심

요 14:8-12

빌립이 이르되 주여 아버지를 우리에게 보여 주옵소서 그리하면 족하겠나이다.

사랑의 하나님, 호기심이 많아 늘 질문이 그치지 않습니다. 그런데 동물적인 호기심이 먼저 작동했습니다. 먹고 마시는 문제, 탐욕스러운 육체의 욕망에만 관심을 기울였습니다. 그럴수록 영혼의 호기심은 침묵을 지켰습니다. 잠깐 순간적으로 영적 호기심이 생겨도 바쁘다는 핑계로 질문하지 않았습니다. 때로는 조금 질문하다가 이내 잊었습니다. 영적 호기심을 유지하려면 결단과 굳센 의지가 필요한데 질문하는 척하다가 멈추었습니다. 삶 전체를 걸 용기가 없었기 때문입니다.

하나님을 보면 믿겠다고, 믿게 되면 행동하겠다고, 그때 삶을 모두 걸겠다고 큰소리칩니다. 하지만 수없이 보고 또 보면서도 그냥 외면하기 일쑤였습니다. 예수님의 복음에 내 삶을 맡기는 것이 사실은 두려웠던 탓입니다. 나를 들여다보니 나는 철저한 현실주의자입니다. 예수님을 믿고 따라가면서도 보이는 세계, 만져지는 세계를 감각적으로 좇는 존재입니다. 예수님을 입신양명의 수단과 도구로만 이해할 때가 많았습니다. 보이는 피조 세계 속에서 보이지 않는 창조주를 볼 수 있는 눈을 주옵소서! 들을 수 있는 귀를 주옵소서! 깨달을 수 있는 복된 마음을 주시고 말씀에 순종하는 사람이 되게 하옵소서.

의심의 바다

요 20:24-29

도마가 이르되 내가 그의 손의 못 자국을 보며 내 손가락을 그 못 자국에 넣으며 내 손을 그 옆구리에 넣어 보지 않고는 믿지 아니하겠노라 하니라.

사랑의 하나님, 나에게 정말 믿음이 부족하고 연약한 것을 고백합니다. 이 시간 내 신앙을 돌아봅니다. 불신앙의 자리에 있다고 하기에는 그래도 아직은 신앙의 자리에 있습니다. 그러나 이만하면 됐다고 여기기에는 아직도 너무 많은 불신앙 속에 갇혀 있습니다. 차지도 않고 뜨겁지도 않은 미지근한 신앙으로 만족한 탓입니다. 열정적으로 주님의 사역을 감당하려 할 때마다 의심의 유혹이 소매를 붙듭니다. 주님께 헌신하려고 작정할 때마다 "네가 무슨 헌신된 그리스도인이야?" 하며 내 속의 불신앙이 나를 조롱합니다. 교회에 가서 예배할 때조차도 세상 걱정으로 머리를 채웠습니다. 반대로 세상에 나가 살 때는 사는 게 힘들고 어려워 교회당을 기웃거리는 게 위안이 되었습니다. 나의 신앙은 야누스의 얼굴처럼 앞뒤가 너무 다릅니다. 주님을 정말 믿고 사랑하고자 의심한 게 아니었습니다.

이제는 믿음의 주님이신 예수님을 만나고 사귀게 하옵소서. 이제는 무작정 질문만 하는 의심의 해석학을 넘어서게 하옵소서. 이제는 신뢰의 해석학으로 주님을 향한 믿음을 갖게 하옵소서. 그리하여 이제는 의심의 바다에서 침몰하지 않게 하옵소서. 이제는 의심의 심연을 통과한 참된 믿음, 사랑할 줄 아는 믿음을 갖게 하옵소서.

나를
축복하며

마 22:34-40

둘째도 그와 같으니 네 이웃을 '네 자신
같이' 사랑하라 하셨으니.

사랑의 하나님, 내가 얼마나 소중한 존재인지 모르고 살 때가 많습니다. 때로는 나를 사랑한다고 했으나 그것은 나를 향한 집착이었고 자기애에 불과했습니다. 어려서부터 소외된 인간이라고 치부하면서 살았습니다. 태어날 때부터 세상에서 환영받지도 축복받지도 못한 존재라고 자학하며 살았습니다. 그 트라우마가 지금도 사람들에게 거절당하고 인정받지 못하면 어쩌나 하는 두려움에 나를 가두고 있습니다. 감정이 하루에도 수백 번 변합니다. 사소한 칭찬에 기분이 좋아 우쭐댑니다. 사소한 비판에 인생이 다 끝난 듯 절망합니다. 그럴 때마다 내가 넌더리 나도록 싫어집니다.

  하나님은 나의 아버지이신데, 나는 자녀가 아니라 노예처럼 나를 얽어매고 지냈습니다. 예수님은 나의 치유자이신데, 나는 스스로 상처를 찌르며 아프다고 비명을 질렀습니다. 성령님은 나를 자유롭게 하시는 해방의 영이신데, 나 스스로 감옥을 만들고 그 안에서 탄식하며 신음했습니다. 내가 나를 격려할 줄 몰랐습니다. 나를 축복할 마음을 갖지 못했습니다. 나를 가두었던 자기 연민과 절망의 감옥에서 벗어나게 하옵소서. 이제는 예수님의 이름으로 나를 축복하며 살길 원합니다.

내가
서 있는 곳

신 33:13-17

땅의 선물과 거기 충만한 것과
가시떨기나무 가운데에 계시던 이의
은혜로 말미암아 복이 요셉의 머리에,
그의 형제 중 구별한 자의 정수리에
임할지로다.

사랑의 하나님, 하나님이 만드신 하늘과 땅을 보면서도 가슴이 뛰지 않았습니다. 아침마다 떠오르는 태양을 보면서 감탄하지 않았고, 달과 별을 보면서 오묘한 섭리와 아름다움을 노래할 줄 몰랐습니다. 예수님을 믿은 이유를 곰곰이 생각해 보니 기복주의적인 신앙 때문이었습니다. 병 고침을 받기 위해서, 돈을 잘 벌기 위해서, 세상에서 출세하기 위해서였습니다. 주님의 전에 나아가 기도도 하고 찬양도 부르고 예배도 드렸습니다. 때로는 봉사와 전도도 열심히 했습니다. 그러나 거기까지였습니다. 다시 가정에 돌아오고 직장에 나가면, 언제 내가 그렇게 예배드렸었나 기억도 나지 않았습니다. 세상의 근심과 걱정에 얽매여 하나님은 내 시야에서 사라질 때가 한두 번이 아니었습니다. 그렇게 내 신앙과 인격은 이중적으로 변했습니다. 교회 신앙 따로, 직장의 가치관 따로였습니다. 하나님의 영광을 위해 주님께 나아간 것이 아니었습니다. 오히려 하늘과 땅을 만드신 창조주 하나님을 축복의 도구로 전락시켰습니다.

삶의 순간순간, 내가 서 있는 바로 이 자리에서 하나님의 임재를 깨닫게 하옵소서. 이제는 하나님의 마음으로 내가 밟는 땅, 내가 만지는 것, 내가 만나는 사람들을 축복하면서 살게 하옵소서.

보물찾기

살전 5:18

범사에 감사하라. 이것이 그리스도 예수 안에서 너희를 향하신 하나님의 뜻이니라.

사랑의 하나님, 하나님께서는 인생 자체를 감사할 제목을 발견하는 보물찾기처럼 내게 선물로 주셨습니다. 하지만 나는 감사라는 보물찾기에는 관심이 없었습니다. 돌아보면, 주님께 감사의 고백을 하기 전까지 내 영혼은 몹시 시렸습니다. 불안했고 두려워 떨 때도 많았습니다. 영혼의 눈이 색맹이 된 것처럼 감사하는 마음으로 삶을 바라볼 줄 몰랐던 탓입니다. 감사라는 안경을 쓰는 걸 멋쩍어했고 때로는 싫어했습니다. 오히려 불평과 의심의 안경을 쓰고 세상을 바라보는 게 더 멋져 보였습니다.

모든 게 흡족하지 않았습니다. 일이 잘 풀리지 않으면, 남 탓하는 게 버릇이 되었습니다. 그러자 소중한 사람들과 사랑스러운 벗들이 내 곁을 떠났습니다. 일이 잘 풀리면, 내가 정말 잘난 줄 알고 터무니없이 교만해졌습니다. 그러자 아첨하고 이간질하는 거짓 친구들만 모여들었습니다. 때로는 감사가 소중함을 알고 노력도 해 보았습니다. 그런데 무언가 큰 몫이 내게 떨어져야 감사할 수 있다고 여겼습니다. 그러자 감사할 일보다 화내고 원망할 일이 더욱 많아졌습니다. 이제는 진정으로 감사할 줄 아는 사람이 되게 하옵소서. 가장 가까운 것부터, 가장 사소한 것부터, 가장 일상적인 것부터 감사하게 하옵소서.

핑계하지
못할지니

롬 1:18-23

창세로부터 그의 보이지 아니하는 것들
곧 그의 영원하신 능력과 신성이 그가
만드신 만물에 분명히 보여 알려졌나니
그러므로 그들이 핑계하지 못할지니라.

사랑의 하나님, 하나님을 믿는다면서 하나님을 잊고 살 때가 많았습니다. 하나님께 영광을 돌리는 것은 뒷전이었고 내 영광을 구하느라 늘 분주했습니다. 눈에 보이는 세계에만 집착한 탓입니다. 먹는 것과 마시는 것이 주된 관심사였습니다. 무엇을 입을까, 어디에 가서 즐길까에 너무 열심을 내었습니다. 손으로 만질 수 있는 선물로만 충족감을 느끼려 했습니다. 정작 그 선물을 주신 주님을 기억하며 감사하지 못했습니다. 그래서 수많은 것을 보면서도 정작 하나님의 흔적을 보지 못했습니다.

"공중 나는 저 새를 보라, 들에 핀 저 백합화를 보라!"라고 말씀하신 예수님처럼 내 영혼과 정신이 하나님이 창조하신 세계를 향해 열리길 원합니다. 하늘에 떠오르는 태양과 떠다니는 구름, 형형색색의 꽃들과 나무, 흐르는 강물과 산을 바라보면서 하나님의 솜씨를 노래하길 원합니다. 하늘과 땅을 창조하시고 "보기에 참 좋구나!"라고 말씀하신 창조주 하나님의 안목을 갖게 하옵소서. 잠들 때나 깰 때나, 일할 때나 쉴 때나 삶의 모든 자리에서 살아계신 하나님을 인정하고 사랑하게 하옵소서. 이제 핑계와 변명을 멈추게 하옵소서. 귀를 터서 듣게 하시고, 가슴을 열어서 깨닫게 하옵소서. 그리하여 하나님이 나를 사랑하시며 지켜보심을 알고 감사의 노래를 부르게 하옵소서.

빼앗긴 기쁨

눅 10:17-20

그러나 귀신들이 너희에게 항복하는 것으로 기뻐하지 말고 너희 이름이 하늘에 기록된 것으로 기뻐하라 하시니라.

사랑의 하나님, 그동안 주님께서 내 삶에 넘치도록 기쁨을 주셨지만, 나는 잘 몰랐습니다. 아니 그냥 놓쳤습니다. 있는 것에 감사하지 않고 없는 것에 불평하는 게 나의 습관이었습니다. 그래서 먹고 마시는 삶의 소소한 기쁨을 그냥 버릴 때가 많았습니다. 음식을 먹을 때도 허겁지겁 먹는 데만 정신이 팔려 식욕과 음식을 주신 하나님께 감사하면서 먹을 줄 몰랐습니다. 직장에 나가 열심히 일하면서 일중독에 빠지기도 했습니다. 피곤해도 일해야 했고, 결국 계속 더 피곤해지는 삶이 반복되었습니다.

그러다 보니 하나님을 사랑하고 섬기는 일은 둘째, 셋째로 밀려났습니다. 주님을 사랑하는 마음이 인생의 우선순위가 되지 않을 때가 자꾸 생겼습니다. 그때마다 내 속에 당연히 있어야 할 진정한 기쁨을 빼앗겼습니다. 오히려 술과 게임과 육체의 쾌락을 통해 일시적인 기쁨으로 대체할 때가 많았습니다. 그때마다 산다는 게 너무 버거운 짐처럼 다가왔습니다. 기쁨은 사라졌고 감사는 줄어들었고 내 영혼은 여름 가뭄의 논처럼 말라비틀어졌습니다. 이 시간 슬픔을 이겨 낼 기쁨, 환경을 넘어설 기쁨, 세상을 두려워하지 않을 하늘의 기쁨으로 충만하게 하옵소서.

감사와
불평 사이

시 50:22-23

감사로 제사를 드리는 자가 나를
영화롭게 하나니 그의 행위를 옳게 하는
자에게 내가 하나님의 구원을 보이리라.

사랑의 하나님, 하루를 지내면서도 얼마나 잡다한 스트레스 속에
서 살아가는지 모릅니다. 때로는 스스로 나를 못살게 굴며 안달
합니다. 때로는 남들의 시선과 말 한마디에 위축됩니다. 때로는
삶의 여건과 상황이 풀리지 않아 무거운 짐을 지고 탄식합니다.
스트레스를 받을 때마다 이를 버거운 십자가로 여기고 피하고 도
망가려 했습니다. 그러면 그럴수록 스트레스는 사자가 사슴을 덮
치듯이 무섭게 나를 내리눌렀습니다. 아침에 눈 뜨는 순간부터
저녁에 잠자리에 들 때까지 걱정과 근심의 연속입니다. 그때마다
걱정과 근심을 내면의 자리에 차곡차곡 쌓았습니다. "못난 놈, 무
능력자"라고 나를 스스로 비하하고 심지어 학대했습니다. 그러다
다른 사람이 나를 비난하면 벌컥 화를 냈습니다. 나를 불안하게
하는 분노가 나를 사로잡은 탓입니다.

　그러면 그럴수록 나는 감정의 노예가 되고 말았습니다. 내 속
의 부정적인 감정이 나를 노예처럼 부리고 있습니다. 영혼에 감
사가 사라지니 사랑할 줄 모릅니다. 감사할 줄도, 사랑할 줄도 모
르니 삶이 지저분한 쓰레기통으로 변했습니다. 이제 나의 슬픔과
분노, 죄악의 짐을 대신 십자가에 지고 가신 예수님을 바라봅니
다. "예수님 사랑해요! 하나님 고맙습니다!" 하고 영혼으로부터
다시 감사의 노래를 부르게 하옵소서.

일하는 기쁨

시 126:5-6

울며 씨를 뿌리러 나가는 자는 반드시 기쁨으로 그 곡식 단을 가지고 돌아오리로다.

사랑의 하나님, 삶의 현장은 녹녹하지 않은 치열한 경쟁의 자리입니다. 그래서 하루하루 사는 게 너무 버겁고 힘들 때가 있습니다. 그럴 때마다 다시 용기를 내기보다는 그리스도인의 정체성을 쉽게 포기했습니다. 교회에 나가 다시 예배드리며 회개하고 용서받으면 되지, 하고 안이하게 생각했습니다. 세상에서는 세속적인 가치관에 따라 살 수밖에 없다는 패배주의에 빠져 살았습니다. 신앙과 직장 일은 하늘과 땅처럼 서로 다른 영역이라고 여기며 이원론적인 신앙에 머물렀습니다. 그렇게 이중적인 삶을 살았습니다. 세상에 나가 일하면서 제일 먼저 신경 쓴 건 상사였고 동료였습니다. 하나님이 아니었습니다.

열심히 일하지도 않으면서 너무 피곤하다고 투덜대고, 제대로 쉬지도 못하면서 할 일이 너무 많다고 불평했습니다. 일에서 기쁨을 느끼지 못한 탓입니다. 일보다는 어떻게 하면 돈을 더 벌까, 어떻게 하면 더 빨리 승진할까가 첫 번째 관심사였습니다. 일에 기쁨으로 몰두하는 것을 자랑으로 여기지 않았던 탓입니다. 나 같은 사람이 하나님의 복덩이가 되어 이웃을 축복할 수 있음을 즐거워하게 하옵소서. 내가 하나님의 손이 되어 세상을 더 아름답게 만드는 창조 사역에 동참하길 원합니다. 이 멋지고 복된 일을 기쁨으로 감당하게 하옵소서.

헛되고
헛되니

전 1:2-11

전도자가 이르되 헛되고 헛되며 헛되고
헛되니 모든 것이 헛되도다. 해 아래에서
수고하는 모든 수고가 사람에게 무엇이
유익한가.

사랑의 하나님, 세월이 그냥 자꾸 흘러갑니다. 반복되는 삶의 여
정에 때때로 피곤함과 허무함을 느낍니다. 그래서 구약의 전도서
기자처럼 "헛되고 헛되며 헛되고 헛되니 모든 것이 헛되도다" 하
면서 철학자인 체한 적도 있습니다. 하나님께서는 이 땅에 우리
인간을 만드시고 기쁨과 즐거움을 안고 살라 말씀하셨습니다. 하
지만 나는 그 기쁨을 놓치고 살 때가 너무 많습니다. 인생이 쳇바
퀴처럼 반복된다는 사실에 쉽게 지루해하고 싫증을 냅니다. 권태
가 삶 깊숙이 배어 있습니다. 그래서 짜증 내며 불평하지 않은 날
이 하루도 없었습니다. 인생은 결코 단순한 반복이 아니며 하나
님이 축복하시는 삶의 섬세한 연속임을 알지 못했습니다.

세월이 지나가면 언젠가 내 이름이 사람들 뇌리에서 잊힐 것을
근심하고 걱정했습니다. 그래서 인생은 허무하다고 소리치며 탄
식했습니다. 비록 세상에서는 사라질지 모르나 하나님의 생명 명
부에 내 이름이 기록되어 있다는 놀라운 약속 앞에 다시 용기를
얻습니다. 반복되는 것 속에서 반복되지 않는 새로움을 찾게 하
옵소서. 예수님 안에 있으면 누구든지 새로운 피조물이 된다는
그 말씀을 내 것으로 삼습니다. 이제 내가 새로워짐으로, 보고 듣
고 만지는 것을 늘 새롭게 경험하게 하신 나의 하나님을 찬양합
니다.

마음의 쓴 뿌리

출 3:1-5

여호와께서 그가 보려고 돌이켜 오는 것을 보신지라. 하나님이 떨기나무 가운데서 그를 불러 이르시되 모세야 모세야 하시매 그가 이르되 내가 여기 있나이다.

사랑의 하나님, 매일 일어나는 사건 사고 때문에 스트레스를 받으며 삽니다. 때로는 쓴 뿌리처럼 견디기 어려운 트라우마가 마음속에 깊이 박혔습니다. 어떤 일도 제대로 할 수가 없었습니다. 내가 정말 누구인지, 얼마나 소중한 존재인지 몰라 답답했습니다. 문제가 조금만 어렵고 복잡해지면, 쉽게 남 탓을 하며 손가락질했습니다. 혹은 자기 연민으로, 때로는 자기 모멸감으로 치를 떨었습니다. 그리고 남에게 함부로 상처를 주었습니다. 또한 그 때문에 상처를 받기도 했습니다. 내가 준 상처는 금방 잊으면서 내가 받은 상처는 기억하며 분노했습니다. 트라우마를 극복하지 않고는 올바른 관계를 맺을 수가 없었습니다. 그런데도 권력을 휘두르고 싶어 지도자가 되려는 헛된 야욕에 불타기도 했습니다.

이 시간 나에게 찾아와 주옵소서. 친히 나의 이름을 불러 주옵소서. 내 이름을 부르실 때 하나님께서 이미 나를 알고 계셨음을 깨닫게 하옵소서. "너의 걱정, 네 근심, 네 마음의 쓴 뿌리도 내가 이미 알고 있다"고 말씀해 주옵소서. 그리하여 나를 얽매던 마음의 쓴 뿌리가 녹아 없어지게 하옵소서. 영적으로 온전한 해방감을 맛보고 경험하게 하옵소서. 나의 곪아 터진 트라우마를 싸매고 고치실 분이 주님 이외에 누가 있겠습니까?

무엇으로
보답할까

시 116:12-14

내게 주신 모든 은혜를 내가 여호와께
무엇으로 보답할까.

사랑의 하나님, 주님 앞에 나와 먼저 내 믿음의 모습이 어떠했는
가를 돌아봅니다. 진정한 신앙인이 아니라 형식적인 종교인에 머
물렀던 적이 많았습니다. 삶에 체득된 문화처럼 '기독교인이라는
종교의 옷'을 입고 있는 것으로 만족했습니다. 주님으로 말미암
아 내 영혼이 즐거워하고 감사하며 기뻐 뛰놀아야 하는데, 그런
기억이 잘 나지 않습니다. 감사하는 마음이 사라지니 모든 게 불
만족스러웠습니다. 불만족스러우니 되는 일이 아무것도 없는 것
처럼 보였습니다. 그래서 더 이상 희망은 내 편이 아니구나 탄식
했습니다. 다시 화가 나고 계속 불평할 수밖에 없었습니다. 감사
가 없어지니 인생 자체가 무섭고 두려웠습니다. 새롭게 도전하려
는 모험심도 사라졌습니다. 내 인생이 어떻게 여기까지 왔는지
삶의 소중한 추억들이 뇌리에서 사라지기 시작했습니다.

 지금 이 시간 나의 근심과 걱정, 미움과 분노, 교만함과 열등감
이라는 바이러스를 내쫓아 주옵소서. 이런 못된 바이러스를 몰아
내는 최고의 항생제가 바로 하나님께 감사하는 마음임을 깨닫게
하옵소서. "내게 주신 모든 은혜를 내가 주님께 무엇으로 보답할
까?" 감사하며 나아가게 하옵소서. 주님을 향한 사랑과 기쁨과 감
사를 표현할 줄 아는 믿음의 사람이 되게 하옵소서.

인생에서
누려야 할 것들

전 9:7-10

너는 가서 기쁨으로 네 음식물을 먹고 즐거운 마음으로 네 포도주를 마실지어다. 이는 하나님이 네가 하는 일들을 벌써 기쁘게 받으셨음이니라.

사랑의 하나님, 이 청명한 하늘 아래 이렇게 숨을 쉬며 살아 있다는 것이 너무 감사합니다. 하지만 때로 산다는 것, 살아 있다는 것이 얼마나 큰 축복인지 깨닫지 못하며 지냅니다. 열심히 사는 것, 즐겁게 사는 것이 내가 해야 할 일임을 자꾸 잊습니다. 이 시간 나태하고 부끄러운 모습을 주님 앞에 아룁니다. 밥상 앞에서 불평하곤 했습니다. 먹고 마실 수 있는 것만으로도 얼마나 큰 선물인지 알지 못했던 탓입니다. 이제 많이 먹기보다 맛있게 먹게 하옵소서. 맛있게 먹기보다 즐겁게 감사하며 먹게 하옵소서. 나를 가꾸려 노력하지 않고 스스로 멋없고 못생겼다고 조롱하기도 했습니다. 가꾸어도 겉모습만 꾸미면 괜찮은 줄로 착각했습니다. 내면세계의 성숙함이 없이 외모만 꾸미다 보니, 아주 천박한 모습으로 변질되었습니다.

가정이 행복의 베이스캠프임을 자주 망각했습니다. 가장 가까이 있는 사람을 사랑할 줄 몰랐습니다. 사랑하고 존중해야 할 사람을 미워하고 무시했습니다. 그럴 때마다 오히려 내가 미움받고 무시당하는 사람이 되는 줄 알지 못했습니다. 사랑에는 진정한 용기도 필요하고 에너지도 소모됨을 알지 못했습니다. 그냥 저절로 사랑하고 사랑받기를 원하는 게으른 사람이었습니다. 이제는 주위 사람을 소중히 여기며 사랑하고 감사하며 살게 하옵소서.

어제도 감사,
오늘도 감사

창 28:15-22

내가 너와 함께 있어 네가 어디로 가든지 너를 지키며 너를 이끌어 이 땅으로 돌아오게 할지라. 내가 네게 허락한 것을 다 이루기까지 너를 떠나지 아니하리라 하신지라.

사랑의 하나님, 어제도 감사, 오늘도 감사, 내일도 감사로 충만하기를 기도합니다. 하지만 나는 바보였습니다. 좋을 때 감사하지 못했습니다. 잘 나갈 때 "고맙다"라는 말이 잘 안 나왔습니다. 무언가 갖고 있을 때조차 고마움을 표시하길 소홀히 했습니다. 그런데 어느 날 하나둘 잃어버리면서 내 것이라고 여겼던 것이 내 것이 아님을 깨닫기 시작했습니다. 사랑하는 사람이 갑자기 내 곁을 떠날 때 '이 사람이 정말 소중한 사람이었구나!' 너무 늦게 알게 되었습니다. 병약하여 침상에 누워 있을 때 '하나님이 잠시 맡기신 축복이 바로 내 생명이구나!'를 절감했습니다. 너무 늦게 깨달았습니다. 하나님을 잊고 안일한 태도로 살았습니다. 자기 잘난 맛에 사는 것이 내 인생이었음을 고백합니다. 예수님을 믿고서야 깨닫고 고백합니다. 예수님의 십자가 속에 나의 죄악과 허물, 게으름과 탐욕과 교만을 내려놓습니다. 주님의 십자가와 부활 속에서 내가 하나님의 용서, 치유하시는 하나님의 은총을 경험합니다.

고맙고, 감사합니다. 이제는 그리하실지라도 감사, 이제는 그리하지 아니하실지라도 감사, 이제는 그럼에도 불구하고 감사, 이래도 감사, 저래도 감사, 매일 매일 감사, 범사에 감사하는 자가 되겠습니다.

감사하는
훈련

시 100:1-5

감사함으로 그의 문에 들어가며
찬송함으로 그의 궁정에 들어가서
그에게 감사하며 그의 이름을
송축할지어다.

사랑의 하나님, 주님께 감사, 감사, 또 감사합니다. 지난날을 돌아보며 모든 게 하나님의 은혜였음을 깨닫습니다. 하오나 주님을 찬양하고 감사하는 일에 얼마나 게을렀는지 모릅니다. 오히려 불평하며 원망하고 싶은 심술궂은 충동을 즐기려 했습니다. 때로는 그것이 인간적이고 솔직한 모습이라고 착각했습니다. 내게 있는 소중한 것을 헤아리며 감사하기보다는 내게 없는 것에 집착하며 시샘하고 분노했습니다. 내가 가진 것 중에 하나님에게 받지 않은 게 하나도 없는데도 아무것도 받지 않은 사람처럼 우쭐대며 살았습니다. 감사하며 기뻐하는 것도 훈련인데, 삶 속에서 훈련하려 하지 않았습니다.

이만큼의 건강과 재물, 가정의 복, 아름다운 대한민국의 국민이 된 것을 너무 당연시했습니다. 때로는 왜 이런 나라와 부모 밑에서 태어났냐고 불평하며 원망했습니다. 예수 그리스도를 믿고 하나님의 자녀가 된 걸 너무 당연시했습니다. 믿음을 가져도 설레지 않았고 하나님의 자녀가 되었어도 기뻐서 가슴이 뛰지 않았습니다. 생각해 보면 나에게 너무 많은 것을 선물로 주셨습니다. 이 시간, 내게 한 가지만 더 주시기를 간구합니다. 진정으로 감사할 줄 아는 마음을 주옵소서! 머리부터 발끝까지 온몸으로, 심장으로 하나님을 찬양하며 감사하는 사람이 되게 하옵소서.

의심과 믿음

요 20:24-29

도마에게 이르시되 네 손가락을 이리
내밀어 내 손을 보고 네 손을 내밀어 내
옆구리에 넣어 보라. 그리하여 믿음 없는
자가 되지 말고 믿는 자가 되라.

사랑의 하나님, 부활하신 예수님을 보지 않고는 믿을 수 없다고
여긴 제자 도마와 같은 의심과 불신의 영이 내 안에 있습니다. 의
심은 곧 불신이라고 생각했습니다. 그래서 의심 자체를 두려워했
습니다. 진지한 의심은 진정한 믿음으로 가는 중간 다리와 같다
는 걸 몰랐습니다. 의심하다 신앙이 없는 사람으로 조롱받는 게
싫었습니다. 그러다 보니 믿는 것도 아니고 믿지 않는 것도 아닌
상태, 라오디게아 교인들처럼 차지도 않고 뜨겁지도 않은 미지근
한 신앙에 머물렀습니다. 일주일에 한 번 교회 나와 예배드리면
그것으로 의무 방어전을 다 치른 것이라 여겼습니다.

이제는 의심하면서 주님께 기도하길 원합니다. 그래서 내게 다
가오시는 하나님의 섬세한 응답을 받게 하옵소서. 이제는 의심하
면서 하나님의 말씀을 펴서 읽기 원합니다. 그리하여 약속의 하
나님을 가슴으로 만나고 기쁨으로 고백하게 하옵소서. 부활하신
주님을 만나 의심이 참된 믿음으로 승화되기를 원합니다. 죽음의
권세를 이기고 다시 사신 예수님, 이 시간 "당신은 나의 주님, 나
의 하나님이십니다"라는 도마의 외침이 바로 나의 신앙고백이 되
게 하옵소서.

믿음의 생명력

마 13:31-33

이는 모든 씨보다 작은 것이로되 자란 후에는 풀보다 커서 나무가 되매 공중의 새들이 와서 그 가지에 깃들이느니라.

사랑의 하나님, 주님께 불평과 원망을 너무 많이, 너무 오랫동안 했습니다. 가진 것이 너무 적다고, 지지리도 복이 없다고, 인생이 초라하고 볼품없다고 항의했습니다. 내게 주신 것들은 겨자씨처럼 별 볼 일 없는 것들이라 여기고 탄식했습니다. 겨자씨 속에 담겨 있는 생명을 보지 못했습니다. 보이지 않을 만큼 작은 씨가 싹이 돋고 줄기가 자라고 가지가 펼쳐지면, 새들도 깃들일 수 있는 큰 나무가 된다는 사실을 생각하지 못했습니다. 작은 것 속에 담긴 생명의 비밀을 간과했습니다.

생명이 있음이 무한한 가능성임을 보지 못했습니다. 생명에는 솟아오르는 당찬 힘이 있음을 잊었습니다. 생명이 있는 한 삶을 다시 시작할 수 있습니다. 그런데도 죽은 자처럼 무력하게 지낼 때가 많았습니다. 보지 못하는 눈, 듣지 못하는 귀, 깨닫지 못하는 마음을 용서하여 주옵소서. 이 시간 주님의 말씀으로 삶을 다시 시작하게 하옵소서. 생명의 기쁨을 주신 예수님을 마음껏 찬양하게 하옵소서.

나의 하나님

창 28:16-22

여호와께서 나의 하나님이 되실 것이요.
내가 기둥으로 세운 이 돌이 하나님의
집이 될 것이요.

사랑의 하나님, 야곱 이야기를 읽다 보면 마치 내 모습을 보는 것 같아 놀랄 때가 많습니다. 눈에 보이지 않는 하나님을 신뢰하는 믿음이 늘 부족했습니다. 하나님을 믿는다면서 하나님을 영화롭게 하는 일보다 내 욕심을 채우는 일이 먼저였습니다. 신앙을 가졌다고 생각했으나 실상은 부모의 신앙에 멈춰 있었습니다. 그 신앙이 머리에서 가슴으로 내려오기까지 너무 오래 걸렸습니다. 그래서 하나님을 생각해도 설레거나 감격스럽지 않았고, 하나님을 '나의 하나님'이라고 친근하게 부르기가 어색했습니다. 하나님이 내 옆에서 내 마음을 아시고, 내 말을 들으시고, 내 일거수일투족을 지켜보고 계신 줄 몰랐습니다. 알지 못하니 불평하고 원망했습니다. 혼자라고, 버림받았다고, 누구도 관심이 없는 존재라고 탄식했습니다.

늘 불안했기에 무언가 꽉 움켜쥐어야 안심이 될 것 같았습니다. 그래서 야곱이 장자권에 매달리듯 돈과 재물에 매달렸습니다. 세상에서 잘나가려고 거짓말도 했습니다. 남의 권리를 무시하고 내 목적만 이루면 그만이라 여겼습니다. 이제 살아 계신 하나님을 '나의 하나님'으로 부르게 하옵소서. 움켜잡는 삶에서 벗어나 주님께 나를 드리는 삶으로 변화시켜 주옵소서.

인생의 해석

창 39:19-40:8

그들이 그에게 이르되 우리가 꿈을
꾸었으나 이를 해석할 자가 없도다.
요셉이 그들에게 이르되 해석은 하나님께
있지 아니하니이까 청하건대 내게
이르소서.

사랑의 하나님, 지금까지 베푸신 주님의 사랑과 은혜가 얼마나
크고 놀라운지요? 생각할 때마다 고마워 그저 주님을 찬양할 뿐
입니다. 하지만 인간관계가 흐트러지고 주변 환경이 열악해지면,
너무 쉬 낙담하며 고통받습니다. 그 많은 사람 중에 왜 하필이면
나냐고 주님께 항의합니다. 이런 고난이 도대체 언제까지 지속되
는 거냐며 탄식합니다. 마음에 품었던 꿈과 비전이 바로 문 앞에
놓여 있다고 여겼는데, 다시 한 치 앞도 보이지 않는 안갯속에 빠
진 것 같을 때 나는 절망합니다. 안달하며 스스로 나를 못살게 굽
니다. 원래 재수가 없는 편이라고 투덜댑니다. 불평을 입에 달고
다니며 남을 탓하기도 합니다. 내가 실패하면 하나님도 실패하는
거예요, 하고 눈을 부릅뜨고 오만하게 굴기도 합니다. 하나님의
시간표에 나를 맞추지 않고 나의 시간표에 하나님을 맞춘 탓입니
다. 고난의 시간이 길어지면, 조바심이 나고 안절부절못합니다.
무엇이 옳고 무엇이 그른지 분별하기 싫을 때도 있습니다. 손가
락 하나 까딱하기가 귀찮아집니다. 모두 포기하고 주저앉아 나만
의 세계 속에 도피하고 싶을 때도 있습니다.

내 인생의 해석, 나의 현재와 미래는 오직 하나님께 달렸습니
다. 이 시간 하나님의 섭리에 온전히 이끌림을 받고자 하는 간절
한 열망을 주옵소서. 오직 주님만을 의지하는 신뢰의 영을 더해
주옵소서.

연약함의
리더십

고후 11:23-30

누가 약하면 내가 약하지 아니하며 누가
실족하게 되면 내가 애타지 아니하더냐.
내가 부득불 자랑할진대 내가 약한 것을
자랑하리라.

사랑의 하나님, 생각해 보면 선물로 받은 것이 참으로 많습니다. 이만큼의 건강도 재물도 가정도 인간관계도 다 하나님께 받은 복입니다. 그러나 그것들이 얼마나 소중한지 모를 때가 많았습니다. 그래서 고맙다는 말 대신에 짜증 나고 화난다는 불평이 앞섰습니다. 나의 못난 모습을 돌아봅니다. 더 많이 가지려고, 더 빨리 가려고, 더 높이 올라가려고 미친 듯이 달려왔습니다. 그것만이 인생의 축복인 줄 알았습니다. 더 많은 소유가, 더 높은 지위가 나를 허세 부리며 뽐내는 인간으로 변질시키고 있다는 사실을 잊었습니다. 가증스럽게 겸손을 허위로 꾸민 적도 있습니다.

남보다 조금 적게 가졌다고, 낮은 자리에 내려갔다고 낙심하며 비굴해지기도 했습니다. 부끄러운 것과 연약한 것이 있을 때는 어떻게든 감추려고 애썼습니다. 나 같이 지혜 없는 자와 부족한 자를 택하시는 하나님의 놀라우신 은총을 깨닫지 못한 탓입니다. 내가 받은 그동안의 고난과 억울함은 대부분 나의 죄악과 게으름 때문이었습니다. 오늘도 낮고 천한 죄인, 상처 나고 연약한 나를 찾아오신 예수님, 십자가 고난의 길을 가신 예수님을 다시 기억하며 바라보게 하옵소서. 이제 나도 나를 위해서가 아니라 주님을 위해, 복음을 위해, 교회를 위해 스스로 고난받는 자리에 나가게 하옵소서.

가장 소중한 것

창 22:8-14

아브라함이 이르되 내 아들아 번제할
어린 양은 하나님이 자기를 위하여 친히
준비하시리라 하고 두 사람이 함께
나아가서.

사랑의 하나님, 주님을 믿는다고 했으나 불신과 의심하는 마음으로 지내는 순간이 있었음을 아룁니다. 경박한 의심쟁이가 될 때가 많았습니다. 조금만 인생에 위기와 고난이 닥치면 심술쟁이 하나님, 잔인한 하나님이라고 하나님을 비난했습니다. 하나님께서는 믿음의 사람들을 세상에서 자랑하고 싶어 하셨습니다. 하지만 나는 세상에서 하나님의 자랑이 되지 못했습니다. 오히려 하나님 이름에 먹칠하는 부끄러운 존재가 될 때가 많았습니다. 하나님께서는 내 마음과 몸을 번제물처럼 불로 온전히 태워 드리기를 원하셨습니다. 하지만 나는 내 멋대로 드리기 편한 부분만 골라서 바쳤습니다. 아브라함처럼 전적으로 순종하는 건 어쩌면 믿음이 아니라 광신이 아닐까, 여겼던 탓입니다. 그래서 하나님께서 사용하시도록 내 몸과 마음을 하나님께 드리는 것이 아니라, 내가 하나님을 이용하며 내 마음대로 하나님을 조종하려 했습니다.

하나님이 주시는 선물만을 바라보았습니다. 정작 그 선물을 주신 하나님은 망각할 때가 많았습니다. 이 시간, 내 마음에 하늘의 위로와 치유를 내려 주옵소서. 하나님을 전심으로 사랑하며 주님 말씀에 순종하는 사람으로 새롭게 태어나게 하옵소서.

부활의 소식

막 16:1-8

놀라지 말라. 너희가 십자가에 못 박히신 나사렛 예수를 찾는구나. 그가 살아나셨고 여기 계시지 아니하니라.

사랑의 하나님, 소중한 생명을 하루 더 연장해 주시니 감사합니다. 이 시간 경이로운 눈으로 세상을 바라봅니다. 불신과 의심의 웅덩이에서 헤맬 때가 많았습니다. 하지만 부활하신 주님께서 신뢰와 믿음의 영을 부어 주셨습니다. 탐심과 정욕의 굴레에 얽매여 있던 나에게 긍휼이 많으신 주님께서 사죄의 기쁨과 은혜를 베풀어 주셨습니다. 미움과 분노로 꽉 막혀 있던 가슴을 주님의 부드러운 사랑의 손길로 만져 주셨습니다. 잊히고 버려진 사람 같아 낙심하고 포기하려 할 때 내 이름을 부르며 "너는 나의 사랑하는 아들, 나의 사랑하는 딸"이라고 친히 말씀해 주셨습니다.

죽음의 위협 앞에서 겁나서 떨 때가 있었습니다. 하지만 이 시간 아들을 십자가에 내놓으신 하나님의 사랑이 죽음보다 더 강한 주님의 손길임을 가슴으로 깨닫습니다. 이제는 매 순간 부활의 예수님과 동행하는 경이로운 즐거움으로 살게 하옵소서. 이 놀라운 부활의 소식을 세상에 마음껏 증언하길 원합니다. 그리하여 죽음의 위협이 가득한 이 땅을 생명이 넘치는 땅으로 만들게 하옵소서.

불평과 탄식

삼상 15:16-19

어찌하여 왕이 여호와의 목소리를
청종하지 아니하고 탈취하기에만 급하여
여호와께서 악하게 여기시는 일을
행하였나이까.

사랑의 하나님, "나의 나 된 것은 하나님의 은혜!"라고 고백했습니다. 하지만 처음에만 그랬습니다. 어느 날 보니, 내가 잘난 덕에 스스로 여기까지 왔다고 뽐내고 있었습니다. 그렇게 소중했던 두려움과 설렘의 마음이 어느 순간 사라졌습니다. 나와 동행했던 기쁨이 연기처럼 흩어졌습니다. "감사합니다"라고 고백했던 언어가 갑자기 어눌해졌습니다. 처음에는 선하였는데 마지막은 악한 모습으로 추락하고 있습니다. 시작은 감사하면서 출발했는데, 어느덧 입에서 쉴 새 없이 불평이 터져 나오고 있습니다. 하나님께 예배드려도 사실은 하나님이 누구신지 점차 잊었습니다. 하나님이 주시는 축복과 선물에만 관심이 쏠려 있던 탓입니다.

나를 좋아했던 친구들이 곁을 떠나고 있습니다. 배려와 관용의 마음으로 대하지 않고, 그들마저 나를 위한 수단과 도구로 사용한 탓입니다. 그래놓고 "나는 왕따야! 혼자라 외로워!" 하면서 탄식하고 있습니다. "될 대로 되라지!" 하면서 삶을 포기하며 후회하고 있습니다. 이제 후회가 아니라 하나님 앞에서 통회하는 마음을 주옵소서. 잃어버린 주님을 향한 '처음 사랑'을 되찾게 하옵소서.

나의 힘이신
여호와여

시 18:1

나의 힘이신 여호와여 내가 주를
사랑하나이다.

사랑의 하나님, 모든 게 은혜요 모든 게 감사입니다. 여기까지 나를 인도하셨습니다. 이만큼의 몸의 건강을 주셨습니다. 이만큼의 삶의 축복을 주셨습니다. 물질의 복, 사람의 복도 주셨고 사명의 복까지 주셨습니다. 이만큼의 마음의 평안도 허락하셨습니다. 이만큼의 영혼의 기쁨도 선물로 받게 하셨습니다. 생각하면 할수록 눈물이 어립니다. 기억하면 할수록 가슴이 벅차오릅니다. 하나님은 나의 영원한 아빠 아버지이십니다. 예수님은 내 생명의 주님이십니다. 성령님은 언제나 나와 동행하시는 임마누엘 하나님이십니다.

주님 앞에 더 감사하지 못한 것을 용서하옵소서. 주님과 함께 더 기뻐하지 못한 것을 용서하옵소서. 주님을 더 사랑하지 못한 것을 용서하옵소서. 주님의 사랑을 이웃과 함께 나누지 못한 것을 용서하옵소서. 이제는 주님을 향해 다시 사랑의 노래를 부르게 하옵소서. 나의 힘이신 여호와여! 내가 주를 사랑하나이다.

5

영적 게으름에서 벗어나 헌신으로

반복되는 죄와 나태함을
극복하고 성숙으로
나아가는 기도

예수에게
붙잡힌 삶

고전 4:14-21

하나님의 나라는 말에 있지 아니하고
오직 능력에 있음이라.

사랑의 하나님, 예수 그리스도를 주님으로 믿으면서도 나는 이기적인 욕심쟁이였습니다. 스스로 자유자라고 떠들었으나, 실상은 거짓 우상의 예속된 종으로 살았습니다. 예수 그리스도에게 붙잡혀야 사람의 시선으로부터 진정으로 자유로워진다는 사실을 잊은 탓입니다. 예수 그리스도를 믿었지만, 마치 어린아이 같은 미성숙한 자리에 오래 머물렀습니다. 배우고 성숙하려는 의지가 없을 때가 많았던 탓입니다. 성숙해진다는 것은 분별력을 키우고 책임을 진다는 뜻이기에 부담스러웠습니다. 생각하기를 싫어했습니다. 하나하나 옳고 그른 것을 분별하는 것을 귀찮아했습니다. 그러면서도 내 뜻대로 되지 않으면 하나님을 향해 불평하며 원망했습니다. 예수님을 믿는다고 하면서도, 감사하며 사는 법을 잊고 살았습니다. 스스로 불안해하면서 예수님께 온전히 맡기지 못한 탓입니다.

이제는 주님과 함께 말씀을 배우며 성숙하기를 원합니다. 이제는 주님께만 붙잡혀 진정한 자유를 누리며 살게 하옵소서. 이제는 나의 나 된 것이 주님의 은혜인 줄 알고 감사하면서 살게 하옵소서.

헛된 꿈

마 21:27-32

둘째 아들에게 가서 또 그와 같이 말하니 대답하여 이르되 싫소이다 하였다가 그 후에 뉘우치고 갔으니 그 둘 중의 누가 아버지의 뜻대로 하였느냐.

사랑의 하나님, 하나님을 경외하는 참다운 지혜가 너무 모자랐습니다. 그래서 두려워해야 할 하나님을 두려워하지 않고 두려워하지 않아야 할 세상을 두려워하며 살았습니다. 그래서 하나님의 뜻을 바로 깨닫지 못했습니다. 그래서 용기 있는 자가 되지 못하고 사람들 앞에 비겁해졌습니다. 예수님이 진리인데도 세상 속에서 진리를 찾으려 헤맸습니다. 예수님이 지혜인데도 세상의 모략과 술수만을 배우려 애썼습니다. 예수님이 생명인데도 사람을 살리는 일보다 해하는 일을 도모하려 했습니다. 예수님이 길인데도 세상 길에서 너무 오랫동안 방황했습니다. 예수님이 소망인데도 세상의 헛된 꿈을 꾸며 만족을 얻으려 했습니다. 예수님이 평안인데도 세상 것을 탐하며 평안을 얻고자 했으나 거기에는 참된 평안이 없었습니다. 예수님이 기쁨인데도 찰나적인 세상의 쾌락에 몸을 맡기려 했습니다. 예수님이 사랑인데도 보이는 물질과 명예만을 사랑하여 진정한 사랑의 기쁨을 누리지 못했습니다. 마음이 완악하여 알면서도 고치려고 하지 않았습니다. 얻어맞고 매를 맞아야 뒤늦게 후회하며 고치곤 했습니다.

내가 더 이상 미련해지지 않게 도와주옵소서. 이 시간 정결한 마음과 회개하는 영을 부으사 먼저 깨닫고 순종할 줄 아는 믿음의 사람이 되게 하옵소서.

새벽
아직도 밝기 전에

막 1:35-39

새벽 아직도 밝기 전에 예수께서 일어나 나가 한적한 곳으로 가사 거기서 기도하시더니.

사랑의 하나님, 새해를 시작할 때마다 결심합니다. 올 한해에는 더욱더 주님을 사랑하고, 더욱더 주님의 말씀 위에 서고, 주님과 함께 더욱더 멋진 삶을 꾸려 나가겠다고 다짐합니다. 그러나 너무 쉽게 이 결심이 무너집니다. 뒷걸음치는 나를 보며 탄식합니다. 나에게 얼마나 인내와 끈기가 부족한지 주님은 잘 아십니다. 마지막 2퍼센트가 모자라 다 쌓은 탑을 순식간에 무너뜨릴 때도 많습니다. 나만을 생각하는 이기적인 욕심이 이웃의 연약함을 돌보는 일을 가로막았습니다. 내가 소중한 것처럼 남의 인격도 소중함을 알게 하옵소서. 그렇다고 착한 사람 콤플렉스에 빠져 남에게 조종당하거나 휘둘리지 않게 하옵소서. 열심히 살려고 할 때마다 나태함을 절감합니다. 내 일을 할 때나 놀고 즐길 때는 바쁘다고 노래 부르면서, 정작 주님을 경배하고 주님께 헌신하는 일에는 소홀했습니다.

예배드리며 기도하는 순간에도 세상 염려와 근심이 나를 사로잡아 오는 걸 봅니다. 하나님을 사랑하고, 하나님의 나라와 의를 구하는 것이 삶의 우선순위가 되게 하옵소서. 나를 고치시고 새롭게 하사 거짓과 탐욕을 제어하게 하옵소서. 근심과 걱정이 물러가게 하옵소서.

육신이 약하여

막 14:32-42

돌아오사 제자들이 자는 것을 보시고
베드로에게 말씀하시되 시몬아 자느냐
네가 한 시간도 깨어 있을 수 없더냐.

사랑의 하나님, 아들이신 예수님을 버리면서까지 하나님이 나를
지극히 사랑하신다는 놀라운 사실을 전에는 잘 몰랐습니다. 신앙
이 있다고, 하나님을 사랑한다고 말하면서도 건성이었습니다. 능
력 많으신 하나님께서 부족한 죄인인 나 같은 사람의 작은 사랑
을 원하시는지는 더더욱 몰랐습니다. 예수님께서 겟세마네 동산
에서 기도하면서 왜 그렇게 슬퍼하고 외로워하셨는지 애타는 그
마음을 이해하지 못했습니다.

하나님의 뜻을 헤아려 순종하기보다는 내 욕심과 생각이 우선
이었습니다. 마음으로는 주님을 사랑하겠다고 결심하면서도 육
신이 약하여 세상의 유혹 앞에 번번이 무너졌습니다. 세상의 탐
욕과 유혹에는 "아니요"라고 말하지 못했고, 오히려 하나님의 뜻
에 대해서는 "아니요"라고 거절할 때가 많았습니다. "깨어 기도하
라"고 말씀하셨지만, 베드로처럼 잠만 쿨쿨 자며 나 몰라라 했습
니다. 나의 죄를 대신 지고 죽음으로 향하는 예수님의 고난이 하
나님의 놀라운 사랑이었음을 나중에야 깨달았습니다. 이제 나의
눈물과 상처, 음침한 우울함과 외로움을 치유하시는 주님의 손길
에 맡깁니다. 눈을 들어 위로자이시며 구원자이신 예수님을 바라
보며 담대히 나아가게 하옵소서.

무엇을 찾느냐

요 1:35-40

예수께서 돌이켜 그 따르는 것을 보시고
물어 이르시되 무엇을 구하느냐.

사랑의 하나님, 주님께서 내게 물으셨습니다. "지금 무엇을 찾고
있느냐?" 그러나 나는 주님의 물음 앞에 똑바로 서기를 꺼렸습니
다. 나의 무지한 모습이 드러날까, 내 속에 추하고 역겨운 것이 다
드러날까, 겁이 나 숨었습니다. 독재자처럼 누구도 내게 질문하
는 걸 용납하지 않았습니다. 그저 이 만큼의 기득권을 누리며 살
고 싶었습니다. 하지만 거기에는 변화와 갱신이 없었습니다. 그
래서 금방 따분해지고 싫증 났습니다. 누구에게도 간섭 안 받고
내 욕심 따라 사는 걸 자유라고 여겼습니다. 하지만 그것은 자유
가 아니라 탐욕스러운 방종이었습니다. 새롭게 즐길 거리를 찾아
여기저기 헤맸습니다. 그러나 해 아래 새것은 없었습니다. 그 사
실을 깨달았을 때는 내 시간과 내 청춘을 너무 많이 낭비한 후였
습니다.

하나님의 엄정한 물음을 피해 달아났던 나를 용서하여 주옵소
서. 주님은 나를 찾길 열망하시는데, 나는 주님을 구하고 찾는 열
정이 너무 부족했습니다. 주님은 나와 동행하길 원하시는데, 나
는 세상과 동무하길 원했습니다. 만물을 늘 새롭게 하시는 하나
님 앞에 서길 원합니다. "지금 왜 여기 있느냐? 지금 무엇을 찾고
있느냐?"라는 주님의 물음에 다시 대답하기를 원합니다. "예수님
을 찾고 있습니다. 나를 만나 주옵소서"라고 외치며 주님께 달려
가게 하옵소서.

작은 창조자

계 21:1-8

보좌에 앉으신 이가 이르시되 보라 내가
만물을 새롭게 하노라 하시고.

사랑이 풍성하신 하나님, 하나님을 오해하고 살 때가 너무 많았
습니다. 하나님은 이 세상을 창조하실 때만 일하신 줄 알고, 오늘
도 살아 계셔서 새 일을 행하신다는 사실을 잊고 살았습니다. 지
금도 나에게 창조의 영을 부으시고, 새 창조를 만들기 원하시는
하나님의 뜻을 망각하며 지냈습니다. 그래서 하루하루 사는 것이
지겹고 지루했습니다. 싫증 나고 짜증 났습니다. 정말 해 아래 모
든 게 다 헛되고 무상하다며 탄식했습니다. 해 위에 계신 창조주
하나님을 만나야 비로소 새로워지는데, 하나님을 잊었습니다. 믿
음의 사람들이 창조주 하나님을 잊으니, 창조주를 모르는 세상
사람들이 오히려 창조력, 창의성, 새로움을 부르짖고 있습니다.

나는 창조주 하나님을 믿습니다. 하지만 하나님은 오늘 나와는
상관없는 과거의 하나님이 되고 말았습니다. 하나님은 나에게 창
조의 영을 부으시길 원하시는데, 나는 그 영과 더불어 창조적 기
쁨을 누리며 살지 못했습니다. 내가 예배할 때 창조주 하나님의
생명수 샘물을 받아 마시게 하옵소서. 그리하여 창조주이신 하나
님께서 내 속에 이미 심으신 창조성을 회복시켜 주옵소서. 내가
이 땅에서 하나님과 동행하는 작은 창조자라는 자부심을 품고 살
게 하옵소서.

성령의 전

고전 6:12-20

너희 몸은 너희가 하나님께로부터 받은 바 너희 가운데 계신 성령의 전인 줄을 알지 못하느냐.

사랑의 하나님, 하나님은 나를 찾으셨으나 나는 하나님을 냉정하게 외면할 때가 많았습니다. 하나님 안에 거하는 것을 누군가에게 간섭받고 방해받는 것이라 여겼습니다. 예수님을 믿는 일이 나를 자유롭게 하는 게 아니라, 나를 묶어 두는 사슬처럼 느껴져 힘들었습니다. 예수님을 사랑한다고 하면서, 예수님의 생각을 품기보다는 내 생각대로 할 때가 훨씬 더 많았습니다. 하나님은 어느 곳에서나 지켜보고 계셨지만, 힘들고 어려우면 하나님이 날 버렸다고 쉽게 낙심했습니다. 그래서 하나님을 거부했습니다. 살아 계신 하나님 대신에 썩어질 우상으로 마음의 공허를 채우려 했습니다. 때로는 술로, 도박으로, 게임으로, 성적 쾌락으로 채우려 했습니다. 그럴수록 공허함은 더 커졌습니다.

내가 무지했습니다. 내 몸이 성령이 거하시는 집임을 이제야 깨닫습니다. 버림받은 존재라 낙심하는 나의 자존감을 세워 주시려는 하나님의 배려였음을 이제야 깨닫습니다. 이제 내 몸으로 기도하고 찬양하고 하나님께 예배드리겠습니다. 이제 작은 그리스도가 되어 이 몸으로 이웃을 사랑하겠습니다.

찬란한 삶

고후 5:13-17

그리스도의 사랑이 우리를
강권하시는도다. 우리가 생각하건대 한
사람이 모든 사람을 대신하여 죽었은즉
모든 사람이 죽은 것이라.

사랑의 하나님, 삶이 어쩌다 생긴 우연의 산물인 양 감사함 없이 살았습니다. 우연을 뛰어넘는 하나님의 섭리와 목적이 있음을 외면하려 했습니다. 시시각각 다가오는 죽음의 그림자를 회피했습니다. 그럴수록 죽음이 더 두려워졌습니다. 그 죽음을 망각 속에 묻어 두고자 분주하게 살았습니다. 그러나 어느 날 죽음이 바로 내 옆에 가까이 있다는 사실을 알고 경악했습니다. 매일 죽는 연습을 하며 살지 못했습니다. 그래서 나에게 허락된 삶이 이토록 소중하고 찬란한지 미처 몰랐습니다. 그동안 너무 무지했습니다. 내 삶은 화려하게 보였으나 속은 썩어 문드러지고 있었습니다. 내 얼굴은 미소 짓는 것 같았으나, 내 마음은 처연하게 탄식하고 있었습니다.

예수님은 고독하심으로 나의 고독을 짊어지셨습니다. 슬퍼하심으로 나의 슬픔을 지셨습니다. 절망하심으로 나의 절망을 지셨습니다. 아파하심으로, 나의 아픔을 치료하셨습니다. 죄의 삯인 죽음을 십자가에서 대신 당하심으로, 나에게 영원한 생명을 선물로 주셨습니다. 이제 나의 작은 자아를 가장 큰 우주의 자아이신 예수님에게 맡깁니다. 내 인생이 하나님이 잠깐 맡기신 선물임을 알고, 주신 생명을 기쁨으로 감격하면서 살게 하옵소서.

남은 고난

골 1:24-29

나는 이제 너희를 위하여 받는 괴로움을 기뻐하고 그리스도의 남은 고난을 그의 몸된 교회를 위하여 내 육체에 채우노라.

사랑의 하나님, 내 속에 있는 영적인 게으름이 내 삶을 힘들고 무력하게 만들었습니다. 세상에 대한 두려움이 나를 움츠러들고 비겁하게 만들었습니다. 그뿐만이 아닙니다. 내 속에 있는 근심과 불안을 그럴듯하게 포장하며 억지 미소를 짓고 살았습니다. 거짓과 불의, 탐욕과 죄악에 죄책감을 느끼면서도 별문제 없는 사람처럼 만족하며 살려 했습니다. 내 신앙은 늘 초등학생에 머물러 성장이 멈출 때가 많았습니다. 손에 잡히는 축복만을 구했고, 그런 복을 받아야 흡족해했습니다. 남이 고난받을 때는 본체만체하다가, 내게 괴로운 일이 생기면 불평하며 분통을 터뜨렸습니다. 내가 건강하고, 내가 잘되고, 내가 성공하는 복을 추구했고, 그것이 있어야 만족하려 했습니다.

세상의 복이 찾아오지 않아도 주님을 믿고 따르는 성숙한 신앙인이 되게 하옵소서. 이제는 하나님의 뜻에 순종할 수 있는 믿음을 주옵소서. 그 길이 비록 고난을 겪는 험난한 길일지라도 믿음으로 결단하게 하옵소서. 예수님 안에 나를 위한 구원의 비밀이 있음을 깨닫고 감사하게 하옵소서. 예수님의 마음을 품게 하옵소서. 주님의 교회와 성도를 위해 고난받기를 주저하지 않는 하나님의 사람이 되게 하옵소서.

통회하는 마음

시 51:10-17

하나님께서 구하시는 제사는 상한 심령이라. 하나님이여 상하고 통회하는 마음을 주께서 멸시하지 아니하시리이다.

사랑의 하나님, 내가 죄를 지었기에 죄인이 된다고 생각했습니다. 그러나 무슨 큰 죄를 지었는지는 정작 잘 알지 못했습니다. 이 제야 깨닫습니다. 내가 본래 죄인이기에 죄를 지을 수밖에 없는 존재임을 고백합니다. 내 속에 있는 죄가 나를 미혹하고 나를 얽어매고 나를 괴롭힙니다. 내 안에 죄가 있을 뿐만 아니라, 내가 행하는 것이 죄악입니다. 살아 계신 하나님을 떠나 썩어지고 죽어버린 헛된 우상을 섬겼습니다. 그것을 얻기 위해 여기저기 기웃거리며 시간과 정열과 에너지를 낭비했습니다. 말로는 주님을 위해 산다면서 이기적인 탐욕을 향해 뒤도 돌아보지 않고 달렸습니다. 진리와 생명이신 주님을 향해 나아가기보다는 어둠의 음란한 쾌락을 즐기기를 더 원했습니다. 육체가 좋아하는 일을 할 때는 부지런히 움직입니다. 하지만 영적 건강을 위해 말씀을 읽고 묵상하며 예배드리는 일에는 게으릅니다.

내 몸을 우슬초로 씻어 주시고, 못되고 교만한 마음을 십자가의 보혈로 깨끗하게 씻어 주옵소서. 내 안에 회개하는 영을 주시고, 주님의 손으로 새롭게 빚어 주옵소서.

객기와 용기

요 18:1-11

이에 시몬 베드로가 칼을 가졌는데
그것을 빼어 대제사장의 종을 쳐서
오른편 귀를 베어버리니 그 종의 이름은
말고라.

사랑의 하나님, 이 땅에 죄인의 모습으로 오신 예수 그리스도를 묵상합니다. 아들이신 예수님이 기가 막힐 웅덩이에 빠져 신음하는 모습을 하나님은 그저 바라만 보셨습니다. 예수님의 고난과 죽음의 길이 곧 나를 위한 하나님의 놀라운 사랑이었음을 이제야 깨닫고 머리를 숙입니다. 예수님이 참혹한 십자가에 달리신 까닭은 나의 반역 때문이며 나의 죄와 불의함 때문입니다. 내 속에 가룟 유다의 악한 음모가 있습니다. 처음에는 모두 버리고 예수님을 따랐습니다. 하지만 마음 밑바닥에는 내가 버린 것보다 훨씬 더 크고 좋은 것을 다시 얻으리라는 탐욕이 깔려 있었습니다. 예수님을 사랑한다고 떠벌리며 따랐지만, 사실은 보이는 재물과 명예와 권력을 더 좋아했습니다.

베드로와 같은 찰나적인 객기와 반짝 용기가 생길 때도 있습니다. 그래서 마음으로는 이제부터 주님을 위해 산다고 수없이 고백합니다. 하지만 육신이 연약하여 결심은 쉽게 무너지고 매일 넘어집니다. 세상일에 담대하게 부딪혀야 할 때는 겁먹고 도망갔습니다. 하나님 앞에서 두려워해야 할 때는 오히려 뻔뻔하고 교만했습니다. 허허벌판 황무지에서 빈손으로 시작한 인생입니다. 이제 내 인생 전체 필름을 가지고 나를 지켜보시는 하나님께 나를 전적으로 맡기고 담대하게 세상을 향해 나아가게 하옵소서.

죽음을 넘어서

행 7:51-60

스데반이 성령 충만하여 하늘을 우러러 주목하여 하나님의 영광과 및 예수께서 하나님 우편에 서신 것을 보고.

사랑의 하나님, 부활하신 생명의 예수님만을 바라보던 초대교회 성도들의 모습을 기억합니다. 첫 번째 순교자였던 스데반의 예수님 사랑, 하나님 사랑, 교회 사랑을 떠올립니다. 부활의 복음을 담대하게 증언하면서 죽음도 두려워하지 않던 용기 있는 신앙을 봅니다. 그 신앙 앞에 내 모습은 얼마나 부끄럽고 죄송한지 모릅니다. 내 삶에서 예수님을 소중히 여기고 자랑하면서 살지 못했습니다. 예수님과 함께 사는 것이 얼마나 생명이 충만한 삶인지 잘 몰랐습니다. 그래서 부활의 생명으로 살지 못했습니다. 육체는 멀쩡히 살아 있어도 마치 죽은 자 같이 삶이 흐리멍덩했습니다. 살아 있다고 하기에는 죽은 자처럼 살았습니다. 겨우 숨 쉬는 자처럼 억지로 살았습니다. 어둠 속에 있는 사람들, 사탄의 노예가 되어 죽음에 억압된 이 시대를 보면서도 애통하게 여기는 마음이 없었습니다. 예수 그리스도를 모르는 사람에게 기꺼운 마음으로 담대하게 복음을 증언할 용기가 없었습니다.

주님의 말씀으로 나를 가르쳐 주옵소서. 그리고 깨닫게 하옵소서. 이제 그리스도 안에서 죽어도 사는 길이 있음을 고백합니다. 먼저 내가 죽어야 진정 그리스도와 함께 살아나는 길이 있음을 믿습니다.

나태와 근면

마 25:24-30

그 주인이 대답하여 이르되 악하고
게으른 종아 나는 심지 않은 데서 거두고
헤치지 않은 데서 모으는 줄로 네가
알았느냐.

사랑의 하나님, 나를 지으신 창조주 하나님의 뜻을 잘 분별하지 못하고 살았습니다. 때로는 내 마음대로 곡해하여 하나님 뜻이라고 우기면서 살았습니다. 하나님을 무서워하는 마음에 인생조차도 부정적으로 비관적으로 보았습니다. 내가 가진 것은 늘 작아 보였고, 남이 가진 것은 늘 커 보였습니다. 하나님은 가진 것들을 멋지게 사용하라고 자율권을 주셨습니다. 하지만 나는 일에 매달려 경쟁에 지친 나를 달래거나, 게으름으로 흐느적거리면서 나를 망각 속에 집어넣으려 했습니다. 내가 누구인 줄 알지 못하고, 왜 살아야 하는지 몰라 아무것도 할 수 없었고 하기 싫었습니다. 반복되는 모든 게 지루하고 따분했습니다. 그러면서도 그냥 하루하루 지나가는 것으로 만족했습니다.

하나님께서 얼마나 선하시고 자비로우신 분인지 다시 깨우쳐 주옵소서. 내게 주신 시간, 재물, 달란트가 잠깐 맡긴 보물과 같은 것임을 알게 하옵소서. 이제는 일중독에서 깨어나게 하시고, 게으름의 침대에서 일어나게 하옵소서. 하루하루 순간순간 내게 주신 삶이 하늘의 선물임을 깨닫고 감사하며 살아가게 하옵소서.

회개 없는 후회

마 27:3-8

그 때에 예수를 판 유다가 그의 정죄됨을
보고 스스로 뉘우쳐 그 은 삼십을
대제사장들과 장로들에게 도로 갖다
주며.

사랑의 하나님, 예수님을 따라가면서도 내 속에는 반역의 영이
거주하고 있습니다. 가룟 유다처럼 배신하려는 생각이 나를 사로
잡을 때가 있습니다. 유다처럼 처음에는 예수님 말씀에 놀라고
흥분해서 따랐습니다. 예수님의 기적과 능력에 기립 박수를 보냈
습니다. 이제 곧 새로운 세상이 오겠구나, 하고 기대했습니다. 높
은 것은 끌어내리고, 낮은 것은 높여 주신다는 말씀 앞에 환호했
습니다. 드디어 정치적 메시아를 만났구나, 세상이 뒤집히겠구
나, 하는 열망도 있었습니다. 예수님이 혁명가로서 소외된 사람
들, 억압당하는 사람들에게 세상을 향한 저항 의식을 심어 주리
라 기대했습니다. 새로운 시대는 불의한 정치 세력으로부터 해방
되는 정치 혁명을 통해 오리라 여겼습니다. 그런데 어느 날 예수
님이 그 모든 걸 내려놓고 수난의 길을 가는 것처럼 보였을 때 너
무도 못마땅했습니다. 그래서 예수님을 배반할 이유와 명분을 찾
았습니다.

　예수님을 따르고 믿는 이유가 돈 때문이었던 탓입니다. 병 고
침을 받고 싶어서, 조금 더 높은 자리에 올라가 명예를 차지하고
권력을 휘두르고 싶어서 예수님을 믿고 따라갔던 탓입니다. 이제
회개합니다. 그 길이 예수님의 길이 아니라는 사실을 깨닫습니
다. 예수님 때문에 내가 먼저 변화되게 하옵소서. 나는 주님의 것
입니다.

거룩한 불만족

빌 3:12-16

내가 이미 얻었다 함도 아니요 온전히
이루었다 함도 아니라. 오직 내가
그리스도 예수께 잡힌 바 된 그것을
잡으려고 달려가노라.

사랑의 하나님, 삶을 되돌아보면 연약하고 부족했던 모습, 거짓
되고 완악했던 모습이 떠오릅니다. 믿음의 성도들은 하늘에 시민
권을 둔 영광된 존재입니다. 하지만 이 땅에서는 나그네처럼 살
아야 합니다. 그럼에도 내게는 챙길 게 너무 많습니다. 짊어져야
할 짐이 너무 많고 무겁습니다. 나그네는 가야 할 고향이 정해져
있습니다. 하지만 나는 나그네가 아니라 방랑자로 살 때가 많았
습니다. 가야 할 삶의 방향을 잃어버린 탓입니다. 그래서 이리저
리 방황하며 헤맸습니다.

인생의 목표가 너무 멀리 있다고 여길 때도 있습니다. 그래서
오늘 일을 내일로 미루었습니다. 그러다 보니 게으름에 빠졌고,
그냥 익숙하고 편안한 것에 쉽게 안주하려 했습니다. 어제의 슬
픔, 어제의 탄식, 어제의 게으름, 어제의 패배감, 어제의 죄악과
어제의 분노를 주님 앞에 고백하며 훌훌 털어 버리기를 원합니
다. 오늘 이 시간까지 내 생명을 연장해 주신 까닭은 아직 내게 할
일이 남았기 때문이지요. 오늘 주님과 함께 다시 시작하게 하옵
소서. 거룩한 불만족을 품고 새롭게 도전하고 모험할 줄 아는 용
기를 주옵소서.

방자한 정욕

삿 16:15-22

들릴라가 삼손에게 자기 무릎을 베고 자게 하고 사람을 불러 그의 머리털 일곱 가닥을 밀고 괴롭게 하여 본즉 그의 힘이 없어졌더라.

사랑의 하나님, 이 시간 이스라엘 지도자이며 사사였던 삼손이라는 인물을 묵상합니다. 그렇게 미리 선택하시고 큰 힘과 용기를 불어넣은 사람이었지만, 실패한 삶을 살았던 그 모습이 내게도 있습니다. 내 속에 삼손의 방자한 정욕과 오기가 들어 있습니다. 삼손이 지녔던 무절제가 나를 사로잡고 있습니다. 내 몸을 정욕대로 함부로 사용한 적이 참으로 많았습니다. 욕망을 통제하지 않고 욕망이 나를 지배하게 놔두었습니다. 악과 거짓을 거절할 줄 아는 진정한 용기가 너무 모자랐습니다. 때로는 하나님의 뜻인 줄 알면서도 거절했습니다. 세상의 유혹이 너무 커서 어쩔 수 없었다고 변명하면 된다고 여겼습니다. 시작은 거창하게 했다가 끝에는 흐지부지하는 미련한 사람이 되고 말았습니다.

내 욕망과 하나님의 비전을 분별할 줄 아는 지혜를 주옵소서. 나의 탐욕스러운 욕구이면, 통제할 줄 아는 절제를 주옵소서. 견고한 믿음을 주셔서, 처음뿐만 아니라 마지막까지 승리하는 삶이 되게 하옵소서.

마음의 정욕대로

롬 1:24-32

그러므로 하나님께서 그들을 마음의 정욕대로 더러움에 내버려 두사 그들의 몸을 서로 욕되게 하게 하셨으니.

사랑의 하나님, 예수님을 믿는다고 하면서도 하나님의 말씀보다 "하나님 없이 살라!"는 사탄의 소리에 미혹될 때가 많습니다. 사탄의 영은 '거짓말하는 영'입니다. 내가 하나님을 두려워하지 않을 때 거짓의 영이 나를 노예처럼 사로잡고 속삭였습니다. "너 자신을 위해서는 수단 방법 가리지 않고 거짓과 불의를 행해도 괜찮아"라고 꼬드겼습니다. 사탄의 영은 '교만의 영'입니다. 하나님이 잠시 출타 중인 것처럼 우쭐대며 잘난 체하도록 유혹합니다. 하지만 "교만은 패망의 선봉이요 거만한 마음은 넘어짐의 앞잡이니라"라는 말씀이 진리임을 깨닫습니다.

사탄의 영은 '음란의 영'입니다. 하나님을 마음에 품지 않으면, 가장 먼저 나를 충동질하는 것이 성적 욕망입니다. 때로는 세상에서 일어나는 성적 문란과 타락의 환상이 나를 사로잡습니다. 때로는 이성 간에, 때로는 동성 간에 정욕을 불태우는 삶을 동경하는 어리석음에 빠졌습니다. 그래서 소중한 '성의 선물'을 누리지 못하고, 하나님의 창조 질서인 부부의 약속, 가정의 축복을 망가뜨리기도 했습니다. 삶이 찌그러지고 부서지는데도, 위기의식을 느끼며 나를 진솔하게 돌아보지 못한 것을 용서하옵소서.

때가 찼으니

막 1:14-15

이르시되 때가 찼고 하나님의 나라가 가까이 왔으니 회개하고 복음을 믿으라 하시더라.

사랑의 하나님, 하나님의 아들이신 예수님의 첫 메시지는 "회개하라, 복음을 믿으라!"였습니다. 하지만 나는 변화의 필요성, 개혁의 당위성을 인식하지 못했습니다. 지금이 바로 위기의 순간이요, 회개의 자리라는 사실을 깨닫지 못했습니다. 개혁이라는 말이 좋기도 하고 싫기도 했습니다. 변화와 혁신을 실천해야 하는데, 내가 정말 할 수 있을지 겁이 났기 때문입니다. 세상을 바꾸는 일에는 관심이 있었으나, 내가 먼저 개혁되어야 한다는 사실 앞에는 둔감했습니다. 세상을 바꾸겠다는 꿈을 꾸면서도 나에게는 바꾸어야 할 게 없다고 여겼습니다. 내가 바뀌지 않으면 누구도 바뀌지 않는다는 사실을 몰랐습니다.

항상 개혁되는 삶을 살기에 나는 너무 게을렀습니다. 현실을 바꾸려면 익숙한 것을 벗어 버려야 하는데, 그것이 귀찮았습니다. 남이 시키는 대로 사는 것이 편했고 그것이 습관이 되었습니다. 자유자가 되어 스스로 결단하고 실천하는 삶이 두려웠습니다. 기본으로 돌아가기를 거절했습니다. 다시 초보로 돌아가는 것처럼 느껴졌기 때문입니다. 진정한 개혁은 자기 변혁, 자기 회개로부터 시작한다는 사실을 이제야 깨닫습니다. 이 시간 영적 오만함에서도, 영적 패배주의에서도 벗어나게 하옵소서. 믿음의 주요 나를 온전케 하시는 분이신 예수 그리스도를 바라보게 하옵소서.

하나님이
일하시니

요 5:16-18

예수께서 그들에게 이르시되 내 아버지께서 이제까지 일하시니 나도 일한다 하시매.

사랑의 하나님, 나에게 손과 발을 주셔서 수고하고 땀 흘리며 일하게 하신 하나님을 찬양합니다. 하지만 나는 인생의 성공을 위해 지금까지 편안하게 숨을 쉴 새도 없이 바쁘게 달려왔습니다. 그러면 그럴수록 이상하게도 마음에는 공허함과 허무함이 늘어났습니다. 영혼이 정말 만족하는 진정한 성취를 위해서 살지 못한 탓입니다. 그냥 내 꿈과 야망을 이루려는 나만의 성공이었던 탓입니다. 인간적으로는 성공한 것 같았지만, 내 영혼에는 진정한 기쁨이 없었고 성취감을 느끼지 못했습니다.

　나는 일종의 꿈만 꾸는 환상주의자였습니다. 스스로 나를 과대평가하고 큰 비전을 지녔다고 자부했습니다. 하지만 도전하면 할수록 현실의 벽이 너무 높았습니다. 실패할 때마다 계속 좌절하고 실망했습니다. 그러던 어느 날 내가 억하심정으로 분노하는 사람이 되어 있음을 깨달았습니다. "세상이 나를 이렇게 못난 놈으로 만든 거야! 나보다 더 돈 있고 배경과 권력이 있는 놈들은 나보다 앞서가던데!" 하면서 비아냥거리는 냉소주의자가 되고 말았습니다. 세상에 대한 냉소주의와 패배주의를 용서하여 주옵소서. 이제는 "하나님 일하시니 나도 일한다"라고 분명히 선언하게 하옵소서. 그리하여 하나님이 보시기에 "정말 좋구나!" 하는 세상을 만들어 가게 하옵소서.

하나님의
기다림

눅 13:6-9

대답하여 이르되 주인이여 금년에도
그대로 두소서 내가 두루 파고 거름을
주리니.

사랑의 하나님, 나를 여기까지 이만큼 인도하시고 지켜 주신 것
에 감사드립니다. 죄악 중에 불안하여 안절부절못할 때 다독이시
며 하늘의 샬롬을 주셨습니다. 나는 내 모습을 잘 압니다. 하나님
께서 원하시는 '마음의 선한 열매'를 맺지 못했습니다. 하나님을
전심으로 사랑하지 못했던 탓입니다. '입술의 선한 열매'도 맺지
못했습니다. 생각하지 않고 말했던 탓입니다. 생각했어도 절제하
지 않고 내뱉었기 때문입니다. '행위의 선한 열매'도 맺지 못했습
니다. 하나님의 말씀과 그 뜻을 알면서도 순종하려 하지 않았던
탓입니다.

　내가 어찌 감히 거룩하신 하나님 앞에 설 수가 있겠습니까? 나
의 거짓과 불의를 하나하나 보시고 감찰하시면, 죄인인 내가 하
나님의 그 날카로운 시선을 어찌 감당할 수가 있겠습니까? 자비
로우신 하나님은 나의 추함을 보지 않으시고 아들이신 예수님을
보셨습니다. 그리하여 예수님의 십자가 보혈로 나의 부끄러움을
그냥 그대로 받으시고 용서하셨습니다. 이제야 깨닫습니다. 하나
님은 오래 기다리시며 참으셨습니다. "금년에도 그대로 두소서"
라고 말씀하시는 예수님 덕분에 오늘도 나에게 회개하고 변화받
을 새로운 기회를 주십니다.

의를 위하여

마 5:10-12

의를 위하여 박해를 받은 자는 복이 있나니 천국이 그들의 것임이라.

사랑의 하나님, 이 민족을 사랑하셔서 우리 곁에 신앙의 선배들, 애국의 선배들을 두셨습니다. 무엇보다 이 땅에 하나님 나라를 세우기 위해 생명을 걸며 순종한 순교자들을 잊을 수가 없습니다. 그분들은 자기 자신보다 자기가 속한 공동체를 먼저 생각했습니다. 어떻게 하면 하나님의 기뻐하시는 뜻을 이룰까 고뇌하면서 살았습니다. 그런데 나는 그 반대의 길, 이기적인 탐욕의 길로 가면서도 양심의 가책을 별로 받지 않았습니다. 그분들은 매일의 삶이 하나님이 주신 마지막 시간인 양 살았습니다. 그래서 가진 것을 두고 언제든 떠날 수 있다는 종말론적인 신앙을 지녔습니다. 하지만 나는 삶이 계속 연장될 것으로 착각하고 보이는 세계만을 탐닉합니다.

그분들은 다음 세대에 더 좋은 미래를 남겨 주고자 열망했습니다. 나보다는 공동체가, 공동체보다는 하나님의 진정한 뜻이 늘 더 소중했습니다. 하지만 나는 지금 붙잡고 있는 걸 놓칠까 안달하면서 근심과 걱정으로 살 때가 너무 많습니다. 그분들은 주님을 위해 목숨까지도 내놓은 걸 자랑스럽게 여겼습니다. 하지만 나는 내 목숨 하나 건지느라 거짓말도 하고 비굴한 행동도 합니다. 나를 주님의 말씀으로 새롭게 하옵소서. 이제는 예수님을 위해 고난을 받을 수 있다는 생각과 결단을 하게 하옵소서.

보화를 찾은 기쁨

마 13:44-46

천국은 마치 밭에 감추인 보화와 같으니 사람이 이를 발견한 후 숨겨 두고 기뻐하며 돌아가서 자기의 소유를 다 팔아 그 밭을 사느니라.

사랑의 하나님, 신앙인이라 하면서도 세월이 지날수록 걱정과 근심이 눈덩이처럼 불어 갑니다. 가뭄 냇가처럼 믿음의 생각이 멈출까, 불안합니다. 백내장을 앓는 눈처럼 분별력의 초점이 흐려질까, 염려됩니다. 오래 방전된 배터리처럼 삶의 활력이 다 없어질까, 걱정됩니다. 그동안 나는 보이는 것을 가지면 좋아했습니다. 그러나 그 즐거움은 얼마 못 갔습니다. 금방 싫증이 났습니다. 다시 불평하며 불행한 옛 모습으로 돌아왔습니다. 살면서 새로운 것에 호기심이 많았습니다. 그런데 호기심만 있을 뿐 발견하고자 하는 열망이 모자랐습니다. 아니, 때로는 진리와 생명을 좇는 열망이 있었습니다. 하지만 막상 발견하고 나서는 그것을 내 것으로 만드는 열정이 부족했습니다.

선택 장애를 앓을 때가 많았던 탓입니다. 선택과 결정을 자꾸 미루다 그냥 남에게 맡겨 버렸습니다. 잘될 때는 잠깐 기뻐했습니다. 하지만 무언가 문제가 생기면 불평하며 남 탓을 했습니다. 그래서 누려야 할 진정한 기쁨을 잃어버렸습니다. 이 시간, 예수님이 내 최고의 보화임을 기쁨으로 선포하게 하옵소서. 다른 것은 모두 내려놓게 하옵소서. 이제는 내 시간과 물질, 내 마음을 예수님에게 정성껏 투자하게 하옵소서.

190

말씀을 묵상하는 기쁨

시 119:9-16

내가 주의 법도들을 작은 소리로 읊조리며 주의 길들에 주의하며 주의 율례들을 즐거워하며 주의 말씀을 잊지 아니하리이다.

사랑의 하나님, 한 끼라도 음식을 먹지 않으면 육체는 배고파서 어쩔 줄 모릅니다. 하지만 영의 음식인 하나님의 말씀을 듣지 않아도 영혼은 배고픔을 잘 느끼지 못합니다. 매일 성경을 펴서 읽는 걸 삶의 습관으로 삼지 못한 탓입니다. 그러다 보니 눈에 보이는 것만을 좇고 게걸스럽게 탐닉했습니다. 먹고 마시는 것, 더 많이 가지려는 소유욕, 더 높이 올라가려는 명예욕에 생명을 모두 걸고 미친 듯이 뛰었습니다. 몸의 건강을 위해서라면, 좋다는 약초와 음식을 수소문해서 찾아냈습니다. 청년의 몸매를 유지하려고 헬스클럽, 다이어트 등 엄청난 노력을 기울였습니다. 하지만 영혼을 강건하게 하려고 말씀을 읽고 묵상하는 훈련은 너무 소홀히 했습니다.

주님의 말씀으로 어린 자녀들을 양육하는 일에도 게을렀습니다. 학교 성적만 잘 받으면, 착한 아들딸이라고 칭찬했습니다. 교회에 나와 예배를 드리는 것을 삶의 우선순위로 삼지 못했습니다. 영적인 존재임을 망각하고 보이지 않는 영적인 세계의 소중함을 잊고 살았던 것을 용서하옵소서. 육체가 육의 양식을 먹지 않으면 굶주림을 느끼듯이, 영의 양식인 말씀을 매일 읽고 듣지 않으면 내 영혼이 타는 목마름으로 주님을 향해 부르짖게 하옵소서. 하나님의 말씀을 읽을 때마다 살아 계신 예수님을 만나고 내 영혼이 기뻐 뛰놀게 하옵소서.

달려갈 길을 마치고

딤후 4:6-8

나는 선한 싸움을 싸우고 나의 달려갈 길을 마치고 믿음을 지켰으니 이제 후로는 나를 위하여 의의 면류관이 예비되었으므로.

사랑의 하나님, 예수님을 믿는다고 하면서도 보이지 않는 하나님을 망각할 때가 많습니다. 그러다 보니 눈에 보이는 물질의 세계만을 붙들려 합니다. 무엇인가 내 소유물로 쟁취하지 않으면 마음이 불안하여 어쩔 줄 몰라 했습니다. 바울의 말처럼 위로부터 주시는 의의 면류관을 향해 달려가는 시늉은 냈습니다. 하지만 실상은 이 땅의 세속적인 면류관을 탐내느라 정신이 없었습니다. 이미 가진 것을 소중히 여기며 고마워할 줄 몰랐습니다. 소유하지 못한 것들에 분노하고 남을 탓하며 불평했습니다. 그럴 때마다 사랑해야 할 이웃은 무서운 경쟁자요, 못된 원수처럼 느껴졌습니다. 내뱉는 말 한마디 한마디가 사랑하는 사람의 마음을 아프게 하며 상처를 주었습니다. 나에게 선물로 주신 자유가 정욕대로 행하는 방종으로 변질되었습니다. 그러자 하나님이 주신 기쁨도, 즐거움도, 감사도 어느덧 안개처럼 사라졌습니다.

나의 힘과 능력으로는 늘 역부족임을 느낍니다. 사도 바울의 말처럼, 나도 선한 싸움을 싸우고 달려갈 길을 마치고 믿음을 지키길 원합니다. 오늘도 믿고 알게 하옵소서. 하나님만이 나의 마지막을 붙잡고 계시며 승리자이신 것을!

부활과
같은 모양으로

롬 6:1-5

만일 우리가 그의 죽으심과 같은
모양으로 연합한 자가 되었으면 또한
그의 부활과 같은 모양으로 연합한 자도
되리라.

사랑의 하나님, 주님 앞에 머리 숙여 자문해 봅니다. 믿음의 세월
이 흐를수록 나는 주님을 더욱더 사랑했는가? 주님의 뜻에 순종
하기를 열망했는가? 예수님을 믿는 것이 나의 자랑이었고, 예수
님을 사랑하는 것이 나의 기쁨이었는가? 나를 돌이켜 보면, 내 신
앙이 하나님의 마음을 기쁘게 해 드리지 못했습니다. 믿음의 사
람이라는 내 모습을 오히려 세상이 조롱할 때가 많았습니다. "신
앙을 지닌 너, 예수 믿지 않는 나와 다른 것이 무엇인가?", "너에
게 있는 새로움과 거룩함을 내게 보이라!"라고 소리쳤습니다.

　어느 순간부터 두렵고 떨리는 마음이 사라지고 그저 습관적으
로 교회를 다닌 탓입니다. 매일 예수님의 거룩한 품성을 닮아 가
며 성숙해지지 못한 탓입니다. 성령님은 거룩한 영이요, 예수님
은 거룩한 분의 아들이십니다. 하늘의 새로움을, 하늘의 거룩함
을 이 시간 주님의 말씀을 통해 보내 주옵소서. 이제 십자가에 달
린 예수님과 함께 옛 자아는 죽게 하시고, 부활하신 예수님과 함
께 그리스도 안에서 새 생명을 얻게 하옵소서.

베드로의
통곡

막 14:66-72

닭이 곧 두 번째 울더라. 이에 베드로가
예수께서 자기에게 하신 말씀 곧 닭이 두
번 울기 전에 네가 세 번 나를 부인하리라
하심이 기억되어 그 일을 생각하고
울었더라.

사랑의 하나님, 나는 본래 하나님의 뜻을 거역한 죄인이었습니다. 이 시간 가장 부끄럽고 형편없었던 내 모습을 떠올립니다. 내게는 가룟 유다처럼 '반역의 피'가 흐르고 있습니다. 고난받는 예수님을 뒤로하고 내뺐던 제자들처럼 '비겁자의 피'도 흐르고 있습니다. 예수님의 얼굴을 보면서 모른다고 외면했던 베드로처럼 '거짓말과 두려움의 영'이 내 마음을 붙잡고 있습니다. 위기가 닥치면, 금방 약해집니다. 도망갈 준비를 합니다. 지나가던 사람들이 조롱하듯 내뱉는 말 한마디에 얼어붙고, 예수님을 믿는 사람으로서 정체성을 잃어버렸습니다. 그래서 예수님에 관한 작은 질문 하나에도 제대로 대답할 수가 없었습니다. 예수님을 제대로 알지 못했고 알려고도 하지 않았던 탓입니다. 그런데도 진정으로 회개하며 눈물 흘린 적이 별로 없습니다. 그냥 대충 살기로 작정한 사람처럼 지냈습니다.

하나님 앞에 내가 얼마나 완악한 존재인지 깨닫게 하시고 눈물을 터뜨리게 하옵소서. 내 속에 있는 부끄럽고 못난 모습과 먼저 대면하게 하옵소서. 그리하여 상처 나고 찢긴 마음과 몸을 치유받게 하옵소서. 주님 앞에서 펑펑 울 줄 아는 사람만이 '진정한 사명자'로 세상에 보내심을 받게 됨을 알게 하옵소서.

나 때문이오

욘 1:11-16

그가 대답하되 나를 들어 바다에 던지라.
그리하면 바다가 너희를 위하여
잔잔하리라. 너희가 이 큰 폭풍을 만난
것이 나 때문인 줄을 내가 아노라 하니라.

사랑의 하나님, 삶의 위기에 대처하는 '못된 요나'의 모습이 내 속에 그대로 있습니다. 입으로는 "나 때문이오"라고 말하면서도 속으로는 하나님을 원망하고 있었습니다. 세 치 혀로는 "나 때문이오"라고 중얼거리면서도 거짓된 겸손으로 위장했습니다. 겉으로는 "나 때문이오"라고 제스처를 취하면서도 주님 앞에 간절히 부르짖지 않았습니다. 사람들 앞에서는 "나 때문이오"라며 내 탓인 것처럼 꾸미면서도 내가 한 말과 행동에 대해 스스로 책임지려고 하지 않았습니다. 입으로는 "나 때문이오"라고 말하면서도 회개하지 않았습니다. 하나님 앞에서 나의 죄악을 토해 내지 않았습니다. 남은 쉽게 비판하면서 정작 자신은 비판할 줄 몰랐습니다.

　그동안 나 잘난 맛에 살았습니다. 순풍이 불 때는 내가 최고 멋진 인간인 줄 알았습니다. 모든 일이 내 뜻대로, 내 야망대로 되는 것처럼 착각했습니다. 인생이 바닥을 칠 때까지 내가 얼마나 무지하고 어리석은 존재인지 잘 몰랐습니다. 내 고집과 생각이 하나님의 생각보다 더 옳다고 여겼습니다. 하나님의 뜻을 알면서도 괜히 반항하고 싶고 불순종하고픈 마음도 있었습니다. 이 시간 주님 앞에 겸손히 서기를 원합니다. 깨닫는 마음, 회개하는 마음, 순종할 줄 아는 마음을 주옵소서.

절반의 회개

욘 2:5-10

내 영혼이 내 속에서 피곤할 때에 내가 여호와를 생각하였더니 내 기도가 주께 이르렀사오며 주의 성전에 미쳤나이다.

사랑의 하나님, 예수님을 "나의 하나님, 나의 주님"이라 불렀지만, 내 삶의 주인은 예수님이 아니었습니다. 이름만 그렇게 부르고 내가 내 인생의 주인인 양 허세 부리며 살았습니다. 누가 나의 못된 죄악을 지적하기 전까지 내 잘못이 무엇인지 먼저 터뜨리려고 하지 않습니다. 사람들 앞에서뿐만 아니라 하나님 앞에서조차 천연덕스럽게 감추려 하는 가증스러운 모습이 나에게 있었습니다. 부끄러운 죄악이 드러난 순간에도 방어 기제가 작동되어 자기변명에 급급할 때가 너무 많았습니다. 자기변명은 또 다른 변명을 낳고, 심지어는 거짓말하는 사기꾼이 될 때도 있었습니다. 그러다 보면 가슴은 불안으로 더욱 조여 왔습니다. 예상하지 못한 고통과 고난의 충격이 와야 겨우 내 잘못이 무엇인지 돌아볼 마음을 갖습니다. 하지만 그때에도 나에게 이런 아픔을 주신 하나님을 향해 불평하고 원망하면서 짜증을 냈습니다. 절반의 회개만 하고 진정한 회개를 했다고 착각할 때가 많았습니다.

회개의 영을 주셔서 주님에게 사랑의 채찍으로 맞기 전에 먼저 깨닫게 하옵소서. 나의 못되고 완악한 모습을 고백하오니, 다시 사죄의 기쁨을 누리며 감사의 예배를 드리게 하옵소서.

절반의 순종

욘 3:1-5

요나가 여호와의 말씀대로 일어나서 니느웨로 가니라. 니느웨는 사흘 동안 걸을 만큼 하나님 앞에 큰 성읍이더라.

사랑의 하나님, 예수님께서 "회개하라!" 명하셨지만, 나는 통회하는 마음으로 죄를 자복하지 않았습니다. 회개하는 시늉만 낸 적이 많았으니, 그것은 절반의 회개에 불과했습니다. 예수님께서 "나를 따르라!" 명하셨지만, 자발적으로 순종한 게 아니라 억지로 순종하는 척했습니다. 그래서 절반의 순종에 머물렀습니다. 나는 정말 고집불통이어서 예수님을 믿어도 내 고집을 꺾으려 하지 않았습니다. 그래서 예수님의 뜻과 내 생각이 자주 충돌했습니다. 그때마다 주님께 내 마음을 조아린 것이 아니라, 주님이 내 생각과 의도를 알고 따라오기를 기대했습니다. 주님의 뜻이 무엇인지 몰라서 불순종한 적이 있었습니다. 말씀을 펴서 읽고 주님의 뜻을 깨달아야 했는데 그러지 못했습니다. 나의 영적인 게으름 때문이었습니다.

나에게는 약간의 허세와 객기도 있었습니다. '한 번 불순종한다고 설마 나를 어찌하실까, 내가 그래도 하나님의 자녀인데'라는 식의 황당한 마음을 품은 적도 있습니다. 때로는 신앙의 모범생이 되기 싫어서 저항 정신을 빙자해 하나님께 대들기도 했습니다. 나의 무지함과 내면 깊숙이 도사리던 교만하고 못된 마음을 확인하고 이제야 주님 앞에 돌아옵니다. 예수님의 십자가 보혈로 나의 죄악과 허물을 용서하여 주옵소서.

하나님 마음을 움직이는 열쇠

욘 3:5-10

하나님이 그들이 행한 것 곧 그 악한 길에서 돌이켜 떠난 것을 보시고 하나님이 뜻을 돌이키사 그들에게 내리리라고 말씀하신 재앙을 내리지 아니하시니라.

사랑의 하나님, 나는 인생의 수많은 험로와 역경을 헤쳐 나가는 나그네입니다. 정말 견디기 힘든 일, 애통하고 참담한 일들이 생길 때가 있습니다. 내가 하나님 앞에 서면, 단지 피조물입니다. 단지 죄인입니다. 단지 일순간에 사라질 연약한 존재입니다. 그런데도 하나님 앞에서 감히 무게 잡고 자존심을 내세우며 회개할 마음을 잃을 때가 많았습니다. 그때마다 너무 빨리 남 탓으로 돌리며 분노했습니다. "나는 관계없다. 나에게는 책임이 없다"라고 너무 쉽게 발뺌했습니다.

컴퓨터를 초기화하듯 세상에 찌든 나의 몸과 마음도 초기화할 수 있게 하옵소서. 회개는 곧 옛 자아를 해체하는 것과 같습니다. 내가 그리스도 안에서 예수님과 더불어 새로운 피조물, 새로운 자아로 태어나게 하옵소서. 기억나는 교만과 불의, 곧 거짓, 시기, 탐욕, 무자비, 폭력을 이제 하나님 앞에서 폭로하게 하시고, 이 악의 자리에서 떠나게 하옵소서. 나에게 회개하는 영을 부으사 회개할 용기를 갖게 하옵소서. 오직 주님만을 바라보오니, 나의 죄악을 위해 십자가에 달리시고 부활하신 주님의 손으로 내 몸과 마음을 만져 주옵소서. 이 시간, 생명과 치유의 역사를 경험하는 복된 시간이 되게 하옵소서.

내 안의 요나

욘 4:4-11

여호와께서 이르시되 네가 성내는 것이
옳으냐 하시니라.

사랑의 하나님, 오늘도 삶의 무거운 짐과 감당하기 어려운 마음
의 분노와 아픔을 안고 주님 앞에 나왔습니다. 내 모습 그대로 주
님께 아뢸 때 하늘의 기쁨을 허락하여 주옵소서. 내 안에 못되고
심술궂은 요나의 모습이 있습니다. 나도 요나처럼 하나님을 믿기
는 믿되 내 방식대로 믿으려고 했습니다. 하나님이 내 인생의 주
인이 되지 못하셨습니다. 오히려 내 인생의 주인은 언제나 나 자
신, 아니 내 욕망이었습니다. 그래서 하나님은 내 종이 되었고, 나
는 하나님을 내 뜻대로 부리는 못된 주인이 되려 했습니다. 그래
서 기도할 때도 내 뜻에 따르지 않는다고 하나님께 불평했습니
다. 입으로는 주님을 높이는 찬양을 불렀습니다. 하지만 바로 그
입으로 이웃을 무시하고 욕했습니다. 일주일에 한 번, 아니 매일
성경 말씀을 읽고 묵상하는 경건한 신앙인이었습니다. 그런데도
주님의 말씀이 머리에만 머물 뿐 가슴까지, 손과 발까지 내려오
지 않았습니다.

  소중한 재물을 주님께 헌금으로 드렸습니다. 하지만 마음 깊은
곳에서는 너무 아까워하며 세금 내듯 했습니다. 내 이름이 드러
나지 않으면 남을 섬기는 일을 아예 포기합니다. 내 아집과 집착
이 얼마나 집요한지 하나님도 꺾을 수 없다고 큰소리쳤습니다.
하나님마저 내 마음대로 좌지우지하려 하는 못된 요나 같은 나를
용서하여 주옵소서.

199

묵은 땅

호 10:12-13

너희가 자기를 위하여 공의를 심고
인애를 거두라. 너희 묵은 땅을 기경하라.
지금이 곧 여호와를 찾을 때니 마침내
여호와께서 오사 공의를 비처럼 너희에게
내리시리라.

사랑의 하나님, 예배하는 습관이나 형식은 그럴듯한 믿음의 사람인 것처럼 보일 때가 많았습니다. 하지만 그동안 마음속으로는 끊임없이 하나님을 떠나려고 시도했던 게 아닌가 돌아봅니다. 나에게 주신 건강의 복, 가정의 복, 재물의 복, 인간관계의 복은 말로 다 할 수가 없습니다. 그래서 처음에는 진심으로 감사의 고백도 했고, 고마운 마음을 서로 나누었습니다. 그러나 감격의 시간은 길지 않았고, 잠깐뿐이었습니다. 어느 순간부터 하나님에게 받은 축복인 소유물을 남의 소유물과 비교했습니다. 축복이 계속되는 듯할 때는 내가 잘나서 이런 풍요가 생겼다고 착각했습니다. 어느덧 교만해졌고 오만해졌습니다.

"내 방식대로, 내 멋대로 하라!"는 원칙에 따라 살았습니다. 그럴수록 인생의 의미와 목적이 불분명해졌습니다. 하나님을 나 몰라라 하고 떠난 것이 악인데, 그것조차 깨닫지 못했습니다. 마음의 밭이 딱딱하게 굳어 씨앗을 뿌려도 열매를 맺지 못할 묵은 땅이 되지는 않았는지 돌아봅니다. 거짓 우상들이, 곧 지식의 우상, 재물의 우상, 권력의 우상들이 교만하게 내 삶의 자리에 자리 잡고 있지 않은지 회개합니다. 마음의 묵은 땅을 갈아엎을 믿음의 용기를 주옵소서. 이제는 내가 찾고 또 찾아 믿고 신뢰할 분이 오직 하나님뿐임을 알게 하옵소서.

지혜의 영

마 7:24-29

그러므로 누구든지 나의 이 말을 듣고
행하는 자는 그 집을 반석 위에 지은
지혜로운 사람 같으리니.

사랑의 하나님, 신앙은 배움인데 말씀을 읽고 배우는 일을 게을리했습니다. 신앙은 살아 계신 예수님을 만나야 하는데 말씀을 읽으면서도 문자에 매여 있었습니다. 그 문자 속에 살아 계신 하나님을 만나지 못했습니다. 그러다 보니 신앙생활이 습관화되고 화석화되었습니다. 말씀을 읽어도 심장이 뛰지 않았고 감동이 사라졌습니다. 예수님이 보여 주신 권위는 남을 치유하고 살리는 권위였습니다. 하지만 나의 권위는 나를 자랑하고 뽐내는 권위였습니다. 그러자 주위 사람들이 상처받고 비명을 질렀습니다.

자녀들에게 성경 말씀을 가르쳤지만 살아 계신 하나님을 보여 주지는 못했습니다. 그러자 그 지식이 나와 자녀들을 교만한 독선가로 만들었습니다. 하나님 앞에서 겸손한 사람으로 이끄는 지혜가 너무 모자랐던 탓입니다. 때때로 하나님 없이 내 잔꾀로 세상을 살아가려 했던 미련한 모습을 용서하여 주옵소서. 이제는 하나님이 지혜 자체이심을 믿습니다. 이제는 예수님만이 참된 지혜의 스승이심을 믿습니다. 예수님을 만나고 사랑하고 닮아 가는 지혜로운 사람이 되게 하옵소서.

더러움의 영

막 7:18-23

사람의 마음에서 나오는 것은 악한 생각
곧 음란과 도둑질과 살인과 간음과
탐욕과 악독과 속임과 음탕과 질투와
비방과 교만과 우매함이니.

사랑의 하나님, 어둠에서 빛으로, 두려움에서 평안으로, 더러움에서 거룩함으로 초청하시는 하나님을 찬양합니다. 하오나 나는 어둠이라는 익명 속에 사는 것을 즐기려 했습니다. 두려운 것이 싫으면서도 그것이 스릴 있는 인생이라고 여겼습니다. 더러움을 역겨워하면서도 그 속에 육체의 쾌락이 있다고 좋아했습니다. 내가 살고 있는 매일의 현장에 늘 유혹의 손길이 뻗치는 것을 느끼고 있습니다. 하지만 기도하지 않으니 주님의 뜻을 망각할 때가 많았습니다. 상투적인 신앙고백과 타성에 머무르면서도 그 사실을 잘 몰랐습니다. 주일 예배만 드리면 다 됐다고 안심했습니다. 십일조 헌금만 드리면 하나님 앞에 할 도리를 다했다고 자신했습니다. 거짓과 위선, 음란과 탐욕으로 가득 차 있으면서도 아닌 채 시치미를 떼며 살았습니다. 때로는 내 신앙이 최고인 양 남을 함부로 비난했습니다. 내 눈 속에 커다란 들보가 있는데도 남의 눈에 든 작은 티를 보면서 눈을 부릅뜨고 정죄했습니다.

내 속에 못된 생각과 죄악이 있음을 고백합니다. 음란, 도둑질, 살인, 간음, 탐욕, 악독, 속임, 음탕, 질투, 비방, 교만, 우매함, 이 모든 악이 있습니다. 이 시간 기도하오니 주님의 영으로 나를 다시 새롭게, 다시 거룩하게 하옵소서.

조급함과 기다림

민 20:10-13

모세와 아론이 회중을 그 반석 앞에 모으고 모세가 그들에게 이르되 반역한 너희여 들으라 우리가 너희를 위하여 이 반석에서 물을 내랴 하고.

사랑의 하나님, 기다림의 마음을 주신 하나님께 감사드립니다. 진리를 사모하게 하시고, 생명을 기다리게 하시고, 구원을 바라보게 하신 하나님을 찬양합니다. 하오나 나는 조금만 문제가 생기면 도망칠 궁리부터 합니다. 조금 힘들고 어려운 것 같으면 기도보다 불평이 앞섭니다. 다른 사람들 탓, 환경 탓이라고 모든 책임을 남에게 돌립니다. 나에게 닥친 위기가 실제로는 하나님께 영광을 돌릴 기회임을 망각한 탓입니다. 일상의 삶에서 기다림을 잊고 살았습니다. 기다림이란 삶을 지치게 하는 나쁜 것이라 여기며 체념했습니다. 때로는 기다리는 것이 지루했습니다. 오늘도 해가 동쪽에서 뜨나 무언가 새로운 것을 발견할 수 없었기 때문입니다. 때로는 기다림이 나를 조급하게 만들었습니다. 내가 꿈꾸는 목표와 삶의 현실 사이에 괴리가 컸기 때문입니다.

기다림에 생명의 에너지를 줄 수 있는 것은 오직 믿음뿐입니다. 이 생명 에너지의 근원이 바로 예수 그리스도이십니다. 예수님은 우리 인간의 모든 기다림을 당신 품속에 안고 계셨습니다. 예수님 안에 하나님이 계셨고, 하나님이 말씀하셨고 친히 행동하셨습니다. 이제 내가 이 땅에 빛으로, 생명으로 오신 예수님을 환영합니다. 어둠을 다시 밝히옵소서. 죽음의 권세를 파하고 생명의 기쁨을 주옵소서. 이 시간 눈물과 절망과 고난에서 나를 해방하여 주옵소서.

꿈꿀 수
없을 때

출 5:15-6:1

모세가 여호와께 돌아와서 아뢰되 주여
어찌하여 이 백성이 학대를 당하게
하셨나이까 어찌하여 나를 보내셨나이까.

사랑의 하나님, "다시 새롭게, 다시 거룩하게!" 살기로 결단하며
새 삶을 시작했습니다. 하지만 돌이켜 보면, 그 결심이 작심삼일
이었습니다. 아니, 하루도 지속되지 못했습니다. 사탄까지도 손
가락질하며 비난하는 것 같습니다. "세상에, 너는 안 돼! 너는 기
본이 안 돼 있어!" 이런 조롱을 받으면, 움찔하고 꼼짝달싹하기
싫습니다. "너는 게을러터졌어. 꿈 좀 깨라! 그렇게 허황한 꿈은
꾸지도 마라!" 이렇게 큰소리치며 달려들면, 금방 주눅이 들어
"아, 내 꿈은 가짜 꿈, 내 결단은 엉터리 결단이구나!" 하면서 낙
심합니다. 세상과 사탄은 내 속에 있는 노예근성을 이용합니다.
"너는 할 수 없어!" 하며 학습된 무기력에 빠지게 합니다. 더 이상
새로운 꿈을 꿀 수 없게 만듭니다.

　내가 나를 못 믿어도 성령님의 역사는 믿게 하옵소서. 내가 나
를 소망하지 못해도, 소망의 주님이신 예수님을 바라보게 하옵소
서. 내가 나를 사랑하지 못해도, 아들 예수님을 포기하면서까지
나를 사랑하신 하나님의 사랑으로 다시 사랑의 열정을 품게 하옵
소서. 이제 주님과 함께 다시 시작합니다. 호흡하는 동안 나와 동
행하시고 나를 인도하옵소서.

차든지
뜨겁든지

계 3:14-22

내가 네 행위를 아노니 네가 차지도 아니하고 뜨겁지도 아니하도다. 네가 차든지 뜨겁든지 하기를 원하노라.

사랑의 하나님, 예수님을 주님으로 고백하면서도 나는 교만했습니다. 스스로 참된 신앙이 있다고 생각했으나 실상은 모양만 갖추었고 경건의 능력을 상실했습니다. 예배드리면서도 거룩하신 하나님 앞에서 두렵고 떨리지 않았습니다. 기쁨과 감격도 어느덧 사라졌습니다. 그저 습관처럼 심상하게 예배했습니다. 위기와 문제에 봉착했을 때만 하나님께 매달리며 간구하는 기회주의 신앙인이 되었습니다. 예수님을 믿고 시간이 지나면 지날수록 신앙이 더 성숙해져야 했습니다. 하지만 그 반대였습니다. 너무 익숙해져서 싫증 났고 짜증이 나기까지 했습니다. 사랑해도 더 사랑하고 싶고, 봉사해도 더 봉사하고 싶고, 주님께 자꾸 드려도 전혀 아깝지 않던 소박한 믿음을 잃어버렸습니다. 회개와 변화에 민감하지 못한, 그래서 뜨겁지도 차지도 않는 미지근한 신앙에 머물러 있습니다.

이 시간 회개하며 신앙의 열정을 회복하길 원합니다. 다시 열심히 기도하며, 다시 열정을 품고 말씀을 읽고 묵상하게 하옵소서. 주님의 뜻을 열망하고 깨달을 때 순종하게 하옵소서. 그리하여 이 땅에 생명과 치유의 역사를 일구는 소망의 사람이 되게 하옵소서.

게으름과 정욕

삼하 11:2-5

저녁 때에 다윗이 그의 침상에서 일어나 왕궁 옥상에서 거닐다가 그 곳에서 보니 한 여인이 목욕을 하는데 심히 아름다워 보이는지라.

사랑의 하나님, 오늘도 내 모습 그대로, 곧 게으름과 분노, 탐욕과 정욕을 가진 죄인의 모습 그대로 주님 앞에 나왔습니다. 성경에 나타난 다윗의 삶에서 결정적 실패의 사건, 불의한 모습을 봅니다. 다윗은 한가해지자 게으름을 피우며 자기 본분을 망각했습니다. 그냥 낮잠만 실컷 자고 자기 침대를 껴안고 살았습니다. 그리고 남의 여인을 탐하다가 서서히 무너져 내렸습니다. 나 역시 시간의 여유가 생길 때 하나님을 찬양하지 않았습니다. 육체의 즐거움을 어떻게 채울지를 먼저 생각했습니다. 힘이 있을 때 주님을 위해 헌신하지 않았습니다. 내 탐욕을 채우기 위해 권력을 마구 휘둘렀습니다. 생각과 판단력이 작동하지 않고 순간적으로 멈출 때가 있습니다. 해야 할 것과 하지 말아야 할 것을 분별하는 능력을 상실할 때도 많습니다. 보는 것에 너무 빨리 미혹되어 정욕에 휘말릴 때도 있습니다. 듣는 것에 쉽게 미혹되어 못 말릴 탐욕에 빠질 때도 있습니다.

가정을 지켜 주옵소서. 거짓과 음란의 위기에서 건져 주옵소서. 그리하여 정결과 사랑으로 거듭 태어나게 하옵소서. 아내를 인격적으로 존중하며 사랑하게 하옵소서. 남편의 자존감을 세워 주며 사랑하게 하옵소서. 그리하여 서로 신뢰하며, 서로 위로하며, 서로 보듬고 포용하는 부부가 되게 하옵소서.

삶으로 드리는 예배

마 4:8-11

이에 예수께서 말씀하시되 사탄아 물러가라 기록되었으되 주 너의 하나님께 경배하고 다만 그를 섬기라 하였느니라.

사랑의 하나님, 하나님을 하나님으로 모시고 예배드리기를 원합니다. 하오나 하나님을 경배한다고 하면서, 사실은 내 욕심을 채우는 수단으로 하나님을 대했습니다. 그때 사탄이 나를 꼬드기며 유혹했습니다. 사탄을 꾸짖고 배척해야 함에도, 사탄의 생각과 너무 쉽게 타협하려 했습니다. 하나님께서 나의 주인이신데, 사탄이 나의 주인 노릇하도록 방치했습니다. 예배는 곧 헌신인데, 예배드리면서도 헌신과 순종이라는 말보다는 내 욕심과 자기 충족이라는 말을 더 좋아했습니다. 힘들고 필요할 때는 "주님, 주님, 나를 살려 주세요" 하며 간절히 요청했지만, 그렇지 않을 때는 나 몰라라 하면서 하나님을 잊고 살았습니다. 세상에서 그렇게 분주했던 까닭은 중요한 일은 미뤄두고 급한 일부터 한 탓입니다. 가장 중요한 일인 예배를 게을리한 적도 있었습니다. 아니, 내가 누리는 삶 자체가 주님께 드리는 예배의 현장임을 잊고 살 때가 많았습니다. 현실에 너무 쉽게 안주하여 매일매일 주님의 말씀으로 변화되고 성숙해지는 삶의 과정을 귀찮아했습니다.

하나님께만 찬양하고 예배드리는 복된 마음을 회복시켜 주옵소서. 그리하여 보이는 세상의 어떤 것에도 얽매이지 않게 하옵소서. 하늘로부터 생명을 살리는 지혜와 능력을 받고 세상을 향해 담대히 나가게 하옵소서.

선물로 주신 시간

고후 6:1-2

이르시되 내가 은혜 베풀 때에 너에게 듣고 구원의 날에 너를 도왔다 하셨으니 보라 지금은 은혜 받을 만한 때요 보라 지금은 구원의 날이로다.

사랑의 하나님, 나에게 주어진 하루 24시간, 일 년 365일이 하나님이 주신 선물임을 때로 잊고 살았습니다. 당연히 내 것인 양 습관적으로 살았습니다. 반복되는 삶에 싫증 내며 권태롭게 여길 때도 있습니다. 마음을 집중해서 열심히 일한 기억이 별로 없습니다. 마음 편히 쉬고 누린 기억도 가물가물합니다. 늘 해야 할 일에 대해서 불안해하고 근심이 많았습니다. 집에 있으면 세상 걱정을 했고, 세상에 나가 있을 때는 집안 걱정을 하면서 어리석게 살았습니다. 주어진 시간을 자발적으로 사용하지 못한 적이 많습니다. 그때마다 시간은 남에게 억지로 끌려가는 괴로운 시간으로 변했습니다.

무엇보다 하나님의 거룩한 즐거움에 참여하지 못한 채 시간을 보낼 때가 많았습니다. 하루하루 창조하시면서 보시기에 좋았더라고 감탄하신 그 기쁨의 감탄사를 잊고 살았습니다. 내게 선물로 주신 시간을 어떻게 사용할지 삶의 목표가 불분명한 탓입니다. 이제는 흘러가는 시간 속에서 하루하루 하나님의 섬세한 손길을 깨닫게 하옵소서. 이제는 하나님의 동역자로서, 거룩한 즐거움의 에너지를 갖고 시간을 축복하는 사람이 되게 하옵소서.

오직 성령이
임하시면

행 1:8

오직 성령이 너희에게 임하시면 너희가
권능을 받고 예루살렘과 온 유대와
사마리아와 땅끝까지 이르러 내 증인이
되리라 하시니라.

사랑의 하나님, 세상에서 예수님의 복음을 증언하려고 하면, 두
려움이 먼저 밀려왔습니다. 사람들이 전도하는 나를 어떻게 볼까
창피했습니다. 전도했는데 상대방이 거부할까 겁나서 아예 시도
조차 하지 않았습니다. 복음을 이야기하려 했지만, 나조차 복음
의 내용이 무엇인지 잘 몰랐습니다. 그렇게 무지하면서도 마음을
모아 배울 생각을 하지 않았습니다. 때로는 전도해야 한다고 여
겼으나 귀찮아서 하기 싫었습니다. 귀찮아서 성경을 읽지 않았
고, 귀찮아서 기도하지 않았고, 귀찮아서 전도하지 않았습니다.
전적으로 내가 게으른 탓입니다.

　전도하려고 하면 마음에 부담이 되었습니다. 나도 올바로 살지
못하는 걸 알고 있기 때문입니다. 내 속에 거짓과 불의가 있고, 말
과 삶이 일치하지 않으며, 때로는 세상 사람들보다 더 더러울 때
가 있었기 때문입니다. 돈과 재물을 얻는 데 과도한 관심을 기울
였습니다. 명예를 얻고 성공하고 출세하는 일에 과도한 에너지를
쏟았습니다. 하지만 "나의 증인이 되라"는 예수님의 말씀에는 너
무 무관심했고 소홀했습니다. 사랑에는 늘 헌신과 수고의 대가가
따라옴을 알고 있습니다. 하지만 그 희생의 대가를 치를 용기가
없었던 나를 용서하옵소서. 이제 예수님을 사랑하고 자랑할 줄
아는 믿음의 사람이 되기를 원합니다.

소통의 영

행 2:5-13

이 소리가 나매 큰 무리가 모여 각각 자기의 방언으로 제자들이 말하는 것을 듣고 소통하여.

사랑의 하나님, 내 모습 이대로 주님 앞에 나왔습니다. 예수님을 믿는다고 하면서도 하나님의 마음을 제대로 읽지 못했습니다. 하나님은 나와 대화하고 소통하고 싶어 하셨습니다. 하지만 나는 "나는 원하지만 하나님이 원하지 않아. 그래서 하나님 앞에 나아갈 수가 없었어"라고 핑계를 댔습니다. 하나님은 예수님을 보내셔서 소통의 길을 여셨습니다. 하지만 나는 예수님 이야기를 들으면서도 나와는 상관없는 과거의 이야기로 흘려 버렸습니다. 하나님은 성령님을 보내셔서 내 마음에 들어와 친밀하게 소통하기를 열망하셨습니다. 하지만 나는 성령의 역사는 너무 감정적이라고, 너무 광신적이라고, 너무 편파적이라고 여기면서 회개하지 않았습니다. 하나님께서는 선한 목자처럼 잃어버린 양들을 찾으셨습니다. 하지만 나는 내 마음대로 휘젓고 다니면서 그 길이 죽음의 골짜기인 줄도 모르고 내달린 적이 한두 번이 아닙니다.

소통의 영이신 주님의 성령을 거부했습니다. 소통이 안 되니 신뢰할 수 없었습니다. 신뢰할 수 없으니 소통하기 싫었습니다. 하나님과의 소통을 거부하니 이웃들과도 올바르게 소통할 수 없었습니다. 이제 나로 깨닫게 하심에 감사드립니다. 예수님을 믿고 하나님의 자녀가 되게 하신 것도 성령의 역사였습니다. 이제는 성령의 사람, 소통의 사람이 되기를 원합니다.

배움의 공동체

빌 4:8-9

무엇에든지 참되며 무엇에든지 경건하며
무엇에든지 옳으며 무엇에든지 정결하며
무엇에든지 사랑받을 만하며 무엇에든지
칭찬받을 만하며.

사랑의 하나님, 예수님을 믿는다고 고백했습니다. 주님의 뜻대로
순종하겠다고 결심도 했습니다. 하지만 그렇게 생각하고 살아가
지 못할 때가 많습니다. 자기 자랑에 취해서 정작 하나님을 자랑
하는 일은 뒷전이었습니다. 하나님이 기뻐하시는 진실함이 정말
부족했습니다. 사람들에게 존경받을 만한 모습도 모자랐습니다.
하나님 앞에서도, 사람들 앞에서도 올바르지 못했던 탓입니다.
말과 태도와 행동이 이웃에게 사랑스럽지 못하고 밉상이었던 적
이 한두 번이 아닙니다. 교만과 탐욕의 더러움이 삶에 깊이 뿌리
박고 있는 탓입니다.

　이 시간 얼룩지고 구겨진 악한 모습을 돌아봅니다. 죄악과 불
의, 탐욕과 거짓들이 모여서 생긴 사회의 불행을 돌아봅니다. 오
늘도 나의 주님이신 예수 그리스도를 바라봅니다. 이 시간 상한
마음을 치유하여 주시고 사죄의 기쁨을 누리는 복을 내려 주옵소
서.

기도 공동체

눅 11:1-4

예수께서 한 곳에서 기도하시고 마치시매 제자 중 하나가 여짜오되 주여 요한이 자기 제자들에게 기도를 가르친 것과 같이 우리에게도 가르쳐 주옵소서.

사랑의 하나님, 이 시간 머리 숙여 기도하며 주님 앞에 나오게 하심에 감사드립니다. 하지만 사실 기도하기를 겁내고 무서워한 적이 많습니다. 사람 앞에서 기도하다가 무언가 흠 잡히는 게 싫었습니다. 부끄러운 모습이 다 드러나는 게 창피했습니다. 때로는 마땅히 기도할 제목도 떠오르지 않았습니다. 기도를 귀찮아했던 적도 있습니다. 기도한다고 내 실존과 상황이 크게 달라질 것 같지 않았습니다. 너무 구체적으로 기도하면 속마음이 그대로 노출될 것 같아 끔찍한 기분이 들기도 했습니다. 미사여구를 사용한 기도가 좋은 기도라 여겼습니다. 그래야 사람들에게 칭찬받을 거라고 생각했습니다. 그래야 하나님도 감동해서 기도를 빨리 들어줄 거라고 생각했습니다.

기도가 믿음의 동지를 만드는 일임을 알지 못했습니다. 자신이 아니라 이웃과 나라를 위해 기도하는 사람이 그렇게 많은지 몰랐습니다. 기도하는 순간에 하나님을 아버지로 모시고, 예수님을 큰형님으로 모시고, 예수님 안에서 형제요 자매가 되는 놀라운 축복을 간과했던 탓입니다. 이제 입을 열어 기도함으로 기도하는 기쁨을 누리게 하옵소서. 아직도 어떻게 기도해야 할지 잘 알지 못할 때가 있습니다. 그때 성령님께서 말할 수 없는 탄식으로 나를 위해 친히 간구하여 주옵소서.

진정한 참회

창 44:27-34

이제 주의 종으로 그 아이를 대신하여 머물러 있어 내 주의 종이 되게 하시고 그 아이는 그의 형제들과 함께 올려 보내소서.

사랑의 하나님, 반복되는 나의 죄악과 허물을 주님께서는 아십니다. 참회한다고 했으나 실상은 잠깐의 후회에 불과했습니다. 본질을 고치려 하지 않고 방법만 바꾸면 된다고 여긴 탓입니다. 내가 얼마나 못되고 악한지 잘 압니다. 못되게 굴고 악한 생각과 행동을 해도 즉시 징벌이 임하지 않으면 내가 잘못한 것이라 여기지 않았습니다. 아니, 잘못인 줄 알면서 못된 행동을 되풀이했습니다. 때로는 '하나님도 나를 잘 알지는 못할걸! 내가 뭘 하든 눈 감고 계시지!' 하며 코웃음 쳤습니다. 그러나 하나님은 그냥 내버려 두지 않으셨습니다. 부모가 사랑하는 자녀를 징계하듯 육체에 고통을 주시고 삶에 심각한 위기를 경험하게 하셨습니다.

이제야 다시 나를 되돌아봅니다. 주님께서는 오래 기다리셨습니다. 진정으로 참회하며 주님 품으로 돌아오기를 바라셨습니다. 이제 잠깐 후회하는 이 마음이 변하여 진정으로 회개하는 마음이 되길 원합니다. 잘못 생각하여 행했던 동기와 본질이 바뀌길 원합니다. 하지만 내 힘과 능력으로는 할 수 없습니다. 주님의 형상으로 나를 다시 빚어 주옵소서. 성령 안에서 새로운 마음으로, 새로운 존재로 태어나게 하옵소서. 예수님의 마음을 품고 세상을 향해 담대히 나가는 주님의 자녀가 되게 하옵소서.

듣고 묻다

눅 2:41-52

사흘 후에 성전에서 만난즉 그가 선생들 중에 앉으사 그들에게 듣기도 하시며 묻기도 하시니.

사랑의 하나님, 이 시간 나를 얽어맨 죄악과 허물이 성령의 불에 활활 타 다 사라지게 하옵소서. 그리스도인으로서의 정체성을 잃고 살았습니다. 때로는 예수님을 정말 믿는 것 같기도 하고, 때로는 예수님을 전혀 안 믿는 것 같기도 했습니다. 예수님을 모르는 사람처럼 생각하고 말하고 행동한 적이 한두 번이 아닙니다. 한 걸음 한 걸음 길을 가는 도상의 존재임을 잊고 지냈습니다. 목표와 성숙을 향해 나가는 복된 존재임을 망각했습니다. 그래서 결과에만 안달하며 매달리고 탐닉했습니다. 주님의 말씀에 대한 호기심도 관심도 부족했습니다. 호기심이 조금 생겨도 실존에 대한 깊이 있는 질문을 하기를 주저했습니다. 대답을 듣기가 두려웠기 때문입니다. 주님 말씀에 관하여 질문하면서도 주님과 대화하려 하지 않았습니다. 그냥 하늘에서 해답이 뚝 떨어지기만 기다렸습니다.

내가 신앙적으로 얼마나 미숙한 존재인지 인식하게 하옵소서. 그러나 미숙한 가운데 성숙을 향해 나아가는 존재임을 자랑스럽게 여기게 하옵소서. 예수님의 지혜롭고 정결한 성품을 닮아 가게 하옵소서. 하나님에 대한 영적 관심과 호기심으로 가득하게 하옵소서. 스쳐 지나가는 것 같은 일상의 사건 속에서 장엄하고 놀라우신 하나님의 손길을 느끼고 목소리에 귀를 기울이게 하옵소서. 그리하여 내 영혼이 주님과 함께 마음껏 뛰놀며 춤추게 하옵소서.

비겁함과
담대함

스 4:1-6

이로부터 그 땅 백성이 유다 백성의 손을
약하게 하여 그 건축을 방해하되 바사 왕
고레스의 시대부터 바사 왕 다리오가
즉위할 때까지 관리들에게 뇌물을 주어
그 계획을 막았으며.

사랑의 하나님, 예수님을 믿는 것이 나의 기쁨입니다. 하나님을
사랑하는 것이 나의 자랑입니다. 하지만 세상은 믿음의 사람들을
보며 시기하며 험담합니다. 무엇 때문에 그렇게 열심히 신앙생활
을 하느냐고 조롱합니다. 네가 믿는 것이 정말 진리인지 보여 달
라고 말합니다. 그때 나는 아무 말도 못 하고 침묵한 적이 많았습
니다. 예수님을 믿는다고 세상에 드러내는 게 창피했기 때문입니
다. 세상은 우상과 하나님을 동시에 섬겨도 괜찮다고 나를 꼬드
깁니다. 어둠과 빛이 공존하는 게 인생이라고 나를 설득합니다.
그럴듯한 유혹에 빠져 거절해야 할 때 거부하지 못했습니다. 때
로는 분별하는 영이 모자라 악과 선을 구별하지 못하고 질질 끌
려갔습니다. 옳고 그름을 알지만, 결단력과 용기가 부족하여 옳
은 편에 서지 못했습니다.

　지혜와 총명을 주셔서 사물과 사람을 분별하며 판단할 줄 알게
하옵소서. 선한 일을 사모하고 매진하다가 힘에 부친다고 중단한
적이 한두 번이 아닙니다. 훼방하는 거짓 세력에 너무 쉽게 무릎
을 꿇었습니다. 거룩함을 사모하면서도 다른 사람과 부딪치는 것
이 싫어서 성결함을 포기할 때도 많았습니다. 주님을 바라보게
하시고, 일관성 있게 나가는 용기와 신앙의 뚝심을 주옵소서.

진정한 용기

출 1:14-22

그 산파들은 하나님을 경외하였으므로
하나님이 그들의 집안을 흥왕하게
하신지라.

사랑의 하나님, 용기 있는 신앙의 선배들, 지혜로운 믿음의 선각자들을 주심에 감사합니다. 그들은 하나님을 경외하는 것이 신앙의 기초임을 선언한 사람들이었습니다. 하나님만을 진정으로 두려워함으로 세상의 모든 작은 두려움으로부터 자유하라고 선언했습니다. 그것은 회개를 통한 변화와 성숙의 자리였습니다. 그런데 나는 신앙이 있다고 하면서 무속적 신앙에 머무를 때가 많습니다. 하나님 이름을 들먹이면서도 분별력을 잃고 살 때가 많습니다. 신앙의 분별력을 상실하니, 옳고 그른 것을 구별하지 못했습니다. 구별하지 못하니, 잘못을 저질러도 죄책감을 느끼지 않았습니다. 죄책감이 사라지니, 회개할 마음도 사라졌습니다. 회개할 마음이 없어지니, 사익과 탐욕을 추구하는 것이 삶의 중심이 되고 말았습니다.

　나라의 터전이 마구 흔들리고 있습니다. 영혼이 썩어지고 문드러져도 무엇이 문제인지 잘 모릅니다. 권력자도 재력가도 지식인도 마찬가지입니다. 교회 지도자들까지 영적 미몽 속에서 헤맵니다. 거짓, 불의, 몽매함, 무지함, 부끄러움이 우리를 참담하게 합니다. 우리의 부끄러움과 죄악들을 용서하옵소서. 이제는 하나님만을 두려워함으로 하나님 이외의 어떤 것도 두려워하지 않게 하옵소서. 하나님을 기쁘시게 하는 것이 삶의 첫 번째 가치 기준이 되게 하옵소서.

6

두려움을 내려놓고 평안을 찾다

불안을 극복하고
하나님 안에서 평안을
누리는 기도

골고다 언덕

마 27:45-46

예수께서 크게 소리 질러 이르시되 엘리
엘리 라마 사박다니 하시니 이는 곧 나의
하나님, 나의 하나님, 어찌하여 나를
버리셨나이까 하는 뜻이라.

사랑의 하나님, 창조주 하나님을 온전히 경배하지 않은 교만함을
회개합니다. 십자가를 지고 고난의 길을 가신 예수님을 보면서
자기 죄와 허물 때문에 하나님의 징벌을 받는 것이라 여겼습니다. "나의 하나님 나의 하나님 어찌하여 나를 버리셨나이까?" 부
르짖으실 때, 하나님의 아들이라면서 왜 저렇게 죽음을 겁내어
외칠까 속으로 비아냥거렸습니다. 바로 나의 죄악과 불의를 대신
지고 골고다 언덕을 오르신 것을 알지 못했습니다. 예수님이 징
계를 받으심으로 내가 하나님과 평화를 누리는 걸 알지 못했습니
다. 예수님이 채찍에 맞으심으로 나의 질병이 치유받는 걸 몰랐
습니다. 예수님이 십자가에 달리심으로 나의 죄악이 주님과 함께
십자가에 못 박혀 새 생명의 길이 열리는 걸 미처 깨닫지 못했습
니다. 그리하여 나를 얽어매는 죄책감에서 빠져나오지 못하고 용
서받은 기쁨을 온전히 누리지 못했습니다. 예수님께서 비천한 자
리까지 내려와 나의 친구가 되셨는데도, 외롭고 고독하다고 탄식
하며 낙담했습니다.

　나의 연약함을 살피시는 성령님, 어둠의 골짜기에서 신음할 때
빛과 생명으로 오셔서 갈 길을 보여 주소서. 십자가에 달리신 예
수님의 놀라운 은혜와 하나님의 사랑에 나의 부끄러운 모습을 그
대로 맡기게 하시고, 주님과 함께 다시 일어서게 하옵소서.

인생의 폭풍우

막 4:35-41

이에 제자들에게 이르시되 어찌하여 이렇게 무서워하느냐 너희가 어찌 믿음이 없느냐 하시니.

사랑의 하나님, 삶은 하나님이 주신 선물인데 사는 게 힘들고 어려웠습니다. 힘들어 도망갔고 감당하기 두려워 회피했습니다. 건강할 때는 병에 걸릴까 걱정하고, 병 들었을 때는 죽을까 두려워했습니다. 직장에서는 경쟁에서 살아남을 수 있을지 걱정했습니다. 나보다 잘난 사람을 보면, 시기심과 질투심에 사로잡혀 안절부절못했습니다. 나보다 못난 사람을 보면, 교만을 떨며 내 자랑에 여념이 없었습니다. 인생에 폭풍우가 몰아치면, 한 치 앞을 예측하기 힘들어 답답해했습니다. 때로는 미래의 불확실성 때문에 한 걸음도 담대하게 내디딜 수 없었습니다. 때로는 거센 파도가 치는 망망대해에 홀로 서서 바람과 싸웠습니다. 그 순간에도 기도하기보다 넋두리하기에 바빴습니다. 나를 돌아보기보다 남 탓을 하며 화를 냈습니다. 두려워 떠는 나에게 예수님의 마음으로 "어찌하여 이렇게 무서워하느냐?"고 묻지 못했습니다.

　가장 두려워해야 할 분인 하나님을 두려워하지 않은 탓에 너무 많은 세상의 두려움이 나를 얽어맵니다. 하나님을 경외하는 참된 믿음이 없음을 용서하여 주옵소서. 오직 주님만을 두려워함으로 세상을 두려워하지 않는 거룩한 용기를 주옵소서.

청년의 때

전 12:1-2, 13-14

너는 청년의 때에 너의 창조주를
기억하라. 곧 곤고한 날이 이르기 전에,
나는 아무 낙이 없다고 할 해들이 가깝기
전에 … 그리하라.

사랑의 하나님, 아직 청년의 때인 줄 알고 시간이 아직 많이 남아 있는 줄로 착각했습니다. 그리하여 시간과 육체를 너무 방자하게 사용하며 낭비했습니다. 보이지 않는 세계가 보이는 세계보다 더 크다는 걸 알지 못했습니다. 그리하여 보이는 것에 집착하며 살았습니다. 돈을 벌고 재물을 모으는 데 혈안이 되어 살았습니다. 어떻게 더 높은 지위를 얻고 더 큰 명예를 얻을까 궁리하며 탐욕 속에서 살았습니다.

육체의 나이가 조금 들었다고, 정신적으로도 무력한 노인 행세를 할 때가 많았습니다. 육체가 조금 연약해졌다고 청년의 마음 마저 포기한 채 병 든 사람처럼 넋 놓고 시간을 헛되이 보냈습니다. 삶에 몰아치는 거대한 파도를 볼 때마다 겁을 내고 도망치기 바빴습니다. 무기력하고 무심한 모습을 당연하게 받아들였습니다. 그러다 내가 누구인지 잊고 살았다는 사실을 깨달았습니다. 겉으로만 하나님을 믿는 척했지, 삶의 모든 자리에서 하나님을 만나야 한다는 사실을 망각하고 살았습니다. 숨이 붙어 있는 한, 하나님의 청년으로 살기를 원합니다. 만물을 새롭게 하시는 하나님과 함께 다시 시작하겠습니다. 주님의 눈으로 만물을 보며 기뻐 감사하는 청춘의 삶이 되게 하옵소서.

복의 통로

창 47:7-10

야곱이 바로에게 축복하고 그 앞에서 나오니라.

사랑의 하나님, 나에게는 야곱의 부끄러운 본성이 그대로 들어 있습니다. 하나님의 뜻을 이루겠다면서도 하나님의 이끄심을 느긋이 기다리지 못하고 조바심을 냅니다. 내 것을 챙기려는 욕심이 나의 생각과 삶을 붙잡고 있습니다. 목표를 이루기 위해서라면 거짓과 속임수를 써도 괜찮다는 뻔뻔한 생각이 내게 속삭입니다. 하나님은 나보다 나를 더 사랑하시고 하나님의 생각은 내 생각보다 크다는 걸 알면서도 내 야망과 다르게 나를 몰고 가실 때 하나님을 오해하고 화를 냈습니다. 그래서 하나님을 믿으면서도 늘 불안하고 피곤했습니다. 때로는 외로워서 답답했습니다. 때로는 너무 힘들어 견딜 수가 없었습니다. 그때마다 내 것을 움켜쥐어야 안전하다고 생각했고, 그래서 더욱 탐욕스러워졌고 더욱 이기적인 짐승으로 변했습니다. 그러나 그럴 때마다 내 것이라 여기고 손에 꽉 움켜쥐고 있던 것들이 흔적도 없이 사라지는 것을 경험했습니다.

이 시간 마음속에 뻥 뚫린 공허를 주님께 맡깁니다. "너는 내 사랑하는 아들이다, 너는 내 사랑하는 딸이다"라고 축복하여 주옵소서. 복을 받는 것은 남을 축복하라는 사명이요 명령임을 알게 하옵소서. 내 발이 밟는 땅과 내가 만나는 사람을 축복하는 복의 통로로 나를 써 주옵소서.

생명의 기쁨

눅 1:39-45

보라 네 문안하는 소리가 내 귀에 들릴
때에 아이가 내 복중에서 기쁨으로
뛰놀았도다.

사랑의 하나님, 생명의 주님이신 예수님을 보내 주심에 감사합니다. 예수님 덕분에 하나님을 알고, 예수님 덕분에 생명의 기쁨을 알았습니다. 그런데도 내가 누리는 생명이 하나님이 주신 선물이라는 사실을 잊고 살 때가 많습니다. 아니, 생명을 선물로 받고도 아주 당연하게 여겼습니다. 생명이 결핍하여 몸이 아플 때야 비로소 생명이 소중함을 깨닫습니다. 생명을 잃어버릴 때가 와서야 생명이 내 것이 아님을 절감합니다. 살아 있는 것 자체가 하나님의 축복이며 인생의 행복인지 잘 몰랐습니다. 몸의 생명이 고통스러워 소리칠 때, 영의 생명은 훨씬 전부터 심각하게 아파하고 있었음을 깨닫지 못했습니다. 내 속에 있는 부정적인 생각과 슬픈 감정이 몸을 아프게 하고 있는데도 회피하며 살았습니다. 삶의 결핍이 분노와 울화증으로 나타나는데도 삶을 충만하게 하는 일을 게을리했습니다. 자기 연민과 적개심으로 스스로 우울 속에 빠져들었습니다. 스스로 만족하지 못하고 남 탓을 하면서 공격의 화살을 쏘았습니다.

오늘만큼 중요한 날이 없는데도, 오늘이 내일 또 있으리라 여기며 낭비했습니다. 내일 일을 위한 걱정 때문에, 오늘의 생명을 좀먹으며 불안하게 살 때도 많았습니다. 예수님의 충만한 생명을 간구합니다. 내 육체가 기쁨으로 춤추듯 내 영혼도 춤추며 예수님의 생명을 누리게 하옵소서.

미래와 희망

렘 29:10-14

여호와의 말씀이니라. 너희를 향한 나의 생각을 내가 아나니 평안이요 재앙이 아니니라. 너희에게 미래와 희망을 주는 것이니라.

사랑의 하나님, 이 시간 지난날을 회개하며 돌아보고 내일을 전망하며 결단하길 원합니다. 스스로 질문해 봅니다. 처음 주님을 사랑한다고 가슴 두근거리며 고백했던 그 두려움과 떨림을 지금도 간직하고 있는가? 예수님을 믿으면서도 때로 하루하루의 삶이 싫증 나고 권태로웠습니다. 시간을 보내기가 지겹고 짜증 날 때도 많았습니다. 나에게 선물로 주시는 미래와 희망을 쓰레기통에 던져 버린 적이 한두 번이 아닙니다. 현실의 벽이 너무 높다고, 고통의 심연이 너무 깊다고, 절망하며 탄식했습니다. 그 속에서 희망을 붙들라는 말은 사람을 바보로 만드는 거짓 위로에 불과하다고 여겼습니다. 현재를 열심히 살려는 사람들에게 그런 희망은 오히려 삶의 에너지를 빼앗는 독버섯이라고 경멸했습니다. 희망을 꿈꾸는 자들은 현재를 진지하게 붙잡지 못하는 허공에 뜬 비현실주의자라고 조롱했습니다.

오직 예수님만이 세상의 소망이십니다. 소망의 하나님께서 예수님 안에 계시기 때문입니다. 성령님은 예수님의 영이시기에 바로 희망의 영, 소망의 능력이십니다. 다시 예수님을 사랑합니다. 다시 예수님을 바라봅니다. 다시 예수님과 동행하며 시작하겠습니다.

카이로스의 시간

시 90:3-12

우리에게 우리 날 계수함을 가르치사
지혜로운 마음을 얻게 하소서.

사랑의 하나님, 나에게 지난날을 회고할 수 있는 기억을 주시고, 하나님 앞에서 회개할 마음을 주시니 감사드립니다. 시간을 질(카이로스)로 살지 못하고 양(크로노스)으로 살았습니다. 그래서 낭비된 삶이 너무 많았습니다. 나를 만드신 창조주 하나님과 함께 인생을 설계하지 않고 내 욕심대로 설계했기 때문입니다. 하나님이 인생의 주권자이심을 알면서도 거부할 때가 많았습니다. 때로는 나 혼자 삶을 계획하는 이유가 인간답게 살기 위함이라는 핑계를 댔습니다. 예수님에게 접붙여 있길 원했으나, 그렇게 되면 하나님이 너무 심하게 간섭하고 참견하실 거라고 지레 겁을 먹은 탓입니다. 인간이 티끌과 같이 별 볼 일 없는 존재이며 아침 이슬처럼 사라질 존재임을 압니다. 하지만 무엇이 그렇게 잘났는지 허세를 부리며 살기 좋아했습니다. 시간이 하나님께서 임시로 선물로 주신 것임을 인식하지 못했습니다.

언젠가 하나님의 심판대 앞에 설 것을 알게 하옵소서. "내가 몇 년만 더 젊었어도!"라는 탄식을 멈추게 하옵소서. 오늘을 하나님의 선물로 알고, 오늘을 감사한 마음으로 음미하며 즐거워하게 하옵소서. 이 시간 기도할 때 하나님께서 내 시간 속에 들어오시고 내 삶에 참여하여 주옵소서.

225

보이지 않는 분

히 11:23-27

믿음으로 애굽을 떠나 왕의 노함을 무서워하지 아니하고 곧 보이지 아니하는 자를 보는 것 같이 하여 참았으며.

사랑의 하나님, 나는 생명을 위협하고 어둠으로 몰고 가는 환경과 죽임의 문화 속에서 살고 있습니다. 그래서 너무 쉽게 낙담하여 굴복할 때가 많았습니다. 위기에 부딪히고 실패를 경험하면, 삶이 괴로워 더는 살 소망이 없다고 너무 빨리 절망했습니다. 때로는 그 반대로 열정과 헌신만 있으면 다 된다고 착각하기도 했습니다. 그래서 성령의 도우심을 사모하지 않았습니다. 그때마다 열정과 헌신이 오히려 나를 얽어매는 올무가 되었습니다. 하나님이 주신 목표가 아니라 나의 이기적인 목표였습니다. 주님이 원하신 방법이 아니라 내 꾀와 내 전략이었습니다.

때로는 하나님께 모두 맡긴다고 말하면서 손발 하나 까딱하지 않고 게으름에 빠졌습니다. 예배는 그저 습관이 되었고, 신앙은 그저 종교 이데올로기가 되었습니다. 옛것이 좋다며 익숙함에 안주하려는 퇴행적 사고에 갇히고 말았습니다. 변화도 성숙도 싫어하고, 여기가 좋다며 기득권에 머물려 했습니다. 현재를 즐거워한다고 말하면서 현실을 뛰어넘는 출애굽의 용기를 내기가 겁났습니다. 사람의 시선을 의식하기보다 하나님의 눈을 더 두려워하게 하옵소서. 보이지 않는 하나님을 두려워함으로 세상 어떤 것도 두려워하지 않는 담대함을 주옵소서.

비난받을
용기

여인이 날마다 요셉에게 청하였으나
요셉이 듣지 아니하여 동침하지
아니할뿐더러 함께 있지도 아니하니라.

사랑의 하나님, 세상은 험난하고 치열한 삶의 현장입니다. 유혹하는 세력들이 마치 우는 사자처럼 울부짖으며 나를 무너뜨리려고 다가옵니다. 유혹자가 뿔 달린 마귀처럼 사나운 표정으로 달려들 줄 알았지만 그렇지 않았습니다. 때로는 솜사탕처럼 달콤하게, 때로는 안락의자처럼 편안하게 다가왔습니다. 바로 그때 나는 옳고 그름을 구분하는 분별력을 잃었습니다. "예"라고 해야 할 때 "아니요"라고 했습니다. 정작 "아니요"라고 해야 할 때는 그냥 "예"라고 했습니다. 주도적인 삶을 살지 못하고 남에게 끌려다녔습니다. 거짓과 불의를 보고도 "아니요"라고 말하지 못한 까닭은 자존감이 부족한 탓이었습니다. 내 안에 있는 불의와 타협하길 원했기 때문입니다. 비난받을 각오, 손해 볼 각오, 고통당할 각오와 용기가 부족했던 탓입니다. 하나님을 두려워하는 마음보다 사람의 시선을 무서워하는 마음이 더 컸던 탓입니다.

그래서 세상에서 돈, 명예, 권력을 얻기 위해 수단과 방법을 가리지 않았습니다. 때로 알코올 중독에 빠지기도 했고, 때로 성적인 쾌락에 몰두하기도 했습니다. 그러나 모두 헛되고 헛된 것들이었습니다. 먼저 하나님을 경외함으로 세상의 어떤 것도 두려워하지 않게 하옵소서. 주님 앞에서 잘못된 것이 있으면, "아니요"라고 선포하고 과감하게 탈출하게 하옵소서.

작은 발걸음

사 43:18-21

너는 두려워하지 말라. 내가 너를 구속하였고 내가 너를 지명하여 불렀나니 너는 내 것이라.

사랑의 하나님, 인간적으로 아주 가까운 사람에게 배신당한 적이 있습니다. 그래서 마음이 너무 슬프고 아팠습니다. 의지했던 돈과 재물, 세상의 명예가 어느 순간 물거품처럼 날아가 버렸습니다. 그래서 공허하고 허무한 마음으로 방황했습니다. 사방이 벽으로 둘러 막혀 탈출할 길을 찾을 수 없었습니다. 그래서 숨 막히고 답답했습니다. 몸의 질병이 나를 너무 괴롭혔습니다. 조금 남아 있던 자존감까지 다 잃어버렸습니다. 그래서 기도하려고 해도 하기 싫었고, 부르짖으려고 해도 힘이 없었습니다. 내가 나를 봐도 너무 초라하고 연약하고 무력합니다. 아무것도 하기 싫고 그냥 다 포기해 버리고 싶습니다.

이제 내가 혼자임을 외롭게 깨닫습니다. 내가 의지할 수 있는 분은 오직 하나님뿐임을 고백합니다. "내가 너를 지명하여 불렀나니 너는 내 것이라"고 하신 주님의 음성을 내게 주신 말씀으로 받게 하옵소서. 불평하는 입을 닫게 하옵소서. 이제 주님과 함께 작은 발걸음을 내딛게 하옵소서.

삶의 잔치

눅 7:33-35

인자는 와서 먹고 마시매 너희 말이 보라
먹기를 탐하고 포도주를 즐기는
사람이요 세리와 죄인의 친구로다 하니.

사랑의 하나님, 예수님을 믿는 사람에게는 삶이 곧 축제요 잔치
입니다. 하지만 나는 이를 잘 기억하지 못하고 침울하게 살 때가
얼마나 많은지 모릅니다. 때로 얼마나 불평하며 살았는지 모릅니
다. 때로 얼마나 분노하며 살았는지 모릅니다. 때로 얼마나 낙심
하며 살았는지 모릅니다. 하루하루 사는 것이 너무 힘들고 버거
웠습니다. 누가(무엇이) 내게 위로가 될까, 탄식하며 하루를 흘려
보냈습니다.

몸의 잔치는 음식을 먹고 마시는 것입니다. 하지만 나는 먹고
마시는 것을 즐거워한 게 아니었습니다. 식탐에 빠져 보이는 음
식에 집착하며 살았습니다. 영혼의 잔치는 하나님의 말씀을 먹고
마시는 것입니다. 하지만 나는 말씀을 읽고 묵상하고 말씀에서
힘을 얻지 못했습니다. 그래서 영적 전투에서 패할 때가 많았습
니다. "내가 만물을 새롭게 하노라"고 말씀하신 하나님께서 이 시
간 성령으로 친히 내 머리에, 가슴에 안수하여 주옵소서. 그리하
여 나를 주님 안에서 새로운 존재로 만들어 주옵소서. 이제 주님
과 함께 먹고 마시며 삶의 잔치를 누리게 하옵소서. 이제 내 영혼
이 주님과 함께 노래하게 하소서. 이제 주님과 함께 마음껏 뛰놀
고 춤추게 하옵소서.

외로울 때

마 8:18-22

예수께서 이르시되 여우도 굴이 있고 공중의 새도 거처가 있으되 인자는 머리 둘 곳이 없다 하시더라.

사랑의 하나님, 경쟁에서 이기는 것만이 성공한 삶이라는 생각에 이기적으로 살았습니다. 그럴 때마다 하나님은 내게 사랑의 대상이 아니라 성공과 야망을 위한 도구에 불과했습니다. 그래서 하나님 없이도 인생을 멋지게 꾸릴 수 있다고 여기며 하나님을 거역하며 떠나려 할 때도 많았습니다. 나를 바라보시는 관심의 시선을 감시로 오해했습니다. 다가오시는 주님의 사랑을 간섭으로 여기고 귀찮아했습니다. 그럴수록 진정한 평화가 없었고 더 외로웠습니다. 삶이 몹시 피곤하고 외로운데도 외로움을 인정하려 하지 않았습니다. 사실은 외로움을 직시하기가 너무 두려웠습니다. 그래서 쾌락으로 잊으려 했으나 더 큰 외로움이 나를 덮쳤습니다. 세상에서 먹고 마시는 술로 잊으려 했으나, 깨고 나면 더 큰 외로움이 나를 사로잡았습니다. 취미, 운동, 일에 몰두해도 마찬가지였습니다. 채워지지 않는 블랙홀 같은 공간이 내 영혼 깊숙한 곳에 있었습니다.

내가 외로울 때 주님은 나를 광야 학교에 입학시키셨습니다. 외롭게 홀로 있는 나를 찾아오시는 하나님을 깨닫게 하옵소서. 이제야 내가 누구인지, 이웃이 얼마나 소중한지 보입니다. 주님의 마음을 품고 내 손을 펴서 이웃의 아픔과 슬픔에 참여하게 하옵소서.

차오르는
분노

막 3:1-6

그들의 마음이 완악함을 탄식하사
노하심으로 그들을 둘러보시고.

사랑의 하나님, 화를 너무 자주 냈습니다. 말로 상처받았다며 사람들에게 화를 냈습니다. 나를 제대로 알아주지 않는다며 화를 냈습니다. 가장 가까운 가족이면서 나를 인정해 주지 않는다고 화를 냈습니다. 그런가 하면 화를 너무 내지 않을 때도 있었습니다. 스스로 착한 사람이라고 생각하고, 속으로는 화가 치밀어도 겉으로는 화나지 않은 척했습니다. 스스로 오래 참는 사람이라고 생각하고, 화가 나도 화내지 않고 마음속에 처박아 두었습니다. 마음속 화를 잘 처리하지 못했습니다. 마음속에 쌓인 화는 상처가 곪아 터지듯 어느 날 저 깊은 곳에서 폭발하곤 했습니다. 그래서 가까이에 있는 사람들에게 피해를 줬습니다. 절제되지 않는 분노가 상스러운 못된 말이 되어 이웃의 가슴을 후벼 팠습니다. 때로는 물리적 폭력으로 가까운 사람을 아프게 했습니다.

정말 화내고 분노해야 할 불의와 거짓 앞에서는 분노하지 못하고, 스스로 절제하고 오래 참아야 할 때는 화를 터트렸습니다. 나의 분노는 이기적인 자기방어였습니다. 이제 성령님의 힘으로 살기를 원합니다. 이제 예수님처럼 사람을 살리고 회복시키는 거룩한 분노에 참여하게 하옵소서.

두려움과 비겁함

막 14:32-38

네가 한 시간도 깨어 있을 수 없더냐.
시험에 들지 않게 깨어 있어 기도하라.
마음에는 원이로되 육신이 약하도다
하시고.

사랑의 하나님, 내 안에 있는 두려움과 비겁함을 주님은 잘 알고 계십니다. 하나님 앞에 설 때보다 사람들 앞에 설 때 더 두려워했습니다. 사람들의 시선과 비난에 더 겁을 냈습니다. 주님을 바라보기보다 주위 환경에 얽매여 더 우울해했습니다. 하나님을 사랑하며 사는 것보다 돈의 유혹에 빠져 사는 것이 더 달콤했기 때문입니다. 정결함과 거룩함을 사모하는 것보다 육체의 쾌락에 탐닉하는 것이 더 좋았기 때문입니다. 세상의 명예를 탐하느라 예수님과 동행하는 삶을 포기한 적도 많습니다. 주님의 뒤를 따른다고 하면서 고난이 닥치면 부딪치기보다 도망갈 때가 많았습니다. 마음으로는 원이로되 육신이 연약하여 너무 쉽게 무너졌습니다.

기도하지 않았기에, 내 얕은 생각을 하나님의 생각으로 오해했습니다. 기도하지 않았기에, 내 야망을 하나님이 주신 비전으로 착각했습니다. 기도하지 않았기에, 위기가 닥치면 주님을 바라보지 않고 환경만 보며 낙심하고 두려워했습니다. 기도하지 않았기에, 보이는 사람을 우상처럼 섬기다가 예수님을 배반할 때도 있었습니다. 다시 기도하며, 예수님의 십자가를 바라보게 하옵소서. 주님께 내 모든 짐, 슬픔, 외로움, 두려움을 다 맡기게 하옵소서. 그리하여 주님과 더불어 생명의 아침, 부활의 아침을 맡게 하옵소서.

젊음의 영

욜 2:28-32

그 후에 내가 내 영을 만민에게 부어 주리니 너희 자녀들이 장래 일을 말할 것이며 너희 늙은이는 꿈을 꾸며 너희 젊은이는 이상을 볼 것이며.

사랑의 하나님, 내가 믿는 신앙이 청년 신앙임을 알게 하시니 감사드립니다. 예수님을 믿는다는 것은 청년의 기상으로 사는 것임을 압니다. 하지만 나이가 들면서 젊음을 잃어버렸다고 슬퍼했습니다. 내일의 소망을 꿈꾸면서 설레는 마음으로 삶을 대하기를 포기했습니다. 과거만을 회상하며 오늘을 불평하는 인물로 전락했습니다. 가슴을 펴고 당당하게 살지 않고 겁먹은 사람처럼 엉거주춤하며 살 때가 많았습니다. 때로 인생이 꼬인 것처럼 보이고 하던 일이 실패하면, '나는 못난이야!', '나는 안되는 사람이야!' 하고 실망하며 자기 연민에 빠져들었습니다. 성령께서 젊음의 영, 청춘의 영임을 잊고 지냈습니다. 성령의 사람들이 시대의 죄악과 불의를 보면서 탄식하고 슬퍼하며 하나님의 마음을 헤아렸던 것을 잊었습니다. 성령의 사람들이 절망의 자리에서도 꿈을 꾸며 비전을 가슴에 품고 당당히 살아갔던 것을 잊었습니다. 성령의 사람들이 그리스도 안에서 늘 새로운 피조물로 태어난다는 사실을 잊었습니다.

이 시간 임재하셔서 내 마음을 흔들어 번쩍 정신 차리게 하옵소서. 별 볼 일 없는 나를 소중한 주인공으로 세우시는 하나님의 뜻을 다시 깨닫게 하옵소서. 이제 예수님의 마음으로 생각하게 하옵소서. 성령님과 함께 주님의 뜻을 깨닫고, 결단하고, 순종하게 하옵소서.

안심하라

마 14:25-32

제자들이 그가 바다 위로 걸어오심을
보고 놀라 유령이라 하며 무서워하여
소리 지르거늘 예수께서 즉시 이르시되
안심하라 나니 두려워하지 말라.

사랑의 하나님, 하나님은 보석같이 빛나는 사람만 좋아한다고 여겼습니다. 그래서 나는 그만한 자격이 없다고 슬퍼했습니다. 하나님은 특별한 사람만 편애하는 게 아닌가 오해했습니다. 그래서 스스로 따돌림당한 화풀이를 세상에 쏟아부었습니다. 그때마다 주변 사람들이 깊은 상처를 받고 내 곁을 떠났습니다. 세상에 살면서 내 첫 번째 관심은 베드로처럼 물고기를 많이 잡고 편안히 사는 것이었습니다. 재물과 물질이 인생 최고의 가치였습니다. 그래서 늘 보이는 세계에만 연연하며 살았습니다. 보이지 않는 하나님의 신비로운 세계를 바라볼 여유와 안목이 없었습니다.

예수님을 나의 구주로 믿는다고 고백했습니다. 하지만 예수님을 전심으로 사랑하지는 못했습니다. 주님의 말씀을 듣기는 들었습니다. 하지만 듣고도 금방 응답하며 순종하려 하지 않았습니다. 때로는 게을렀고, 때로는 믿음이 없었습니다. 오늘도 폭풍우 치는 거친 세상 속에서 살다가 주님 앞에 나왔습니다. 이 시간 "안심하라. 나다. 두려워 말라"라고 말씀하시는 주님의 음성을 듣게 하옵소서. 이제는 주님만을 바라보고, 사랑하며, 한 걸음 한 걸음 앞을 향해 내딛게 하옵소서.

영혼의 곤고함

시 42:1-5

내 영혼아 네가 어찌하여 낙심하며 어찌하여 내 속에서 불안해하는가. 너는 하나님께 소망을 두라. 그가 나타나 도우심으로 말미암아 내가 여전히 찬송하리로다.

사랑의 하나님, 세상에서 보이는 것만 좇으며 사느라 영혼의 터전이 지진 난 땅처럼 마구 흔들렸습니다. 마치 청룡 열차에 올라 짜릿한 쾌감을 느끼듯 말초적 쾌락에 삶을 맡기려 했습니다. 잠깐의 즐거움에 삶 전체를 걸 만큼 미련했습니다. 돈은 있는데 시간이 너무 없다고 투덜댔습니다. "바빠, 바빠" 하면서 세월을 그냥 보냈습니다. 시간은 있는데 돈이 없다고 푸념했습니다. 내가 소유해야 할 재물을 누군가에게 다 빼앗긴 것 같은 분노를 느끼며 살았습니다. 때로는 "시간도 있고 돈도 있어. 이 정도면 괜찮지" 하며 사람들에게 자랑했습니다. 내면에서 영혼이 기진하여 울고 있는 줄도 모르고 말입니다.

교회 나가 신앙생활 한다며 예배도 드렸고 기도도 했고 때로는 봉사도 전도도 선교 사역에도 참여했습니다. 그런데도 영혼에 만족감이 없었습니다. 남들에게 "당신, 신앙 정말 좋네"라는 칭찬과 박수를 받으려는 마음이 더 컸던 탓입니다. 어느 날 박수가 사라지자, 영혼이 곤고해졌습니다. 나를 만드신 분이 나를 부르시고 내 영혼을 만지시고 내 안에 계실 때까지 평안이 없었습니다. 이제 내 안에 거하시옵소서. 나와 함께 사시옵소서.

임마누엘

마 1:18-25

보라 처녀가 잉태하여 아들을 낳을
것이요 그의 이름은 임마누엘이라 하리라
하셨으니 이를 번역한즉 하나님이 우리와
함께 계시다 함이라.

사랑의 하나님, 내게는 첫 인간의 죄악과 불순종의 피가 흐르고
있습니다. 내게 다가오시는 하나님을 교만한 마음으로 거부했습
니다. 그럴 때마다 마음은 텅 빈 것처럼 허전하고 외로웠습니다.
친구와 가족이 곁에 있어도 마음이 시렸습니다. 말로 다 표현할
수 없는 적막한 외로움이 나를 사로잡았습니다. 내 모습을 스스
로 용납할 수 없을 때 외로움은 절정에 달했습니다. 그래서 외롭
다고, 위로자가 필요하다고, 나와 함께할 존재는 어디 없냐고 부
르짖었습니다.

　하나님을 믿는다고 신앙을 고백하면서도 쓸쓸함과 외로움에
매몰되곤 했습니다. 머리로는 하나님을 알지만, 인격으로 체험하
여 가슴으로 알아 가는 사랑이 없었던 탓입니다. 그때 하늘의 음
성이 들렸습니다. "어미가 자식을 혹시 잊을지라도 나는 너를 잊
지 아니할 것이라!" "수고하고 무거운 짐 진 자들아 내게로 오라.
내가 너희를 쉬게 하리라." "너희는 나의 친구다." 그 말씀이 큰 위
로가 되었습니다. 이제 '임마누엘 하나님'으로 오신 예수님을 나
의 영원한 친구로 영접합니다. 성령으로 임재하시고 동행하여 주
옵소서.

큰 용사

샷 6:11-16

오 주여 내가 무엇으로 이스라엘을 구원하리이까. 보소서 나의 집은 므낫세 중에 극히 약하고 나는 내 아버지 집에서 가장 작은 자니이다.

사랑의 하나님, 이 시간 이스라엘 지도자이며 사사였던 기드온이라는 인물을 묵상합니다. 나도 기드온처럼 믿음의 용사가 되기 전에는 똑같은 겁쟁이였습니다. 무언가 새로운 일을 시작하려고 하면, 그동안 실패했던 순간들이 트라우마처럼 떠오릅니다. 때로는 "나는 이제 끝이야!" 하며 패배주의에 빠집니다. 적은 늘 커 보였고 나는 작아 보였습니다. 적은 능력이 많고 나는 무능하다고 여겼습니다. 나 빼고 모두가 이겼고 오직 나만 패배했다, 이것이 어느덧 삶의 공식이 되었습니다. 그때마다 모든 일에 체념했습니다. 될 대로 되라며 삶의 자리에 깊이 참여하기를 꺼렸습니다. 일이 잘 안 풀리고 아주 망했다 싶으면 결국 하나님 탓을 하며 원망했습니다.

이 시간 내 안에 잠재된 패배주의에서 벗어나게 하옵소서. "큰 용사여, 내가 너와 함께하겠다" 하고 말씀하여 주옵소서. 이 치열한 삶의 현장에서 주님과 함께하는 기도의 용사, 말씀의 용사, 주님의 뜻을 이루는 용사가 되게 하옵소서.

두려움의 영

요 14:25-27

평안을 너희에게 끼치노니 곧 나의 평안을 너희에게 주노라. 내가 너희에게 주는 것은 세상이 주는 것과 같지 아니하니라. 너희는 마음에 근심하지도 말고 두려워하지도 말라.

사랑의 하나님, 무능함에 대한 두려움이 나를 짓눌렀습니다. 혼자라는 외로움이 슬픔으로 다가왔습니다. 사람들 시선이 신경 쓰여 마음이 혼란으로 소용돌이쳤습니다. 두려워하지 않아야 할 것들을 두려워하며 안절부절못했습니다. 말씀으로 두려움의 영을 물리치지 못하고 두려움의 영에 사로잡혔습니다. 조그만 징크스에 운명이 걸린 사람처럼 살았습니다. 불안에서 벗어나려 술과 도박과 게임과 육체의 쾌락에 빠졌습니다. 하지만 더 큰 불안과 두려움, 더 큰 죄책감에 빠질 뿐이었습니다. 나와 세상을 부정적으로 보며 불안해했습니다. 사탄은 이 두려움을 이용해 나를 겁먹게 했고 실망하게 했습니다. 스스로 포기하고 나가떨어지게 했습니다.

정작 누려야 할 삶의 축복과 기쁨을 놓칠 때가 너무 많았습니다. 오늘도 두려움으로 나를 조종하려는 사탄과 영적 전투를 벌이고 있습니다. "하나님이 우리를 위하시면 누가 우리를 대적하리요?"라는 말씀을 내 것으로 삼고 승리하게 하옵소서.

지푸라기 하나

애 3:19-26

이것을 내가 내 마음에 담아 두었더니
그것이 오히려 나의 소망이 되었사옴은
여호와의 인자와 긍휼이 무궁하시므로
우리가 진멸되지 아니함이니이다.

사랑의 하나님, 조급함으로 기다림을 땅속에 묻어 둘 때가 많았습니다. 너무 쉽게 낙심했습니다. 때로는 절망했고, 그래서 기다림 없이 살 때가 많았습니다. 내 손으로 꽉 붙잡을 수 있다고 자신했던 즐거움들이 어느 날 물거품처럼 사라졌습니다. 세상에서 즐길 수 있는 돈, 사람들 앞에서 우쭐댈 수 있는 권력, 육체적 쾌락 같은 것들이 아침 안개처럼 사라지자, 삶이 초라해졌습니다. 아무 색깔도 특징도 없는 황량한 광야를 터벅터벅 걸어가는 나그네처럼 살아야 했습니다. 슬픔과 외로움이 가슴을 짓눌렀습니다. 그런데도 그저 신음할 뿐 하나님 앞에 내 모습을 있는 그대로 보이지 못했습니다.

하지만 잡을 지푸라기 하나 없을 만큼 곤고한 때 성령님께서 내 안에 활동하고 계셨습니다. 아무것도 보이지 않는 캄캄한 어둠이라 생각했는데, 어디에선가 희미한 불빛이 보이기 시작했습니다. 내 속에 있는 어둠은 당신의 빛이 비칠 자리였습니다. 나의 절망은 당신께서 소망을 주시는 시간이었습니다. 나의 무능함은 당신만이 주시는 하늘의 능력을 경험하는 자리였습니다. 절대 허무 가운데 바들바들 떠는 내게 생명과 진리로 오신 분이 바로 예수님이셨습니다.

기가 막힐
구덩이

그를 잡아 구덩이에 던지니 그 구덩이는
빈 것이라. 그 속에 물이 없었더라.

창 37:18-24

사랑의 하나님, 어린아이였을 때는 많은 꿈을 꾸며 기대감을 품
고 살았습니다. 어른이 되니 그때 꾼 꿈이 무엇인지조차 기억이
나지 않습니다. 어린아이였을 때는 세상이 나를 중심으로 돌아간
다고 여겼습니다. 그러다 어느 날 그렇지 않다는 사실을 뼈아프
게 깨달았습니다. 어린아이에서 어른이 되는 순간이었습니다. 그
순간 그렇게 많던 소중한 꿈들도 함께 사라져 버렸습니다. 꿈과
소망이 사라지자 '기다림'이라는 단어를 잊었습니다. 그러자 조
금씩 불행해지기 시작했습니다. 기다림이 내게서 멀어지니 내면
의 세계가 황폐해지기 시작했습니다. 우울해졌습니다. 냉소적인
독설가가 되었습니다. 그럴수록 나 자신과 맺은 내면의 평화 협
정이 자꾸 깨졌습니다. 내면세계에 '기다림의 즐거움'이 사라진
탓이었습니다. 일상에 파묻혀 살아 있는 게 얼마나 소중한지 자
꾸 잊었습니다. 단조로움과 무미건조함이, 지루함과 권태로움이
나를 지배했습니다. 지금도 이런 것들이 삶의 자리 곳곳에 배어
나를 괴롭힙니다.

소망이 없어 기다림을 잊고 탄식하는 내 삶을 깨뜨려 주옵소
서. 사망의 음침한 골짜기를 다녔던 다윗을, 기가 막힐 구덩이에
빠진 요셉을 다시 기억하게 하옵소서. 소망의 근원이신 하나님을
바라보며 다시 일어나게 하옵소서.

가만히 서서

출 14:10-14

모세가 백성에게 이르되 너희는
두려워하지 말고 가만히 서서 여호와께서
오늘 너희를 위하여 행하시는 구원을
보라.

사랑의 하나님, 내 삶은 마치 샌드위치처럼 끼인 삶이었습니다. 앞으로 나가자니, 홍해와 같은 거대한 장벽이 나를 가로막았습니다. 뒤로 돌아가자니, 애굽의 군대와 같은 험악한 환경이 나를 위협했습니다. 그때 나는 결정해야 했습니다. 하나님께서 허락하신 '자유와 해방'이라는 최고의 목표를 향해 계속해서 나아가야 했습니다. 그럼에도 나는 애굽이라는 종의 자리, 옛 죄악의 모습으로 되돌아가려는 어리석은 생각을 품을 때가 많았습니다. 옛것을 너무 그리워했습니다. 그것이 잠깐의 쾌락과 위로를 주었기 때문입니다. 미래에 부딪힐 낯선 불확실성보다는 과거에 익숙한 안전판 위에서 살려 했습니다.

보이는 현실 세계에 집착하다 보니, 보이지 않는 하나님의 약속을 망각할 때가 많았습니다. 그럴수록 마음에는 불안과 두려움이 쌓여 갔습니다. 그러다 정말 위기가 닥쳐올 듯싶으면, 남 탓, 환경 탓, 지도자 탓, 심지어 하나님 탓을 하면서 불평하며 도망가려 했습니다. 하나님의 약속을 믿으며 가만히 기다리지 못했습니다. 이제 눈을 들어 다시 하나님을 잠잠히 바라보게 하옵소서. 약속으로 주신 하나님의 지팡이를 들고 거친 세상의 파도를 향해 모세처럼 손을 내밀게 하옵소서. 내게 주신 복된 삶임을 확신하며 한 걸음 한 걸음 앞으로 나아가게 하옵소서!

환난 중에도

롬 5:3-6

우리가 아직 연약할 때에 기약대로 그리스도께서 경건하지 않은 자를 위하여 죽으셨도다.

사랑의 하나님, 사랑하는 아들 예수 그리스도를 이 땅에 보내셨습니다. 저 참혹한 십자가에 고난을 당하고 죽게 하셨습니다. 바로 나의 죄악과 허물 때문입니다. 예수님을 죽은 자 가운데서 부활하게 하셨습니다. 고난 속에서도 영광을 바라보며 즐거워할 이유를 나에게 주셨습니다. 하지만 나는 나의 못된 꼬락서니를 잘 압니다. 스스로 보기에도 불평쟁이, 원망쟁이입니다. 무언가 조금 잘되고 복을 받는 것 같으면 헤헤거리다가도, 금방 하나님의 도우심과 은혜를 잊어 먹습니다. 힘들고 어려운 일이 생기면 "못 참겠다. 어떻게 나를 이렇게 버려두느냐"고 소리소리 칩니다. 고난이 더욱 심각하게 다가오면, 금방 불안해하고 의기소침해집니다. 하나님의 사랑을 의심합니다. 하나님의 존재까지 부인하려 합니다. 고난을 당하면, 누군가에게 그 책임을 전가하려 합니다. 때로는 남의 탓, 때로는 정부와 국가 탓이라고 소리칩니다. 그리고 마지막에는 이 세상을 만드신 하나님을 탓합니다. 하나님, 당신은 이 고난에 책임이 없습니까? 왜 침묵하십니까? 왜 불공평하십니까? 왜 악인을 놔두고 의인들에게 고통을 주십니까?

주님은 내가 연약할 때도 나를 지켜보고 계셨습니다. 주님은 내가 죄인되었을 때도 아들을 보내서 나의 죄를 대신 지게 하셨습니다. 이제야 하나님의 놀라우신 사랑과 긍휼을 깨닫습니다.

부활의 식탁

눅 24:28-35

그들과 함께 음식 잡수실 때에 떡을
가지사 축사하시고 떼어 그들에게 주시니
그들의 눈이 밝아져 그인 줄 알아 보더니.

사랑의 하나님, 나의 모든 날을 부활의 날이요 생명의 날로 축복
해 주심에 감사드립니다. 하지만 나는 여전히 죽음과 절망의 땅
에서 살고 있었습니다. 마음은 계속 근심했고 슬퍼했습니다. 영
혼은 낙심하며 끝없는 방황 속에 있었습니다. 세상에서 조금만
실패해도 회복하기가 쉽지 않았습니다. 실패자요 낙오자라고 스
스로 딱지를 붙였습니다. 죽음이라는 단어는 떠올리기조차 싫었
습니다. 그러면 그럴수록 죽음이라는 두려움이 나를 덮쳤습니다.
그럴 때마다 편안히 숨을 쉬지 못할 정도로 가슴이 옥죄여 왔습
니다. 칠흑 같은 죄악의 어둠을 벗어나고 싶었지만, 어찌할 줄 몰
랐습니다. 당황하며 낙심하는 모습에서 빨리 탈출하고 싶었지만,
어느 방향으로 가야 하는지 가늠할 수 없었습니다. 그래서 인생
이란 이렇게 죽음의 땅에서 허우적거리며 사는 것이구나, 체념할
때가 많았습니다. 그리고는 홀로 슬피 울며 눈물을 흘렸습니다.
　이 시간 기도하오니 부활하신 예수님께서 나를 죽음의 땅에서
생명의 땅으로 초청하옵소서. 절망의 땅에서 소망의 땅으로 이끄
옵소서. 이제 슬픔의 눈물을 거두게 하시고 기쁨의 노래를 마음
껏 부르게 하옵소서. 그리하여 이웃들에게도 부활과 생명의 잔치
를 베풀 줄 아는 복된 사람이 되게 하옵소서.

고달픈 삶

롬 5:1-4

다만 이뿐 아니라 우리가 환난 중에도
즐거워하나니 이는 환난은 인내를,
인내는 연단을, 연단은 소망을 이루는 줄
앎이로다.

사랑의 하나님, 내 모습 그대로 주님 앞에 나왔습니다. 나는 고난이라는 쓴 잔을 본래 좋아하지 않았습니다. 아니, 고난이라는 말을 듣는 것조차 싫어했습니다. 누군가 "삶은 원래 고달파!", "인생은 문제투성이야!"라고 소리치면, 그냥 외면하며 도망쳤습니다. 어려운 문제들이 눈앞에 닥칠 때는 어찌할 줄 몰라 바들바들 떨었습니다. 조금만 힘들고 외로워도 견딜 수가 없었습니다. 그래서 "도대체 사는 게 왜 이리 괴로운 거야?", "이건 다 저놈 탓이야!" 하고 핑계 대고 불평하는 말을 입에 달고 살았습니다. 고통스러운 현실에서 탈출하고 싶었습니다. 하지만 쉽지 않았습니다. 벗어나려고 하면 할수록 고난이 늘 내 코앞에 놓여 있었습니다. 그때마다 마치 차멀미하는 사람처럼 내 앞에 있는 모든 사물이 이리저리 흔들렸습니다. 그럴수록 먼 곳에 시선을 두어야 어지럼증이 가라앉는 걸 몰랐습니다.

이제는 삶의 시선을 예수님에게 고정하겠습니다. 예수님께서 내가 당한 어떤 고난보다 더 큰 고난인 십자가에 달리심으로 나를 살리셨기 때문입니다. 사도 바울의 말처럼, 어떤 고난 중에도 다시 기뻐할 수 있는 참된 믿음을 주옵소서.

어찌하여 우느냐

요 20:11-18

천사들이 이르되 여자여 어찌하여 우느냐. 이르되 사람들이 내 주님을 옮겨다가 어디 두었는지 내가 알지 못함이니이다.

사랑의 하나님, 예수님이 십자가에 못 박히셨을 때 예수님을 사랑했던 여인들이 그 앞에 있었습니다. 통곡하며 눈물을 흘렸습니다. 안식 후 첫날까지, 부활하신 주님을 만나기 전까지 그리했습니다. 여인들의 눈물 속에 사랑이 있었습니다. 그 눈물을 보시고 주님께서 눈물을 친히 멈추게 하시고 친히 닦아 주셨습니다. 하지만 나는 울 줄을 몰랐습니다. 울면 부끄럽고 창피하다고 여겼습니다. 정말 울고 싶을 때도 울지 않으려고 꾹 참았습니다.

그동안 꿈꾸던 희망이 사라질 때 너무 좌절되어 울고 싶었습니다. 나를 알아주지 않을 때 너무 외로워 울고 싶었습니다. 사랑하던 사람이 내 곁을 떠날 때 너무 슬퍼서 울고 싶었습니다. 죄악과 죽음이 너무 두려워서 그냥 울고 싶었습니다. 하지만 울음이 나오지 않았습니다. 울 줄을 몰랐습니다. 아니, 울려고 하지 않았습니다. 하나님 앞에서도 울지 않겠다고 버텼습니다. 스스로 나를 너무 강하게 붙들고 있었던 탓입니다. 자아의식이 무거운 납덩어리처럼 나를 내리누른 탓입니다. 그래서 내 앞에 계신 생명의 주님을 볼 수가 없었습니다. 이제는 울고 싶을 때 그냥 어린아이처럼 울게 해 주옵소서. "어찌하여 우느냐? 누구를 찾느냐?"라고 물으시는 예수님의 음성을 듣게 하옵소서. 죽음과 어둠을 이기신 생명의 예수님과 함께 다시 일어설 용기를 주옵소서.

주님께서 아시나이다

요 21:17

주께서 세 번째 네가 나를 사랑하느냐 하시므로 베드로가 근심하여 이르되 주님 모든 것을 아시오매 내가 주님을 사랑하는 줄을 주님께서 아시나이다.

사랑의 하나님, 내 안에 막연한 두려움이 있습니다. 사랑하고 싶으나 거절당할까 두렵습니다. 사랑받고 싶으나 어느 누가 나 같은 존재를 사랑할까 두렵습니다. 행복하고 싶으나 행복이 손가락 사이로 흩어질까 두렵습니다. 앞을 향해 나가고 싶으나 어떻게 될지 모르는 불확실한 내일이 두렵습니다. 신앙을 갖고 주님께 순종하고 싶으나 나라는 존재가 그냥 사라질까 두렵습니다.

그래서 사람에게 인정받고 싶었습니다. 돈과 재물에 집착했던 이유도 사람들에게 과시하고픈 욕망 때문이었습니다. 감각적인 쾌락을 추구한 이유도, 명예와 권력을 붙잡으려고 달려간 이유도 내가 얼마나 잘난 인간인지 세상에 알리고 싶었기 때문입니다. 그러나 그럴수록 나라는 인간 속에 나를 가두고 말았습니다. 진정한 사랑 때문이 아니라 인간적인 욕망 때문에 수고하고 땀 흘렸기 때문입니다. 주님께서 영혼의 방에 들어오지 않으시면, 내 영혼은 텅 빈 채로 방황할 수밖에 없습니다. 내 속에 오셔서 나를 회복시켜 주옵소서. 베드로처럼 고백합니다. 내가 주님을 사랑하는 줄 주님께서 아시나이다.

기다림의 영

눅 24:44-49

볼지어다. 내가 내 아버지께서 약속하신 것을 너희에게 보내리니 너희는 위로부터 능력으로 입혀질 때까지 이 성에 머물라 하시니라.

사랑의 하나님, 제자들은 예수님이 죽은 자 가운데서 부활하신 사실을 손과 옆구리에 난 흔적을 보면서 깨달았습니다. 하지만 나는 장밋빛 같은 영광만을 기대했기에 부활하신 주님이 보이지 않았습니다. 예수님을 믿어도 너무 조급하게 믿습니다. 기도하면서 "인내와 오래 참음을 주옵소서!"라고 요청합니다. 하지만 그마저도 "지금 당장 주옵소서!"라고 닦달합니다. 기다림은 하나님 앞에서 겸손한 자가 갖는 삶의 태도입니다. 하지만 나는 너무 교만해서 기다림을 잃고 살 때가 많습니다. 기다림은 "절대 절망하지 말라!"는 하나님의 위로였습니다. 하지만 나는 기다림을 포기하고 싶은 유혹에 빠질 때가 너무 잦았습니다.

하나님이 약속하신 성령을 기다리는 것은 엄청난 축복입니다. 이제 나 중심의 가치관에서 하나님 중심의 인생관으로 바꾸라는 신호입니다. 하지만 나는 그것이 겁나서 아예 성령을 거부하기도 했습니다. 성령의 보이는 능력만을 탐하며 성령님을 사모하지 않은 무관심을 용서하옵소서. 내가 하나님을 바라며 기다리는 것보다 하나님이 나를 더 기다리셨습니다. 나보다 더 빠른 걸음으로 내게 다가오셨습니다. 하지만 그걸 몰랐습니다. 탕자처럼 회개하며 아버지께로 돌아오지 않았습니다. 이 시간, 나에게 약속하신 성령을 사모하고 기다리는 복된 마음을 허락하옵소서.

나의 끝,
하나님의 시작

막 14:32-42

아빠 아버지여 아버지께는 모든 것이 가능하오니 이 잔을 내게서 옮기시옵소서. 그러나 나의 원대로 마시옵고 아버지의 원대로 하옵소서.

사랑의 하나님, 겟세마네 동산에서 피와 땀을 흘리며 기도하시던 예수님의 모습을 기억합니다. 하지만 나는 위기가 닥치면 먼저 무릎 꿇고 기도하려 하지 않았습니다. 체면을 구기는 것 같아서 머리를 숙이지 않았습니다. 누군가 기도하는 나를 보면서 용기 없는 놈이라고 조롱하지는 않을까 걱정했습니다. 때로 기도했지만, 영혼 깊숙한 곳에서 토해 내지 못했습니다. 숨어서 찔끔찔끔 기도하는 흉내를 냈습니다. 입 안에서만 맴도는 형식에 머물렀습니다. 신앙생활을 하면서도 회색 지대에 앉아서 도전하고 모험하기를 주저했습니다. 인생의 잔고가 바닥났고 심지어 마이너스임에도 알지 못했습니다. 아니, 알면서도 위기와 절망에 빠진 사실을 남에게 알리기 싫어했습니다. 머리를 처박고 돼지가 먹는 쥐엄 열매를 먹을 때까지 아버지의 집을 생각하기 싫어하던 탕자가 바로 나였습니다. 그럼에도 남 앞에서 큰소리치며 허세를 부렸습니다.

다시 예수님의 겟세마네 동산을 기억하게 하옵소서. 삶에서 부딪치는 고난과 위기로부터 도망가지 않게 하옵소서. '나 중심'의 기도에서 '하나님 중심'의 기도로 바꿀 용기를 주옵소서. '그러나 아버지의 뜻대로'라는 반전 접속사를 통해 나의 한계를 넘어 주님을 바라보게 하옵소서. 이제 '나의 끝'이 곧 '하나님의 시작'임을 알게 하옵소서.

어찌하여 나를

막 15:33-39

제구시에 예수께서 크게 소리 지르시되 엘리 엘리 라마 사박다니 하시니 이를 번역하면 나의 하나님, 나의 하나님 어찌하여 나를 버리셨나이까 하는 뜻이라.

사랑의 하나님, 십자가에 달리셨을 때 예수님께서는 "엘리 엘리 라마 사박다니, 곧 나의 하나님, 나의 하나님, 어찌하여 나를 버리셨나이까?"라고 외치셨습니다. 때로 이유 없이 고난당하는 수많은 사람을 대신해서 부르짖으셨습니다. 지금도 고난당하는 사람들과 함께 연대하겠다는 예수님의 깊은 뜻이었습니다. "얼마나 오랫동안 힘들게 애통해하며 살았느냐? 이제 하나님의 아들인 내가 너희들의 부르짖음에 동참하겠다"는 선포였습니다.

그런데 나는 선한 사람에게도 악하게 대하곤 합니다. 욕심과 교만에 눈이 어두운 탓입니다. 어려움을 당하면 금방 남 탓을 하며 저주하고 분노합니다. 내 속에 있는 열등감을 해결하지 못한 탓입니다. 예수님은 정반대였습니다. 내가 못난 죄인이었을 때, 내가 하나님과 적대자가 되었을 때, 내가 가야 할 고난의 길, 죽음의 길을 대신 가셨습니다. 하나님께서 나의 죄악을 예수님에게 담당시키셨습니다. 이는 놀라운 사랑이며 상상할 수 없는 축복입니다. 이제 나의 주님이신 예수님을 바라보며 의지하게 하옵소서. 주님 안에서 새로운 존재로 다시 태어나게 하옵소서.

그리스도인의 자존감

시 42:1-5

내 영혼아 네가 어찌하여 낙심하며
어찌하여 내 속에서 불안해하는가. 너는
하나님께 소망을 두라. 그가 나타나
도우심으로 말미암아 내가 여전히
찬송하리로다.

사랑의 하나님, 이 시간 내 모습을 그대로 주님께 아룁니다. 매섭고 차가운 겨울바람에 잎 다 떨어진 앙상한 나무처럼 나의 영혼이 떨고 있습니다. 오랫동안 나 자신과 불화했습니다. 내가 싫었고, 때로는 아주 미웠습니다. 스스로 보기에도 무능했고 너무 연약했기 때문입니다. 그래서 스스로 나에게 좋은 친구가 되지 못했습니다. 자신조차 믿지 못하니, 누구도 기대하거나 신뢰할 수 없었습니다. 이런 내가 누군가의 친구가 된다는 건 어불성설이었습니다. 내 속에 불신의 쓴 뿌리가 깊이 박혀 있었습니다. 사실은 내가 어떤 사람인지 직시하기가 겁났습니다. 나에 관해 질문하지 않다 보니, 정말 내가 누구인지 잘 몰랐습니다. 오히려 남에 의해 내 정체성을 설정했습니다. 그러면 그럴수록 남의 시선과 평가에만 민감하게 반응했습니다. 결국 돌아보면, 이 모든 게 남에게 보이기 위해 노심초사하며 산 탓입니다.

영혼에 사라진 삶의 기쁨과 즐거움을 회복시켜 주옵소서. 창조주이시고 기쁨의 근원이신 하나님을 다시 바라보게 하옵소서. 하나님의 놀라우신 사랑과 은혜를 알게 하신 예수님을 마음에 품게 하옵소서. "누구든지 그리스도 안에 있으면 새로운 피조물이라. 이전 것은 지나갔으니 보라 새 것이 되었도다." 이제 옛 자아를 버리고, '하나님의 자녀'라는 새로운 자아로 살아가게 하옵소서.

스올의 뱃속에서

온 2:5-10

이르되 내가 받는 고난으로 말미암아
여호와께 불러 아뢰었더니 주께서 내게
대답하셨고 내가 스올의 뱃속에서
부르짖었더니 주께서 내 음성을
들으셨나이다.

사랑의 하나님, 오늘 하루를 전적으로 내 소유물로 여기며 살았습니다. 그러니 기도할 기회도 없었고, 기도할 생각도 하지 않았습니다. 하지만 막다른 골목과도 같은 '스올의 뱃속'에 맞닥뜨릴 때가 있었습니다. 그때 내 생각이 달라졌습니다. 나보다 크고도 크신 창조주 하나님께 기도하기 시작했습니다. 이제 예수님을 믿는 나는 기도도 곧잘 합니다. 하루 세 끼 먹을 때도 머리 숙여 기도합니다. 대학 입시를 치를 때도, 직장을 얻기 위해 이력서를 낼 때도 나름대로 열심히 주님께 아뢰었습니다. 사랑하는 사람을 만나 아름다운 가정을 꾸리고 싶었을 때도 기도했습니다. 사업체를 운영할 때도 소원을 품고 간구했습니다. 하지만 다시 생각해 보니, 형식적이고 입에 발린 소리가 대부분이었습니다. 하나님의 이름을 부르면서도 하나님에게 하는 기도가 아니었습니다. 오히려 사람들에게 들려줄 멋진 기도문을 꾸미는 일에 만족했습니다.

그리고 이제 병에 걸리고 직장과 사업이 제대로 풀리지 않고 인간관계에 실패하면서 척박한 자리, 곧 '스올의 뱃속'을 경험합니다. 아니, 우리 가정, 자녀들의 학교, 우리가 몸담은 사회, 우리 한국 교회의 현실이 요나가 겪은 스올의 뱃속임을 깨닫습니다. 이제 눈물로 회개하며 주님께 기도하게 하옵소서. 이 스올의 뱃속이 우리의 무덤이 아니라 새 생명을 잉태하는 태가 되게 하옵소서.

참된 쉼

막 2:27-28

또 이르시되 안식일이 사람을 위하여 있는 것이요 사람이 안식일을 위하여 있는 것이 아니니.

사랑의 하나님, 참된 쉼이 하나님에게서 오는 것임을 알고 주님 앞에 나오게 하신 하나님을 찬양합니다. 하지만 나는 세상에서 너무 분주했습니다. 일하고 나서 쉰다고 말하면서, 일에 매몰될 때가 많았습니다. 생산성으로만 평가받는 시스템에 길든 탓입니다. 일에 매몰되다 보면, 어느 순간 '나는 일만 하는 기계인가?' 하는 의문이 듭니다. 일중독에서 빠져나오기가 쉽지 않았습니다. 그러다 보니 내 인격, 존재에 대한 자부심은 물거품처럼 사라졌습니다.

쉼을 누리지 못할 때 내 몸과 마음은 상했습니다. 애굽 왕 바로의 압제 아래 종살이하던 이스라엘 백성의 비굴한 모습이 내 속에 남아 있었습니다. 쉼을 갖지 못할 때 나는 생산성만 높이는 기계가 되어 돈의 노예, 상품의 노예로 전락하고 말았습니다. 그 결과, 영적 즐거움을 세상의 찰나적인 육체적 즐거움으로 대체했습니다. 때로는 먹고 마시는 것으로, 때로는 성적 쾌락으로, 때로는 쇼핑 중독으로, 때로는 프로 스포츠의 승리욕으로 만족감을 얻으려 했습니다. 나를 도와주소서! 바쁘면 바쁠수록, 시간이 없으면 없을수록, 참된 쉼을 주시는 예수님께 나아와 하늘의 평안과 영혼의 즐거움을 얻게 하옵소서.

인간의 경영

잠 15:22, 16:1-3

너의 행사를 여호와께 맡기라. 그리하면
네가 경영하는 것이 이루어지리라.

사랑의 하나님, 이렇게 살아 있음을, 이렇게 눈으로 보고 귀로 들을 수 있음을, 이렇게 손과 발을 움직여 일할 수 있음을, 이렇게 좋은 믿음의 친구들이 옆에 있음에 감사드립니다. 하지만 세상에 나가고 직장 다니면 전혀 다른 세계를 경험합니다. 그곳은 인정사정없는 치열한 싸움터입니다. 매일 얼굴을 대하는 동료는 한 치의 양보도 없는 경쟁자입니다. 종종 대적자처럼 나와 사납게 부딪치기도 합니다. 때로는 나를 싫어하는 상사나 동료가 너무 많은 것 같아 지레 겁내고 도망가려 했습니다. 그러다 보니 스스로 나를 제한했고 직장에서 따돌림당하는 경험도 했습니다. 허드렛일만 내게 맡기는 것 같아 답답하기도 했습니다. 그럴 때마다 별로 쓸모없는 사람 같아 씁쓸했습니다. 한순간도 쉴 틈 없이 쏟아지는 업무 때문에 퇴근 시간이 가까워지면 녹초가 될 때가 많았습니다. 이렇게 뼈 빠지게 일하는 게 도대체 무슨 의미가 있는가 자문하기도 했습니다. 돈만 보고, 승진만 생각하며 무작정 달려온 게 아닌가 하는 자괴감이 들기도 했습니다.

삶의 현장인 일터에서 하나님의 사람으로서 열심히 일하려 합니다. 먼저 내 영혼과 육체에 참된 쉼터와 놀이터를 허락하옵소서. 우리 가정이, 우리 교회가 바로 그런 곳이 되게 하옵소서.

삶의 여정

창 47:7-10

내 나그네 길의 세월이 백삼십
년이니이다. 내 나이가 얼마 못 되니 우리
조상의 나그네 길의 연조에 미치지
못하나 험악한 세월을 보내었나이다.

사랑의 하나님, 이 인생은 하나님께서 잠깐 빌려주신 것입니다.
하지만 나는 오기로 가득 차서 세상을 내 마음대로 움직여 보려
했습니다. 이 땅에 잠시 나그네로 사는 인생인데 방랑자처럼 살
았습니다. 삶의 의미를 몰랐고 인생의 목표도 없었습니다. 나는
모든 일에 능숙한 만능인도 아니었고, 순수하고 흠 없는 사람도
아니었습니다. 이웃을 사랑하고 베풀 줄 아는 넉넉한 인간도 되
지 못했습니다. 오히려 좋은 친구가 곁에 없다며 서운해했습니
다. 사람들이 나를 좋아하지 않는다고 지레 겁을 먹기도 했고, 사
람들과 어울리는 걸 시간 낭비라고 여기기도 했습니다. 인생의
짐이 너무 무겁다고, 사람 복이 없다고 넋두리했습니다. 그때마
다 내 영혼은 몹시 외로웠고 몸도 마음도 마구 시렸습니다.
　어느 날 예수님께서 나를 찾아와 물으셨습니다. "나보다 더 고
통을 받아본 적이 있느냐?" "나보다 더 슬퍼하며 탄식해 본 적이
있느냐?" "나보다 더 외로워서 몸부림쳐 본 적이 있느냐?" "나보
다 더 억울해서 가슴 치며 울어 본 적이 있느냐?" 십자가의 길을
가신 예수님 앞에 서면, 내 대답은 무조건 "아니요"였습니다. 그
때 주님께서 말씀하셨습니다. "그러면 됐다. 내가 네 친구 할 테니
이제 나와 함께 다시 시작하자!" 주님, 감사합니다. 내 짐을 대신
지신 예수님과 함께 내 삶을 새롭게 열어 가겠습니다.

새로움의 영

고후 4:16-5:1

그러므로 우리가 낙심하지 아니하노니
우리의 겉사람은 낡아지나 우리의
속사람은 날로 새로워지도다.

사랑의 하나님, 일상의 삶에서 탈출하여 주님 앞에 나왔습니다. 마치 종 되었던 애굽 땅에서 탈출한 이스라엘 백성과도 같습니다. 젖과 꿀이 흐르는 약속의 땅이 머리에 떠오르고 심장은 설렘으로 마구 뜁니다. 하오나 나는 세상에서 겁쟁이로 살았습니다. 약속의 땅을 향하여 한 걸음 한 걸음 과감하게 내딛기를 주저했습니다. 내일이 너무 불확실한 탓입니다. 또 어떤 방해물이 나를 덮칠지 두려운 탓입니다. 두려움에 시간을 낭비했습니다.

　어느 순간 보니 젊음이 내 옆을 떠나고 있었습니다. 어느덧 중년이, 어느덧 노년이 내 인생의 자리에 꽈리 틀고 앉았습니다. 때로는 정말 열심히 치열하게 살았습니다. 하지만 다시 생각해 보니, 모두 이기적인 탐욕을 채우기 위해서였습니다. 이제 겉사람은 다 낡고 헤졌습니다. 속사람은 너무 허전하고 곤고합니다. 정신의 회복탄력성은 이제 영에 이르렀습니다. 세상 어디에도 진정한 새것은 없었습니다. 시간이 지나면 낡았고, 쓰고 나면 폐기물처럼 찌꺼기로 남았습니다. 돈도, 권력도, 명예도, 쾌락도 다 그렇게 지나갔습니다. 이제 새로움의 근원이신 분, 친히 새로움을 만드시는 예수님 앞에 섭니다. 주님 안에서 닳아 없어질지언정 절대 녹슬지 않게 하옵소서.

평안의 영

롬 14:15-18

하나님의 나라는 먹는 것과 마시는 것이 아니요 오직 성령 안에 있는 의와 평강과 회락이라.

사랑의 하나님, 하나님은 평강의 하나님이십니다. 예수님은 세상이 주지 못하는 하늘의 평안을 선물하시는 분이십니다. 하지만 나는 "평강의 하나님이 어디 계시냐?"라는 사탄의 거짓말에 미혹되었습니다. 그리하여 평강의 하나님을 망각했으며 불안해했습니다. 사탄은 이간질을 통해 분열을 조장함으로써 평강의 열매가 내 안에 맺히는 것을 방해했습니다. 나는 거기에 너무 쉽게 동조하고 사탄의 장난에 장단을 맞추었습니다. 사탄은 때로 거짓 평안을 줍니다. 회개하고 변화해야 할 때 불의한 삶에 안주하게 만듭니다. 그리하여 정말 불안해해야 할 때 거짓 평안에 만족하게 합니다. 반대로 평안해야 할 때는 한사코 불안하다고 외쳐 댔습니다. 준비하고 훈련하기 위해 거룩한 땀을 흘리지 않은 탓입니다. 어제의 실수와 실패에 붙잡혀 있는 탓입니다.

　세상은 나와 너무 동떨어져 있다면서 무력감에 힘들어했습니다. 그러자 삶의 모든 것이 칠흑 같은 어둠처럼 불확실성으로 다가왔습니다. 나로 평강의 열매를 맺게 하옵소서. 하지만 평안할 때 거짓 평안이 나를 속이고 있지 않은지 묻게 하옵소서. 불안할 때 다시 주님을 바라보게 하옵소서. 하나님만이 평강의 하나님이심을 깨닫게 하옵소서.

슬픔과 기쁨

시 30:5-12

주께서 나의 슬픔이 변하여 내게 춤이
되게 하시며 나의 베옷을 벗기고
기쁨으로 띠 띠우셨나이다.

사랑의 하나님, 어깨를 내리누르는 무거운 짐들, 가슴을 옥죄는 아픔들, 곧 죄책감, 근심과 걱정, 슬픔과 탄식을 주님께 내려놓습니다. 손아귀에 꽉 쥐고 있다고 여겼던 것들이 어느 날 하나둘 사라졌습니다. 건강하던 몸이 갑자기 쑤시고 아프기 시작합니다. 청춘이라고 여겼던 시간이 어느덧 중년으로, 노년으로 변했습니다. 자랑스럽게 여겼던 명예가 낙엽처럼 사그라졌습니다. 세상모든 걸 가질 수 있다고 여겼던 꿈들이 일장춘몽처럼 사라졌습니다. 그뿐만이 아닙니다. 곁에서 수다를 떨던 친구들도 하나둘 떠났습니다. 사랑스럽던 바로 옆 사람도 나를 두고 먼저 갔습니다. 그러자 외로움이 주위를 서성거리기 시작했습니다. 마음 깊은 곳에 뿌리박혀 나를 우울하고 슬프게 만들었습니다.

허무의 탄식 속에 빠져들면서도 하나님 앞에 나가려 하지 않았습니다. 서러움은 눈물이 되었고, 그 눈물이 내 안에 고여 한이 서린 호수를 만들었습니다. 그러고는 시도 때도 없이 내 안에서 흘렀습니다. 몸 곳곳이 쑤셨고 가슴은 찢어질 듯 아팠습니다. 나를 갉아먹는 종양처럼 몸과 마음에 마수를 뻗었습니다. 내 몸의 고통보다 더 큰 십자가의 고난을 당하며 두려워하셨던 예수님, 내마음의 슬픔보다 더 큰 슬픔으로 통곡하신 예수님, 나의 고난과 슬픔을 아시는 주님 덕분에 이제 다시 쇠하지 않는 기쁨의 노래를 부르게 하옵소서.

절망과 희망

왕상 19:9-18

엘리야가 그 곳 굴에 들어가 거기서
머물더니 여호와의 말씀이 그에게 임하여
이르시되 엘리야야 네가 어찌하여 여기
있느냐.

사랑의 하나님, 여기까지 인도하신 하나님을 찬양하며 경배합니다. 하지만 나는 뒤죽박죽 엉킨 인생을 살았음을 고백합니다. 겉으로는 주님 뜻대로 산다고 하면서 속으로는 내 야망을 성취하느라 분주했습니다. 그래서 때때로 가다가 넘어졌습니다. 아니, 시궁창 같은 쓰레기 더미에 버려졌습니다. 기가 막힐 웅덩이와 수렁에 빠져 헤어 나올 수조차 없을 때도 있었습니다. 하나님의 이름이 이 땅에서 모독받는 것에 대해 엘리야의 심정으로 통분한 적도 있습니다. 하오나 세상이 나를 조롱할 때 내 모습이 너무 초라해서 낙심했습니다. 한 치 앞도 바라볼 수 없어서 희망을 잃어버리고 절망의 심연에 가라앉을 때도 있었습니다. 속에서부터 무언가가 고장 났습니다. 하지만 나 스스로 고칠 수가 없었습니다. 낙심하는 영혼이 하나님을 향하여 구원의 비명을 지르고 있습니다.

다시 섬세하게 들려오는 하나님의 말씀에 귀 기울이게 하옵소서. 하나님께서 예비하신 믿음의 동지가 주위에 있음을 깨닫게 하옵소서. 이제 나를 얽어매는 절망과 탄식을 과감히 거부하게 하옵소서. 십자가에 달리시고 부활하신 예수님에게만 참된 소망이 있음을 내 영혼이 큰 소리로 외치게 하옵소서.

나는 여호와라

출 6:2-9

내가 아브라함과 이삭과 야곱에게
주기로 맹세한 땅으로 너희를 인도하고
그 땅을 너희에게 주어 기업을 삼게
하리라. 나는 여호와라.

사랑의 하나님, 새롭게 무언가를 시도해 보려 했습니다. 하지만 금방 멈춰 섰습니다. 마치 모세처럼 옛날에 성공하지 못했던 일들이 떠올랐기 때문입니다. 또다시 실패할까 겁났습니다. 무엇보다 남에게 거절당할까 봐 두려웠습니다. 그래서 주님의 말씀대로 도전하기도 전에 먼저 실망하고 탄식했습니다. 부딪쳐 볼 엄두도 내지 못하고 마음에서부터 패배했습니다. 그것만이 아닙니다. 운명론적인 탄식을 하면서 세상을 삐딱하게 보기 시작했습니다.

내가 가진 소중한 것을 잘 보지 못했습니다. 내 것이 얼마나 값진 것인지 눈여겨볼 마음이 없었습니다. 없는 것만을 투덜대며 한 걸음도 더 나가기 싫다고 투정 부렸습니다. 다른 사람이 지나가듯 내뱉은 말 한마디에 신경을 곤두세웠습니다. 남과 끊임없이 비교하는 열등감 때문에 마구 흔들렸습니다. 내면 깊숙이 도사리는 두려움의 그림자를 몰아내 주옵소서. 말씀으로 이겨 내신 예수님의 마음, 거룩한 영을 이 시간 나에게 부어 주옵소서.

망각과 기억

사 43:18-21

너희는 이전 일을 기억하지 말며 옛날 일을 생각하지 말라. 보라 내가 새 일을 행하리니 이제 나타낼 것이라.

사랑의 하나님, 내가 하나님의 자녀임을 망각할 때가 많습니다. 그럴 때마다 사탄은 나의 옛 모습을 자꾸 기억나게 만듭니다. '너는 본래 죄인'이라고, '너는 본래 사기꾼'이라고, '너는 용서받을 수 없는 못된 놈'이라고 속삭입니다. '너는 감히 하나님 앞에 나갈 수 없는 존재'라고, '나 사탄과 함께 있어야 어울리는 놈'이라고 겁을 줍니다. "네가 예수를 믿어도, 사실 네 행위는 사탄을 닮아서 형편없으니 내 수발이나 들어야 한다"고 꼬드깁니다. 사탄은 지금도 내게서 잊힐 권리를 빼앗고 있습니다. 그래서 나의 죄악과 실패, 부끄러운 실수를 자꾸 끄집어내어 죄책감을 안겨 줍니다. 기억하고 알 권리 역시 무력화시킵니다. "내가 하나님을 아빠 아버지라 부를 수 있는 하나님의 자녀가 되었다"는 생각을 하지 못하게 만듭니다. 내 안에 의혹과 의심을 깊이 심어 놓습니다. 생명의 하나님, 용서의 하나님, 거룩한 하나님은 없다고 속삭이며 미혹합니다.

거짓 사탄의 음모와 술수를 쳐부수게 하옵소서. 이제 하나님의 아들딸이라는 권세를 갖고 예수님과 함께 새 일을 행하시는 하나님을 바라보며 다시 출발하겠습니다.

환난과 궁핍

계 2:8-11

내가 네 환난과 궁핍을 알거니와 실상은 네가 부요한 자니라. 자칭 유대인이라 하는 자들의 비방도 알거니와 실상은 유대인이 아니요 사탄의 회당이라.

사랑의 하나님, 이 시간 주님의 마음을 아프게 하고 상하게 한 것을 통회하는 마음으로 고백합니다. 내게는 하나님에 대한 의심과 불신, 무지와 어리석음이 있습니다. 하나님의 뜻을 알고자 하면서도 내 생각과 판단이 우선이었습니다. 예수님을 사랑하고 하나님의 뜻에 순종하는 것이 세상을 거부하는 길임을 압니다. 세상이 나를 넘어뜨리려고 미혹하고 나를 적대하고 있는 것을 압니다. 그러나 내게는 그것을 마주할 용기가 없었습니다. 때로는 악인이 큰소리치고 세상의 복을 누리는 듯 보입니다. 악인들이 힘을 갖고 권세를 휘두르고 가난하고 연약한 사람을 소유물처럼 마구 다룹니다. 그런데도 악인들에게 심판이 보류되며 징계가 나타나지 않는 현실을 볼 때 절망하기도 합니다.

악인이 번성하는 것을 보면서 부러워합니다. 의인이 고통당하는 것을 보면서 절망합니다. 믿음의 사람들의 모습을 망각합니다. 부활의 능력을 향한 소망이 결여된 탓입니다. 사탄의 세력과 치밀한 계략에 너무 쉽게 넘어가는 탓입니다. 오늘도 두려움으로 나를 조종하려는 사탄과 영적 전투를 벌이고 있습니다. "하나님이 우리를 위하시면 누가 우리를 대적하리요?"라는 말씀을 내 것으로 삼고 승리하게 하옵소서. 나는 죽어도 하나님 안에서 다시 살겠고, 내가 사는 것은 하나님의 생명 가운데 사는 것임을 알게 하옵소서.

신앙의 모험

마 14:24-33

예수께서 즉시 이르시되 안심하라 나니
두려워하지 말라.

사랑의 하나님, 나는 사실 겁이 많았습니다. 호기심도 많았습니다. 하지만 실패할까 봐 새롭게 부딪쳐 나갈 용기가 없었습니다. 무언가 불확실한 것 같으면 한 걸음도 내디디려 하지 않았습니다. 도전이라는 말보다는 안정이라는 말을 더 좋아했습니다. "모험을 즐긴다"는 말은 내 삶에 들어올 자리가 없었습니다. 익숙한 것만을 좋아했습니다. 편안한 것에서 벗어나는 걸 무척 꺼렸습니다. 그러다 보니 현재의 삶이 요동치면 너무 쉽게 과거를 그리워했습니다. 내일을 향해 과감하게 도약하려는 생각은 아예 포기했습니다.

예수님을 믿으면서 새로운 사실을 깨달았습니다. 신앙이란 도전이고 모험이라는 사실이었습니다. 신앙은 어제의 나를 끊임없이 벗어나게 하기 때문입니다. 신앙은 예수님과 함께하는 오늘을 새롭게 열기 때문입니다. "안심하라. 나니 두려워하지 말라!"는 예수님의 음성이 들리기 때문입니다. 하나님도 사상 최대의 모험을 하셨습니다. 죄악과 불의의 세계 속에 예수님을 보내셔서 십자가의 길을 가게 하셨습니다. 지금 치열한 삶의 현장에서 고통받고 있습니다. 하지만 예수님과 함께 새로운 미래를 도전하며 모험하는 하나님의 사람이 되게 하옵소서.

자녀가 되는 복

요 1:9-13

영접하는 자 곧 그 이름을 믿는
자들에게는 하나님의 자녀가 되는 권세를
주셨으니.

사랑의 하나님, 예수님을 이 어둠의 세상, 사탄의 땅에 보내 주신 하나님을 찬양합니다. 예수님을 믿는 나를 아들딸이 되게 하신 하나님께 감사합니다. 하지만 나는 이 자녀 됨의 특권을 놓치고 살 때가 많습니다. 예수님 덕분에 죄와 사탄의 억압에서 해방되었습니다. 하지만 여전히 억눌린 상태에서 고통받을 때가 많습니다. 하나님보다 사탄을 더 무서워하는 탓입니다. 예수님 덕분에 생명과 치유를 받았습니다. 하지만 여전히 병에 매여서 우울과 좌절에 시달립니다. 예수님께서 주시는 생명의 기쁨보다 죽음의 위협에 더 민감한 탓입니다. 예수님 덕분에 하루를 사는 게 즐거움과 감사가 되었습니다. 그러나 하나님보다 내가 앞서려고 하자 감사는 불평이 되었고 즐거움은 고통이 되었습니다.

그러다 보니 진정한 예배자가 되지 못합니다. 하나님에게 따질 것만 잔뜩 가지고 나올 때가 많습니다. 이만큼 자주 예배드리는 것만 해도 아주 기특하다고 변명하기 바쁩니다. 예수님을 믿고 하나님의 자녀가 되었다는 사실을 망각한 탓입니다. 그러자 자유도 생명의 기쁨도 넉넉한 지혜도 새처럼 날아가 버렸습니다. 다시 깨닫고 순종하게 하옵소서. 자유 그 자체로 오신 예수님, 생명의 창조주로 오신 예수님, 지혜의 원천으로 오신 예수님! 다시 마음속에 예수님을 주님으로 모시고 동행하길 원합니다.

외로움

요 16:28-33

보라 너희가 다 각각 제 곳으로 흩어지고
나를 혼자 둘 때가 오나니 벌써 왔도다.
그러나 내가 혼자 있는 것이 아니라
아버지께서 나와 함께 계시느니라.

사랑의 하나님, 내 모습 이대로 주님 앞에 나왔습니다. 부끄러움, 연약함, 외로움을 안고 주님 앞에 섰습니다. 세상에서 열심히 살려 했습니다. 그래서 너무 분주했습니다. 그러다가 탈진되어 무력감을 느낄 때도 많았습니다. 그렇게 신뢰했던 친구도 내 곁을 떠났습니다. 때로는 배우자가 바로 옆에서 말을 걸어와도 낯선 이방인 같았습니다. 내 모습이 스스로 용납되지 않을 때 외로움은 절정에 이르렀습니다. 산다는 게 너무나 고독하고 외롭다는 사실에 전율하곤 합니다. 아무도 나를 깊이 이해하고 함께하지 않습니다. 그래서 외롭다고, 위로자가 필요하다고, 나와 함께할 존재 어디 없냐고 소리소리 쳤습니다. 나를 친히 만드시고 삶의 의미를 부여하신 창조주 하나님을 만나지 못한 탓입니다. 심지어 하나님을 믿는다고 입으로 고백하면서도 쓸쓸함과 외로움에 매몰될 때가 있습니다. 머리로는 알지만, 가슴으로 하나님을 알아가는 참된 사랑이 없었던 탓입니다.

그때 하늘의 음성이 내 귀에 들렸습니다. "그들은 혹시 잊을지라도 나는 너를 잊지 아니할 것이라." 바로 그때 예수님의 말씀이 내 마음에 와닿았습니다. "세상에서는 너희가 환난을 당하나 담대하라 내가 세상을 이기었노라." 이 시간, 임마누엘이신 하나님과 동행하는 기쁨으로 충만하게 하옵소서.

온전한 사랑

요 21:15-17

주님 그러하나이다. 내가 주님을
사랑하는 줄 주님께서 아시나이다.

사랑의 하나님, 이 땅에 빛으로, 생명으로, 평화의 왕으로 오신 예수님을 환영합니다. 내 속에 있는 어둠의 흔적들이 주님의 빛으로 사라지게 하옵소서. 나를 몰아가는 죽임의 그림자를 주님의 생명으로 쫓아내옵소서. 나를 갉아먹는 불안과 걱정의 상처들을 주님의 평강으로 치유하옵소서. 하루하루 살면서 내 속에 막연한 두려움이 있었습니다. 정말 사랑하고 싶으나 거절당할까 두려웠습니다. 사랑받고 싶었습니다. 하지만 어느 누가 나 같이 부족한 존재를 사랑할까 두려웠습니다. 하나님이 먼저 나를 사랑하신 사실을 잊은 탓입니다. 내 욕심과 야망으로 사랑하려고 한 탓입니다. 그러다 보니 처음 사랑을 잊고 자꾸 교만해졌습니다. 주님의 사랑 덕분에 나도 사랑을 시작할 수 있음을 알지 못했습니다. 예수님을 믿고 교회를 다니는데도 마음이 시릴 때가 있습니다. 기쁨을 누리기보다는 자꾸 우울해하는 나를 봅니다. 부활하신 예수님을 통해 회복되지 못한 탓입니다. 아니, 주님을 내 마음, 내 목숨을 걸고 사랑한다고 고백하지 않은 탓입니다.

사랑 안에는 두려움이 없고 온전한 사랑이 두려움을 내쫓는다고 말씀하셨습니다. 이제는 베드로처럼 고백합니다. "내가 주님을 사랑하는 줄 주님께서 아시나이다."

하나님의 형상

창 1:26-31

우리의 형상을 따라 우리의 모양대로 우리가 사람을 만들고 그들로 바다의 물고기와 하늘의 새와 가축과 온 땅과 땅에 기는 모든 것을 다스리게 하자.

사랑의 하나님, 내가 하나님 형상을 지닌 자임을 알게 하시니 감사드립니다. 나는 본디 먼지와 티끌 같은 하찮은 존재입니다. 그런데 마치 빛나는 다이아몬드인 줄 착각하고 교만을 떨며 으스댔습니다. 인생의 종착역은 흙인데, 나의 마지막을 기억하지 못하고 우쭐대며 살았습니다. 나를 용서하시고 사죄의 은총을 내려 주옵소서. 내가 하나님의 형상을 지닌 고귀한 존재라는 생각을 한 번도 진지하게 해 보지 못했습니다. 하나님께서는 나를 흙으로 정성스럽게 빚으시고 생명의 기운을 불어넣으셔서 사랑하는 존재로 만드셨습니다. 천하에 하나밖에 없는 고유한 개성을 지닌 최고의 걸작품으로 만드셨습니다. 그런데도 나는 나의 신세, 모양, 결핍을 한탄할 때가 많습니다. 눈에 보이는 세상 환경에 매몰되어 산 탓입니다. 세상 사람들에게 인정과 칭찬을 받고 싶어서 열심히 살았습니다. 그런데도 인기를 얻지 못하자 깊은 나락에 빠지는 좌절을 경험했습니다. 하늘과 땅을 만드신 창조주 하나님께서 나를 좋아하고 사랑한다는 그 위대한 말씀에는 귀를 닫아걸었습니다. 무지하고 어리석은 탓입니다.

내가 하나님이 손수 만드신 멋진 진품임을 확인하게 하옵소서. 그리하여 내가 빵만 먹고 살 수 없는, 하나님의 말씀으로 사는 복된 존재임을 깨닫게 하옵소서.

안식의 특권

창 2:1-3; 막 2:27-28

하나님이 그 일곱째 날을 복되게 하사
거룩하게 하셨으니 이는 하나님이 그
창조하시며 만드시던 모든 일을
마치시고 그 날에 안식하셨음이니라.

사랑의 하나님, 세상 속에서 살면서 너무 많은 일로 분주했습니다. 그러면서 하나님께 예배드리는 가장 중요한 일을 소홀히 할 때가 많았습니다. 안식의 특권을 주신 주일에도 결코 쉴 수가 없었기 때문입니다. 그래서 너무 피곤했습니다. 누군가에게 쫓기는 사람처럼 살았습니다. 엄청난 경쟁을 뚫고 성공하는 것이 우선이라고 여겼습니다. 그래서 너무 바빴습니다. 일중독에서 벗어나려 하지 않았습니다. 행여나 그나마 쌓은 업적이 스르르 무너져 버릴까 두려웠기 때문입니다. 그러면서도 잠시 망각의 쾌락처럼 다가오는 독한 술과 정욕에 쉽게 몸을 담그려 했습니다. 그러자 평안은 어디론가 사라지고 먹구름 같은 더 큰 근심이 나를 괴롭혔습니다. 뒤엉킨 내 삶이 보기조차 역겨웠습니다. 그럴수록 감사할 일보다 화낼 일이 더 많이 생겼습니다.

주일은 삶을 억누르는 무거운 짐을 내려놓는 쉼의 날, 평안의 날입니다. 동시에 부활의 아침을 맞는 새 생명의 날입니다. 안식일을 축복하신 하나님의 마음으로, 삶을 축복하며 기뻐하게 하옵소서.

사랑을 향한 갈망

요 19:25-27

예수께서 자기의 어머니와 사랑하시는
제자가 곁에 서 있는 것을 보시고.

사랑의 하나님, 시도 때도 없이 찾아오는 영혼의 두려움이 있습니다. 그런데도 그것이 진정한 사랑에 갈증을 느끼는 영혼의 절규인 줄 몰랐습니다. 가슴을 시리게 하는 외로움이 덮쳐 올 때도 있습니다. 그런데도 그것이 영원한 사랑을 그리워하는 영혼의 탄식인 줄 모르고 그저 육체의 쾌락으로 잠깐 외로움을 달래려 기를 쓰며 살았습니다. 마음 깊숙한 곳에서 치솟는 분노 때문에 숨이 막혀 어찌할 줄 몰라 소리칠 때가 한두 번이 아닙니다. 그런데도 그것이 사랑 그 자체이신 하나님을 찾아 헤매는 영혼의 부르짖음임을 깨닫지 못했습니다.

하나님에게 받았으면서 전혀 받지 않은 것처럼 나를 자랑하며 사는 교만함을 용서하옵소서. 하나님은 나를 갈망하며 사랑하시는데 나는 하나님을 갈망하지 않고 다른 데서 목마름을 해갈하려 했습니다. 하나님을 향한 그리움을 일깨워 주옵소서. 영혼의 목마름을 주님의 사랑을 향한 갈망으로 바꾸어 주옵소서. 내가 하나님께 드릴 것은 사랑뿐입니다. 주님의 사랑을 갚을 길은 주님을 다시 사랑하는 것뿐입니다. 하나님을 사랑하고 하나님만을 위해 불타게 하옵소서. 예수님의 사랑으로 말미암아 생각하게 하옵소서. 예수님의 사랑으로 말미암아 말하게 하옵소서. 예수님의 사랑으로 말미암아 손과 발이 움직이게 하옵소서.

7

무너진 터 위에 다시 세우는 믿음

하나님과의 관계를 회복하고
믿음을 새롭게 하는
여정

성령 충만한 삶

전 11:9-12:2

그런즉 근심이 네 마음에서 떠나게 하며
악이 네 몸에서 물러가게 하라.

사랑의 하나님, 성령은 진리의 영이며, 억눌린 자를 자유롭게 하
시는 영이며, 생명을 살리시는 영입니다. 성령은 상처를 함께 아
파하시며, 슬퍼하는 자에게 기쁨을 주시는 영입니다. 이 놀라우
신 성령의 역사를 너무 오해하면서 살았습니다. 예수를 믿는 신
앙을 가졌다고 자부하면서도 성령의 역사를 거부하면서 살았습
니다. 진실로 성령 충만하기를 바란 적도 있었지만, 실상은 성령
에 붙들려 살기를 싫어하고 거절했습니다. 내 자아는 그냥 사라
지는 건가, 나는 아무것도 아닌 무력한 존재가 되는 건가, 겁을 냈
습니다. 성령 충만하면, 감정에 빠져 이리저리 흔들리는 비이성
적인 사람이 될까 봐 두려웠습니다. 성령 충만하면, 광신적인 신
앙에 빠졌다고 사람들이 오해할까 봐 도망가려 했습니다.

　성령께서는 내 삶을 변화시키길 원하시는데, 나는 익숙한 습관
과 사고에서 벗어나기를 주저했습니다. 성령께서는 거룩한 영이
신데, 나는 부정하고 불의한 생각과 행위를 계속 즐기려 했습니
다. 성령께서는 생명의 영이신데, 나는 죽음을 예찬하는 이 시대
속에 안주하며 어둠의 자리에 끌려다녔습니다. 성령님이시여, 이
시간 나에게 임재하시고 충만하게 하옵소서. 내 영이 성령님의
도움으로 하나님을 아빠 아버지로 부릅니다. 내 영혼이 주님과
더불어 다시금 기뻐 뛰놀게 하옵소서.

나의 주님,
나의 하나님

마 16:13-20

이르시되 너희는 나를 누구라 하느냐. 시몬 베드로가 대답하여 이르되 주는 그리스도시요 살아 계신 하나님의 아들이시니이다.

사랑의 하나님, 입으로는 예수님을 믿는다고 말하면서, 온전히 사랑하는 마음으로 "나의 주님, 나의 하나님"이라고 고백하지 못했습니다. 사람의 시선에는 민감하나 하나님의 시선에는 둔감했던 탓입니다. 예수님을 믿으면서도 예수님께 질문하지 않았고 예수님의 질문을 받으려고도 하지 않았습니다. 돌아보면, 나에 관해서도, 이 시대에 관해서도, 예수님에 관해서도 진지하게 질문하지 않았던 듯합니다. 아니, 질문은 했습니다. 하지만 응답이 나올 때까지 인내하며 밀고 나가지 못했습니다. 중간에 멈추어 섰습니다. 같은 질문을 작년에도 올해에도 계속하는 나를 봅니다. 무관심 때문이며 게으름 때문입니다. 나에게 질문하시며 나와 만나길 원하시는 예수님을 의도적으로 외면한 적도 많았습니다. 내가 가진 작은 정보에 만족하며 예수님을 인격적으로 만나서 알고 사랑하기를 주저했습니다. 그 탓에 예수님은 늘 내 삶 주변에만 머물렀습니다. 소중하고 유일한 청중이 아니었습니다. 그래서 나는 걸핏하면 핑계 대고 도망가려 했습니다.

이 시간 "너는 나를 누구라 하느냐?"라는 예수님의 물음에 바르게 대답하게 하옵소서. 예수님만이 나의 소중하고 유일한 주님이신 것을 선포하게 하옵소서.

하나님의 벗

약 2:23-26

이에 성경에 이른바 아브라함이 하나님을 믿으니 이것을 의로 여기셨다는 말씀이 이루어졌고 그는 하나님의 벗이라 칭함을 받았나니.

사랑의 하나님, 하나님께서는 나를 자녀로 불러 주셨습니다. 하지만 나는 하나님을 아버지로 대접하며 살지 못했습니다. 때로는 하나님 앞에 나오기가 무서웠고, 그래서 꺼렸습니다. 징벌하시는 하나님을 대면하기가 겁나고, 부끄러운 행동을 한 내 모습을 주님에게 보이고 싶지 않았기 때문입니다. 때로는 하나님 앞에 나오기가 귀찮았습니다. 육신과 정신이 너무 게을렀던 탓입니다.

하나님께서는 "나의 벗"이라고 말씀하시면서 다가오셨습니다. 하지만 나는 하나님이 나의 친구가 되심을 그다지 중요하게 생각하지 않았습니다. 사람 사귀는 일도 힘들고 어려운데, 하나님을 사귀려면 얼마나 더 많이 수고하고 얼마나 더 많이 신경 써야 할까, 생각하기도 싫었습니다. 나를 알아주는 진정한 친구, 나의 슬픔과 외로움을 이해할 친구가 바로 예수님인 걸 몰랐습니다. 힘든 걸 이야기하고 또 이야기해도 받아 줄 이는 오직 예수님인 걸 깨닫지 못하고 다른 데서 해결하려 했습니다. 술을 진탕 먹고 잠시 잊으려 했고, 세상의 쾌락을 즐기면서 삶을 낭비했습니다. 이 시간 나에게 살아 계신 주님을 볼 수 있는 눈과 말씀을 듣는 귀와 깨닫는 마음을 허락하옵소서.

인간으로 오신 말씀

요 1:14

말씀이 육신이 되어 우리 가운데 거하시매 우리가 그의 영광을 보니 아버지의 독생자의 영광이요 은혜와 진리가 충만하더라.

사랑의 하나님, 바쁘다는 핑계로 주님 앞에 나와 예배드리기를 게을리했습니다. 그래서 하나님 없이 내가 내 인생의 주인인 것처럼 살 때가 많았습니다. 하나님의 말씀인 성경을 읽지도 묵상하지도 않았기에 하나님의 뜻을 바르게 알지 못하고 내 뜻대로만 살려 했습니다. 내 영혼에 주님이 계셔야 참된 평안이 있고 진정한 만족이 있는 걸 몰랐습니다. 아니, 내 영혼에 생명이 되지 못할 것을 채우느라 열심이었습니다. 세상의 미혹이었고, 찰나적인 육체의 쾌락이었습니다. 그것이 더 큰 공허와 허무를 안겨 주는 걸 너무 늦게 깨달았습니다. 영혼이 가뭄에 타는 대지처럼 쩍쩍 갈라졌는데도, 영혼의 목마름을 알지 못했고 알아도 모른 체했습니다. 배가 고플 때는 먹고 마실 것에 안달했지만, 영혼의 굶주림과 목마름에 대해서는 나 몰라라 했습니다.

이제 영혼의 매뉴얼인 성경을 읽을 마음을 주옵소서. 그리하여 인간으로 오신 예수님을 발견하게 하옵소서. 예수님을 진심으로 사랑하게 하옵소서. 그리하여 내가 누구인지, 나를 사랑하시는 하나님이 어떤 분이신지, 예수 그리스도가 왜 생명이시고 진리이신지 깨닫게 하옵소서. 이제 주님의 말씀을 먹고 생명의 능력으로 사는 성령의 사람이 되게 하옵소서.

지혜와 지식의 보화

골 2:1-3

확실한 이해의 모든 풍성함과 하나님의
비밀인 그리스도를 깨닫게 하려 함이니
그 안에는 지혜와 지식의 모든 보화가
감추어져 있느니라.

사랑의 하나님, 주님은 나의 연약함 때문에 아파하십니다. 나의
죄악 때문에 슬퍼하시고 눈물을 흘리십니다. 나의 미련함 때문에
가슴을 치며 답답해하십니다. 나의 게으름 때문에 탄식하십니다.
나의 이기적인 탐욕 때문에 안타까워하십니다. 나는 이 땅에서
성공하기 위해 처세술을 갖추길 원했습니다. 돈과 재물을 얻고
더 높은 지위와 명예를 얻으려고 애썼습니다. 그래서 교활한 꾀
로 남을 몰래 이용하기도 했고, 남의 것을 탈취하기도 했습니다.
　나는 지혜가 어디에 있는지 몰라 이리저리 방황했습니다. 하나
님께서 지혜로 이 세상 우주 만물을 만드셨다는 사실을 잊었습니
다. 참된 지혜이신 예수님을 찾지 않고, 세상 어딘가에서 찾으려
했습니다. 어디에 현자가 나타났다고 하면 기를 쓰고 만나고 싶
어 했습니다. 하지만 현자 중의 현자요, 지혜자 중의 지혜자이신
예수님을 만날 때는 아무 기대 없이 무덤덤할 때가 많았습니다.
예수님이 감추어진 하늘 지혜와 지식의 보화임을 미처 깨닫지 못
했습니다. 예수님을 나의 주님이라고 고백하면서도, 그 놀라운
지혜를 빌릴 생각을 하지 못했습니다. 예수님이 나를 향한 하나
님의 지혜와 사랑의 분신임을 깨닫게 하옵소서. 예수님과 함께
지혜와 지식이 가득한 신앙을 갖고 삶을 열어 가게 하옵소서.

역전의
하나님

삼상 2:4-8

여호와는 가난하게도 하시고 부하게도
하시며 낮추기도 하시고 높이기도
하시는도다.

사랑의 하나님, 삶이 허무 가운데 헤맬 때 하나님이 친히 나를 찾
아오셨습니다. 인생이 무가치하게 여겨져 낙담할 때 주님께서 내
이름을 부르며 다가오셨습니다. 그런데 어느 순간부터 이런 놀라
운 하나님의 은혜를 소홀히 하며 살았습니다. 오히려 하나님은
왜 불공평하신가, 하나님은 왜 침묵하시는가, 하고 하나님 탓을
하며 마음속으로 하나님을 비난했습니다. 언제부터인가 믿음도
교회 생활도 한낱 습관이 되어 버렸습니다. 하나님의 이름을 불
러도, "예수님" 하고 소리쳐도, 가슴이 뜨거워지지 않았습니다.
기도는 넋두리 같은 하소연이 되었습니다. 찬양할 때도 입술만
벙긋거릴 뿐입니다. 하나님이 교만한 자를 내리치시며 겸손한 자
를 살리시는 공의와 정의의 하나님이심을 망각했습니다. 가난하
게도 하시고 부하게도 하시며, 낮추기도 하시고 높이기도 하시는
역전의 하나님이심을 잊고 살았습니다.

한나가 노래한 것처럼 오늘 부르는 찬양이 삶의 일부가 되게
하옵소서. 아니, 삶 자체가 하나님을 향한 찬양이 되게 하옵소서.
잃어버린 노래, 멈추어 선 찬양을 되찾아 내 영혼이 주님과 함께
기쁨으로 소리쳐 노래하게 하옵소서.

먼저 사랑하신 하나님

신 7:6-11

여호와께서 다만 너희를 사랑하심으로
말미암아 … 자기의 권능의 손으로
너희를 인도하여 내시되.

사랑의 하나님, 하나님의 놀라우신 사랑을 오해할 때가 많았습니다. 찾으시고 다가오시는 하나님의 사랑을 감시하는 간섭으로 여겼습니다. 친밀하게 내미시는 하나님의 손길을 귀찮게 하고 괴롭히는 협박처럼 곡해했습니다. 나를 향한 사랑의 열정을 나를 꼼짝 못 하게 붙잡아 매려는 의도로 여기고 달아나려 했습니다. 나를 위해 아들까지도 내놓으신 위대한 사랑을 때로 아주 부담스럽게 여겼습니다. 하나님을 사랑한다고 말하면서도 하나님이 정말 원하는 게 무엇인지 생각하지 않았습니다. 예배에 빠지지 않고 헌금 꼬박꼬박 하고 교회 봉사 열심히 한 것이 하나님을 바르게 사랑한 증거라 여기며 교만했습니다. 그리하여 어느덧 바리새인들처럼 신앙이 형식화되어 버렸습니다. 그런데도 나만큼 신앙생활 잘하는 사람 있으면 좀 나와 보라고 뽐내고 싶었습니다.

아들을 아끼지 아니하시고 나를 사랑하신 하나님의 크신 사랑을 매일 매 순간 새롭게 깨달을 수 있는 사랑의 영을 부어 주옵소서. 이제는 하나님의 사랑에 전심으로, 기쁨으로 응답할 줄 아는 사람이 되게 하옵소서. 이제는 내 속에 계신 하나님을 세상에서 자랑하는 하나님의 사람이 되게 하옵소서.

꿈꾸는 자

창 37:18-28

요셉이 그들에게 가까이 오기 전에 그들이 요셉을 멀리서 보고 죽이기를 꾀하여 서로 이르되 꿈꾸는 자가 오는도다.

사랑의 하나님, 그리스도인은 하늘로부터 신비한 계시를 받은 사람입니다. 하지만 아침에 그것을 품었다가 저녁에는 다 잊는 망각증 환자가 바로 나였습니다. 주님께서는 지금까지 내 삶을 하나하나 추적하시고 지켜보셨습니다. 하지만 나는 웅덩이에 빠져 힘들고 괴로울 때마다 쉬 낙심하며 원망했습니다. 내가 품은 꿈과 비전이 하나님이 주신 것이라고 믿을 때도 있었습니다. 하지만 현실의 벽에 조금만 부딪혀도 막막해서 좌절할 때가 많습니다. 마치 요셉처럼 믿었던 사람들에게 내침을 당하고 버림을 받을 때는 혼자 외로워하면서 세상을 향해 분노했습니다. 때로는 내 꿈과 하나님의 꿈이 정말 같은가, 나 혼자만 이런 소원을 품은 건 아닌가, 고민하며 방황했습니다. 삶이 너무 각박하고 치열해서 하나님의 뜻을 헤아릴 여유도 없이 살 때도 있었습니다. 꿈을 바라보기보다는 그 꿈을 주신 하나님을 바라보며 한 걸음씩 나아가게 하시는 것이 하나님의 섭리임을 잊었습니다. 먼저 하나님의 나라와 의를 구하지 않고 내 욕심과 야망을 우선시했습니다.

이제 하나님의 소원이 내 소원이 되게 하옵소서. 하나님의 섭리와 경륜이 나의 계획과 포부보다 훨씬 더 큰 것임을 믿게 하옵소서. 하나님께 나를 맡기고 한 걸음씩 앞을 향해 나아가게 하옵소서.

도깨비방망이

창 41:9-25

요셉이 바로에게 아뢰되 바로의 꿈은
하나라 하나님이 그가 하실 일을
바로에게 보이심이니이다.

사랑의 하나님, 신앙이 기다림이라는 사실을 잘 몰랐습니다. 도깨비방망이처럼 두들기기만 하면 금방 소원이 이루어지는 줄 착각했습니다. 그래서 기다려야 할 때 조급해하며 화를 냈습니다. 기다림이 살아 계신 하나님을 인격 전체로 만나는 복된 시간이 됨을 미처 깨닫지 못한 탓입니다.

내가 누구인지 하나님 앞에 묻지 않고 세상 사람들에게 물으려 했습니다. 그래서 사람들이 나를 인정하고 칭찬하면 종일 미소 지으며 좋아했습니다. 하지만 나를 비웃고 조롱하면 섭섭하고 화가 나서 눈물을 쏟았습니다. 일상 속에 살면서 다가와 말씀하시는 주님의 음성을 듣지 못한 탓입니다. 무언가 잘 되어 간다 싶을 때는 행운의 연속이라고 좋아했습니다. 하지만 무언가 잘못되면 실패할 운명이라며 탄식했습니다. 축복 속에 다가오는 하나님의 은총도 간과했습니다. 고난 속에 이루시는 하나님의 섭리도 깨닫지 못했습니다. 주님께서 사건과 사람을 통해 보여 주셔도 보지 못했습니다. 볼 수 없었습니다. 주님께서 말씀을 들려주셔도 한 귀로 흘려버렸습니다. 볼 수 있는 눈과 들을 수 있는 귀와 깨달을 수 있는 마음을 주옵소서. 나보다 더 자세히 내 인생의 계획을 갖고 계신 하나님께 나를 맡기는 믿음을 주옵소서.

하나님을 닮은 자유인

그를 하나님보다 조금 못하게 하시고
영화와 존귀로 관을 씌우셨나이다.

시 8:1-9

사랑의 하나님, 우리는 하나님의 형상으로 지음 받은 최고의 피조물입니다. 하지만 하나님 없이 스스로 신이 된 양 오만하고 방자할 때가 많습니다. 하나님께서는 나를 하나님만을 두려워하는 존재로 만드셨습니다. 이는 나로 세상 어떤 피조물도 두려워하지 않는 용기 있는 사람이 되게 하시기 위함이었습니다. 하지만 하나님 경외하기를 잊는 순간 나는 세상 것들에 얽매였고 불안과 두려움에 사로잡혔습니다. 하나님께서 나를 예배하는 자로 초청하심은 이 땅에서 진정한 자유인으로 살게 하심이었습니다. 하지만 나는 하나님을 하나님으로 대접하지 않은 적이 너무 많습니다. 예배를 형식적으로 드리기만 하면 할 일이 다 끝났다고 여겼습니다. 내 마음대로 살기를 원했지만, 실상 내가 행한 것에 책임을 지려 하지는 않았습니다. 스스로 자유라고 주장했지만, 방향 없는 방종이었습니다. 죄책감만 들지 않으면 육체의 욕망대로 하고 싶어 했습니다. 물고기는 물속에 있는 것이 자유이고, 연은 줄에 매달려 있어야 공중에서 마음껏 춤출 수 있다는 사실을 잊었습니다.

자유자이신 예수님에게 의존하면 나를 종처럼 부릴 거라고 여기고 도망친 것을 용서하여 주옵소서. 자유 그 자체이신 하나님을 떠나서 종처럼 억압되어 살았던 것을 용서하여 주옵소서. 이 시간 하나님께 기도하며 진정한 자유인으로 거듭나게 하옵소서.

하나님의 열심

사 9:6-7

그 나라를 굳게 세우고 지금 이후로 영원히 정의와 공의로 그것을 보존하실 것이라. 만군의 여호와의 열심이 이를 이루시리라.

사랑의 하나님, 교회 생활을 오래 하면서도 '예수님을 정말 믿고 있나?' 긴가민가할 때가 참으로 많았습니다. 예수님을 믿는다고 하기에는 주님을 향한 열심과 열정이 너무 부족했습니다. 예수님을 믿지 않는다고 하기에는 가슴에 영적인 흔적이 있어 양심의 가책을 받았습니다. 문제는 내 신앙이 미지근했기 때문입니다. 차지도 않고 뜨겁지도 않았습니다. 신앙이 너무 미지근해서 삶을 주도하지 못했습니다. 그럴 때마다 세상의 유혹이 나를 마구 흔들었고 타락의 늪에 빠뜨렸습니다. 그럴 때마다 후회하고 주님 앞에 나오기를 반복했습니다. 때로는 신앙의 열심과 열정도 있었습니다. 하지만 방향 감각을 잃은 열정이 될 때도 많았습니다. 무언가 열심히 수고하고 봉사하면서 사방팔방 사람들에게 비수같이 상처만 주었습니다.

죄인인 나를 위해 이 땅에 아들 예수님을 보내신 '하나님의 크신 열심'을 찬양합니다. 이제 내게도 하나님을 닮아 가는 '작은 열심'을 허락하옵소서. 지성에 '불타는 열심'을 주옵소서. 감성에 '냉정한 열심'을 덧입혀 주옵소서. 의지에 '끈기 있는 열심'으로 초석을 쌓게 하옵소서. 그리하여 '하나님의 열심'을 지니고 이 땅에 하나님의 나라를 세우는 믿음의 용사가 되게 하옵소서.

하나님의 뜻

왕상 22:24-28

그나아나의 아들 시드기야가 가까이
와서 미가야의 뺨을 치며 이르되
여호와의 영이 나를 떠나 어디로 가서
네게 말씀하시더냐.

사랑의 하나님, 하나님의 선하시고 기뻐하시고 온전하신 뜻을 사모한다고 생각했습니다. 하지만 어느 날 보니 내 욕심과 내 생각을 하나님의 뜻이라고 여기고 있었습니다. 하나님의 뜻대로 순종하기를 원했습니다. 하지만 실상은 내 뜻을 관철하기 위해 하나님의 이름을 빌리고 있었습니다. 내게 좋으면 하나님의 뜻이고, 내게 나쁘면 하나님의 뜻이 아니라고 편하게 생각했습니다. 때로는 하나님의 뜻을 체념적으로 받아들였습니다. 그래서 내가 해야 할 일, 내가 변화해야 할 부분은 깊이 생각하지 못했습니다. 나를 하나님의 뜻에 맞추려 하지 않고 하나님을 내 뜻에 맞추려 하는 어리석은 사람이었습니다.

이 땅에 인간의 모습으로 오신 예수님이 곧 하나님의 뜻 자체요 하나님의 뜻의 체현임을 알면서도 주님께 깊이 묻지 않았습니다. 하나님의 뜻을 알려면 말씀을 읽고 묵상해야 하는데, 내 생각과 열정이 곧 하나님의 뜻이라 착각할 때가 많았습니다. 하나님의 뜻이 무엇인지 치열하게 묻기를 싫어했던 나를 용서하옵소서. 이제는 하나님의 선하시고 기뻐하시고 온전하신 뜻이 무엇인지 깊이 분별하게 하옵소서. 주님의 뜻이면, 겸손히 순종하게 하옵소서. 주님의 뜻이 아니면, 당당히 거절할 용기를 주옵소서.

하나님의
모든 말씀

눅 1:36-38

대저 하나님의 모든 말씀은 능하지
못하심이 없느니라.

사랑의 하나님, 내 안에 첫 인간 아담과 하와의 연약한 모습이 담겨 있습니다. 무엇보다 하나님의 자녀라는 자부심이 부족합니다. 그래서 유혹이 다가올 때 너무 쉽게 흔들립니다. 신앙의 지조를 지키지 못하고 너무 빨리 무너집니다. 예배를 드리며 하나님의 말씀을 받으면서도, 세상에 나가서는 내 입맛에 따라 슬그머니 말씀을 왜곡하며 살 때가 많습니다. 때로는 그것을 불순종의 기회로 삼기도 합니다. 내 속에 하나님을 사랑하는 마음보다 탐욕이 더 큰 탓입니다. 하나님의 말씀을 마음 판에 새기고 싶어 했습니다. 그러면서도 내 이성에 거슬리고 내 감정에 못마땅하면 가차 없이 거절했습니다.

주님의 말씀을 듣고도 '내일이 되면 하지!' 하고 계속 미루었습니다. 사실은 하나님의 말씀이 약속대로 이루어질까 겁먹었기 때문입니다. 말씀을 삶에 적용하려면 엄청난 용기가 필요하고 생명을 거는 일일 수도 있다는 두려움 때문이었습니다. 그래서 무늬만 신앙, 내용은 불신앙, 겉은 겸손, 속은 교만으로 가득 찬 존재로 하루하루를 보냈습니다. 이제 하나님의 자녀이자 하나님의 사람임을 자랑스럽게 여기게 하옵소서. 주님의 말씀을 들을 때 축 처진 영혼이 벌떡 깨어나게 하옵소서.

자발적 고난

행 5:40-42

사도들은 그 이름을 위하여 능욕 받는 일에 합당한 자로 여기심을 기뻐하면서 공회 앞을 떠나니라.

사랑의 하나님, 아들이신 예수님이 내게 하나님을 아빠 아버지로 부르는 특권을 주셨습니다. 하지만 나는 하나님의 자녀로 자랑스럽게 살지 못했음을 고백합니다. 예수님이 나의 주님임을 고백은 합니다. 하지만 이웃에게 예수님이 나의 하나님이라고 자랑한 적은 별로 없습니다. 예수님이 진리임을 믿습니다. 하지만 진리이신 예수님을 증언한 적은 많지 않습니다. 예수님이 생명임을 믿습니다. 하지만 몸과 마음으로 생명이신 예수님과 함께 뒹굴며 살지 못했습니다. 예수님이 빛임을 믿습니다. 하지만 빛의 영광을 누리지 못하고 어둠 속에서 헤맬 때가 많았습니다. 예수님이 나의 축복임을 믿습니다. 하지만 축복받는 것만 좋아했지, 이웃과 나누는 데는 인색했습니다.

예수님께서 나의 허물과 죄악을 위해 십자가의 길을 묵묵히 가신 것을 압니다. 하지만 나는 거꾸로 예수님의 고난에 동참하는 것에 지레 겁을 먹었습니다. 주님을 위해 고난당하는 걸 두려워했기에 용기를 잃었고 비굴한 자가 되었습니다. 이제 예수님 때문에 세상에서 고난당하는 것이 오히려 나의 기쁨이 되게 하옵소서.

호기심에서 경배로

마 2:1-12

유대인의 왕으로 나신 이가 어디 계시냐 우리가 동방에서 그의 별을 보고 그에게 경배하러 왔노라 하니.

사랑의 하나님, 이 땅에 평화의 왕으로 오신 예수님을 기쁨으로 맞이하지 못했던 것을 용서하옵소서. 보이는 세계에만 몰두하고 큰 것, 많은 것, 뽐낼 수 있는 것에만 관심과 열정을 기울였습니다. 무언가 손에 움켜쥔 것이 있었을 때는 보이지 않는 영원한 세계를 향한 뜨거운 열망이 부족했습니다. 돈이 있을 때, 명예가 있을 때, 권력이 조금 있을 때 그랬습니다. 실존이 마구 흔들려도 내가 누구인지 깊이 질문하려 하지 않았습니다. 질문이 없으니, 대답도 없었습니다. 대답이 없으니, 쳇바퀴 도는 지루한 삶이 다시 반복되었습니다. 이제는 하나님 앞에서 진지하게 질문하게 하옵소서. 생명을 살리는 진리가 어디에 있는가, 참된 평화를 어떻게 찾을 수 있는가, 나를 죄악과 죽음의 권세에서 건져 내 해방할 분이 누구신가를 질문하게 하옵소서.

예수님께서는 "내가 길이다, 내가 진리다"라고 말씀하셨습니다. "누구든지 나에게 오면 쉼을 주리라!"라고 말씀하셨습니다. 예수님 안에서 나는 용서, 자유, 해방을 선물로 받았습니다. 죄로부터의 용서, 죽음의 공포로부터의 자유, 사탄의 권세로부터 해방이었습니다. 이제 내가 예수님을 '나를 구원하실 하나님의 아들'로 고백합니다.

믿음이란

롬 1:16-17

내가 복음을 부끄러워하지 아니하노니
이 복음은 모든 믿는 자에게 구원을
주시는 하나님의 능력이 됨이라.

사랑의 하나님, 믿음을 주시고 하나님을 사랑하는 마음을 주시니 감사합니다. 그런데 사람들 앞에서 예수님을 믿는다고 말하는 게 부끄러울 때가 있습니다. 예수를 믿는다고 하면, 사람들이 내게 "너, 공짜 의식에 젖어 있구나!"라고 말할까 노심초사했습니다. "인생을 스스로 책임질 만큼 성숙하지 못하구나!"라는 비난을 받을까 걱정했습니다. "너의 가능성과 자율성을 예수 때문에 그 신앙에 가두고 사는구나!"라는 조롱을 받을까 봐 겁이 났습니다. "왜 그렇게 죄의식에 빠져 우울하게 사니?" 하고 사람들의 웃음거리가 되는 게 싫었습니다. "너는 사람을 죄인으로 몰고 다시 용서하는 종교적인 도식에 갇혀 있는 거야!"라고 몰아칠까 두려웠습니다.

"오직 의인은 믿음으로 살리라"라는 성경 말씀을 수없이 들었습니다. 이제야 믿음으로 사는 자만이 진정한 의인이라는 사실을 깨닫습니다. 믿음은 삶에 대한 모독이 아니라 삶을 예찬하는 축복입니다. 믿음은 절망을 극복하는 희망의 선물입니다. 믿음은 두려움을 이기는 담대함입니다. 오직 믿음으로 살게 하옵소서.

모독을
받는도다

롬 2:17-24

기록된 바와 같이 하나님의 이름이 너희 때문에 이방인 중에서 모독을 받는도다.

사랑의 하나님, 내게 하나님을 사랑하고 기뻐하는 복된 믿음을 주셨습니다. 그런데 어느 때부터인가 두렵고 떨리는 마음으로 행했던 처음 사랑을 놓쳤습니다. 예배, 기도, 찬양, 심지어 설교까지 그냥 해야 하니까 하는 습관으로 변해 버렸습니다. 나는 스스로 보기에도 문제가 많은 그리스도인입니다. 하지만 내 잘못을 들여다보고 회개하고 반성하려 하지 않았습니다. 일그러진 모습을 직면하기가 겁이 났기 때문입니다. 남이 나를 비난하기 전에 입을 닫게 하려고 내가 먼저 남을 비난했습니다. 그러고는 잘난 체했습니다. 나만큼 성실한 신앙인이 있으면 나와 보라고 큰소리쳤습니다. 생명을 걸고 주님을 사랑하는 참된 신앙이 부족했던 탓입니다.

다시 회복하게 하옵소서. 처음 사랑의 떨림과 설렘으로 예배드리고 기도하며 말씀을 듣게 하옵소서. 믿음의 성도 한 사람 한 사람이 세상에 파송된 하나님의 대사임을 압니다. 이제는 내 생각보다 주님의 생각을, 내 욕심보다 주님이 기뻐하시는 뜻을 앞세우는 하나님의 사람이 되게 하옵소서. 나를 통해 주님께서 영광을 받으시옵소서.

자랑할 이유

롬 3:27-31

그런즉 자랑할 데가 어디냐. 있을 수가
없느니라. 무슨 법으로냐 행위로냐.
아니라 오직 믿음의 법으로니라.

사랑의 하나님, 예수님을 믿으면서도 예수님을 자랑하는 일은 항상 뒷전이었습니다. 오히려 나를 뽐내길 원하는 자기 자랑에 빠질 때가 많았습니다. 남이 나를 알아주지 않으면, 하루도 편안할 날이 없었습니다. 그렇게 우쭐대며 자랑하고 싶어 했던 까닭은 내 속에 채워도 채워도 채워지지 않는 공간이 너무 컸기 때문입니다. 그때마다 남의 생각과 판단에 얽매여 있다는 사실을 몰랐습니다. 마치 롤러코스터를 탄 것처럼 남의 말, 칭찬과 조롱 한 마디에 감정이 오르락내리락했습니다. 흙으로 빚은 쉽게 깨질 토기인데도 겉에 금칠을 하고 "나는 금 그릇이야"라고 돋보이려 했습니다. 그냥 착각만 한 게 아니라 과시하려 했습니다. 자기 자랑은 결국 자기도취가 되고 말았습니다. 그러자 세상을 향해 열렸던 문들이 하나둘씩 닫히기 시작했습니다. 뽐낼 수 있는 무언가를 말하지 않으면, 무시당하고 조롱당할까 두려웠습니다. 나의 문제, 또는 내가 비참해진 원인을 다른 사람들에게서 찾고 전가하기에 바빴습니다.

이제는 예수 그리스도 속에서 믿음의 눈으로 나를 봅니다. 이제는 내가 사랑하는 분, 예수님을 자랑합니다. 예수님 안에서 내가 얼마나 소중하고 복된 하나님의 자녀인지를 자랑합니다.

화목제물

롬 3:25-26

이 예수를 하나님이 그의 피로써 믿음으로 말미암는 화목제물로 세우셨으니 이는 하나님께서 길이 참으시는 중에 전에 지은 죄를 간과하심으로 자기의 의로우심을 나타내려 하심이니.

사랑의 하나님, 예수님의 보혈로 나의 죄악을 용서하시고 흰 눈 같이 깨끗이 씻으셨습니다. 예수님의 보혈로 사탄의 악한 권세를 파하시고 나를 해방하시고 하나님의 자녀가 되게 하셨습니다. 하지만 그 놀라운 특권을 잊고 다시 사탄의 종이 되려는 어리석음에 빠지곤 합니다. 예수님의 보혈로 내게 하나님 앞에서 의롭게 되는 축복을 주셨습니다. 하지만 아직도 죄의식에 빠져서 선물로 주신 하나님의 의를 내 것으로 삼지 못할 때가 있습니다.

이 시간 하나님의 어린 양이신 예수님의 보혈을 마음과 생각의 문, 몸과 육체의 문, 좌우 설주와 인방에 바릅니다. 나를 억누르는 사탄의 저주, 죄책감으로부터 해방하여 주옵소서. 갈보리 언덕에서 나의 죄악을 대신 지시고, 십자가에 못 박히시고, 고통당하신 예수님을 바라봅니다. 주님이 창에 찔리시고 못에 박히심으로 나를 협박하던 죄악이 도말되었음을 믿습니다. 주님이 십자가에 달려 고통당하시고 신음하심으로 나의 모든 고통이 주님께 전가되었음을 믿습니다. 이제는 하나님 앞에서 믿음으로 의로운 자가 되었습니다. 예수님의 십자가와 그 보혈의 능력이 삶에서 체험되게 하옵소서.

하나님을 경외함

롬 3:9-18

그들의 눈 앞에 하나님을 두려워함이 없느니라 함과 같으니라.

사랑의 하나님, 때로 하나님을 경외하는 신앙의 태도를 싫어했습니다. 하나님에 의해 삶이 억압받고 조정당하는 것처럼 느껴졌기 때문입니다. 하나님을 두려워하는 것은 미련한 짓이라 여긴 적도 있었습니다. 내 속에 있는 두려움을 더욱 증폭시키는 것이 아닌가 의구심이 들었기 때문입니다. 아니, 세상에 두려워할 것이 너무 많은데 하나님마저 두려워하면 어떻게 그 두려움에서 벗어날 수 있겠는가 조롱했습니다. 그래서 하나님을 두려워하지 않기로 작정했던 적도 있었습니다. 그래야 인생을 내 마음과 육체가 원하는 대로 즐길 수 있다고 생각했기 때문입니다. 그러면 그럴수록 내면에 독버섯처럼 자라난 것은 교만한 마음이었습니다. 그런데도 깨닫지 못했습니다.

사탄이 주는 두려움은 나를 억압하고 종노릇하게 하는 두려움이었습니다. 하지만 하나님이 주시는 두려움은 하나님께 나아가게 하는 두려움이었습니다. 나를 사랑하시는 하나님의 자녀가 되게 하려는 축복의 두려움이었습니다. 이제야 큰 두려움으로 작은 두려움을 물리치는 영적 원리를 배우게 되었습니다. 하나님을 경외하는 가장 큰 두려움이 있는 자리에 작은 두려움, 가짜 두려움이 더 이상 발붙일 곳이 없음을 압니다. 주님 앞에 두려움과 떨림을 갖고 나왔습니다. 이제 그 위에 하늘의 기쁨과 즐거움을 넘치게 부어 주옵소서.

오직 하나님은
참되시다

롬 3:1-8

사람은 다 거짓되되 오직 하나님은
참되시다 할지어다. 기록된 바 주께서
주의 말씀에 의롭다 함을 얻으시고 판단
받으실 때에 이기려 하심이라 함과
같으니라.

사랑의 하나님, 어느 날 보니 나의 신앙이 나의 종교가 되어 있었습니다. 세월이 지날수록 더 성숙해지지 못했습니다. 오히려 화석같이 굳어진 신앙, 회칠한 무덤 같은 허울 좋은 종교가 되고 말았습니다. 마음에 역동하는 생명력이 사라졌습니다. 기대하고 기다리는 설렘이 서서히 사라졌습니다. 기쁨과 감사의 고백이 어느 날부터인가 내 입에서 물러갔습니다. 신앙생활이 무료해지기 시작했습니다. 교회에 나와 예배드리는 행동이 기계처럼 반복되는 습관이 되고 말았습니다. 신앙이라도 갖고 있어야 인생의 안전판을 붙들고 있는 기분이 들어서 예배에 나갈 뿐이었습니다. "나는 길이요 진리다"라는 예수님의 말씀을 내 것으로 받기를 주저했습니다. "다 내게로 오라. 내가 너희를 쉬게 하리라"라는 말씀을 들으면서도 무거운 짐을 맡기기를 거부했습니다. "나는 부활이요 생명이다"라는 말씀을 고난과 죽음이 난무하는 현실 속에서 내 것으로 삼지 못했습니다.

이제는 예수님이 내 인생의 문제와 물음에 대한 해답임을 믿고 고백하게 하옵소서. 이제는 내 입으로 하나님만이 나를 사랑하시고 구원하시는 참된 분이심을 선포하게 하옵소서.

291

바랄 수 없는 중에

롬 4:17-22

아브라함이 바랄 수 없는 중에 바라고 믿었으니 이는 네 후손이 이같으리라 하신 말씀대로 많은 민족의 조상이 되게 하려 하심이라.

사랑의 하나님, 예수님을 믿는다고 하면서도 정작 나를 예수님 안에 과감하게 투척한 적이 별로 없습니다. 의심은 사라지지 않았고, 믿음은 애물단지처럼 삶을 얽어맸습니다. 하나님의 약속하신 말씀에 기초한 올바른 신앙이 아니었던 탓입니다. 자기 확신에 기초한 신념을 그럴듯하게 신앙으로 포장했을 뿐입니다. 희망과 믿음은 함께 가야 할 인생의 덕목임을 깨닫습니다. 하지만 나는 희망을 안고 산다고 하면서도 실상은 참된 믿음이 없었습니다. 그 탓에 마치 물거품처럼 삶의 자리에서 희망이 사라졌습니다. 진실한 믿음이 있다고 주장하면서 희망을 품지 않았습니다. 그 탓에 위기에 빠진 삶의 현실이 전혀 바뀌지 않았습니다. 믿음이란 의심이 하나도 없는 상태라고 여겼습니다. 조금만 의심이 생기면, "나는 믿음이 없는 자구나" 하며 탄식했습니다. 의심 속에서도 하나님의 약속을 믿고 앞으로 나갈 용기가 없었습니다.

보이는 현실만을 바라보면서 보이지 않는 하나님을 바라보지 못한 불신앙을 용서하옵소서. 지금도 하나님께서는 의심의 장벽을 부수고 도전하는 믿음을 가진 자를 보고 싶어 하십니다. 전혀 바랄 수 없는 자리에서, 오직 하나님의 약속을 바라고 믿는 자를 찾고 계십니다. 바로 이 시간 내가 이런 담대한 믿음을 지닌 하나님이 사람이 되게 하옵소서.

예배하는 자

요 4:23-24

아버지께 참되게 예배하는 자들은 영과
진리로 예배할 때가 오나니 곧 이 때라.
아버지께서는 자기에게 이렇게 예배하는
자들을 찾으시느니라.

사랑의 하나님, 예배드리는 장소가 중요하다고 여겼습니다. 그래서 예배당에 앉아 있기만 하면 저절로 예배가 되는 줄 알았습니다. 하루하루 지내다가 주일에만 예배드리면 괜찮은 그리스도인이라 안심했습니다. 삶의 모든 날과 시간이 '거룩한 산 제물로 드리는 예배'인 줄 잘 몰랐습니다. 예배드리는 자가 아니라 구경하러 오는 청중일 때가 많았습니다. 그래서 내가 만족하고 감동하면 좋은 예배라고 여겼습니다. 하나님께서 기뻐하시는 예배가 되어야 한다는 사실을 망각했습니다. 하나님 앞에 나오면서도 내 옛 자아가 죽는 것을 거부했습니다. 그래서 통회하고 자복하는 마음 없이 하나님께 예배드리려 했습니다. 그럴 때마다 나의 교만과 탐욕은 더욱 커졌습니다. 세상에서 이기적인 욕심의 성벽을 쌓고 살면서 한 번의 예배만으로 값싼 위로를 얻으려 했습니다.

하나님은 나와는 전혀 다른 분이십니다. 나를 만드신 창조주, 나의 죄를 용서하시는 거룩한 분이십니다. 죽음을 깨부수는 영원한 생명을 약속하신 분이십니다. 이제 예배드리는 내가 얼마나 소중한지를 깨닫습니다. 하나님의 위대하심을 경탄하며 경험하는 복된 예배자가 되게 하옵소서.

함께 예배하는 기쁨

롬 12:1-2

너희 몸을 하나님이 기뻐하시는 거룩한 산 제물로 드리라. 이는 너희가 드릴 영적 예배니라.

사랑의 하나님, 예배드릴 수 있는 특권을 주심에 감사드립니다. 그런데도 나는 주님 앞에 나와 영과 진리로 예배드리지 못할 때가 많았습니다. 주일 예배에 출석하기만 하면 다 된 것으로 여겼습니다. 성령이신 하나님을 만나고자 하는 열망이 부족했습니다. 하나님 앞에 선다는 의식이 너무나 부족했습니다. 스스로 예배에 열심히 참석했다고 여겼습니다. 하지만 예배 시간을 엄수하지 못하고 지각할 때도 꽤 있었습니다. 예배를 준비하는 마음이 부족했고, 예배가 삶의 우선순위가 되지 못했던 탓입니다.

오직 하나님께만 예배드린다고 하면서도 세상과 나를 차단하지 못했습니다. 때로는 스마트폰을 켜 두고 예배를 드렸고, 문자가 오면 거기에 시선이 갔습니다. 세상과 단절할 용기가 없었던 탓입니다. 헌금을 정성껏 드리지 못할 때도 있었습니다. 하나님께 첫 열매를 바쳤던 사람들의 지극한 사랑을 잊을 때가 많았습니다. 가정에서 자녀에게 성을 내고 예배드리러 올 때도 있었습니다. 부부끼리 싸우고 씩씩거리며 화가 난 채로 예배드릴 때도 있었습니다. 하나님의 은혜를 받을 준비를 제대로 하지 못했습니다. 예배드릴 때 하나님의 기쁨이 나의 즐거움이 되게 하옵소서. 주님을 전심으로 사랑하는 것이 나의 기쁨이 되게 하옵소서.

부활의 증인

마 28:16-20

그러므로 너희는 가서 모든 민족을 제자로 삼아 아버지와 아들과 성령의 이름으로 세례를 베풀고 내가 너희에게 분부한 모든 것을 가르쳐 지키게 하라.

사랑의 하나님, 예수님을 믿는다는 사실을 세상에 나가서는 숨겼습니다. 예수님을 믿는다는 말이 마치 "나는 연약하고 무능한 사람입니다"라고 사람들에게 광고하는 것처럼 보였기 때문입니다. 아니, 예수님 닮은 삶을 살지 못하는 나 때문에 예수님께 누가 될까 봐 그리했습니다. 아니, 실상은 예수님을 믿는 것이 내게 기쁨과 자랑이 되지 못했던 탓입니다. 그래서 예수님의 마음을 아프게 하는 익명의 제자로 나를 감추었습니다. 그래서 적당히 예수를 믿기로 했습니다. 예수님을 믿지 않는 친구들이 나를 향해 "저놈, 예수에 미친 예수쟁이야!"라고 비난할까 겁났습니다. 하지만 예수님을 믿는 친구들에게는 "저놈은 그래도 괜찮은 그리스도인이야!" 하고 칭찬받고 싶었습니다. 그 중간 지점을 어떻게 그렇게 잘 발견하고 대처하는지 때로는 나 자신도 놀랍니다.

돌이켜 보면, 입술로는 하나님을 불렀습니다. 하지만 정작 예수님에게는 관심이 없었고 주님이 주시는 선물에만 눈독을 들였습니다. 십자가의 고난을 싫어하고 보이는 축복만을 원했습니다. 나의 믿음 없음, 사랑 없음을 용서하옵소서. 이제는 부활하신 예수님을 사랑하고 자랑하는 부활의 증인이 되게 하옵소서.

때를 아는 사람

전 3:1-8

범사에 기한이 있고 천하만사가 다 때가 있나니 날 때가 있고 죽을 때가 있으며 심을 때가 있고 심은 것을 뽑을 때가 있으며.

사랑의 하나님, 때와 시기를 분별하지 못하고 천방지축처럼 살았습니다. 어제라는 과거에 매여 꼼짝달싹하지 못했습니다. 어제의 슬픔과 분노가 오늘의 내 안에서 사라지지 않았습니다. 어제의 자랑이 오늘을 겸손하게 살아야 할 나를 방해했습니다. 그리하여 감사하는 마음도 잃어버렸고 영혼의 기쁨도 놓쳤습니다. 아직 오지 않은 미래를 마치 신기루처럼 기대하며 살았습니다. 때로는 그 환상이 마취제처럼 나를 몽롱하게 했습니다. 그럴 때마다 내일의 꿈을 갖는 것으로 만족하고 오늘에 충실하지 못했습니다. 다가올 내일을 기대하며 오늘을 설레게 사는 방법을 터득하지 못했습니다.

시간을 저축할 수 있는 것이라 착각했습니다. 시간을 붙들어 매면, 좀 천천히 갈 수 있다고 오해했습니다. 오늘이라는 시간이 얼마나 엄청난 선물이며 축복인지 놓치고 살았습니다. 이제는 나의 때가 언제인지 주님의 섭리 가운데서 답을 찾게 하옵소서. 지금 먼저 무엇을 할 때인가를 분별할 줄 아는 지혜를 주옵소서. 시간과 때를 만드신 하나님을 신뢰하며 뚜벅뚜벅 걸어가게 하옵소서. 그리하여 가정, 직장, 사회, 나라가 하나님의 크신 복을 받는 삶의 현장이 되게 하옵소서.

하나님의 복덩어리

갈 3:6-9

그런즉 믿음으로 말미암은 자들은 아브라함의 자손인 줄 알지어다. … 그러므로 믿음으로 말미암은 자는 믿음이 있는 아브라함과 함께 복을 받느니라.

사랑의 하나님, 믿음의 조상 아브라함을 주심에 감사합니다. 하나님께서 아브라함을 부르셨을 때 그는 갈 바를 알지 못했으나 믿음으로 나아갔습니다. 하지만 나는 믿음의 자손이면서 아브라함만 못했습니다. 하나님 나라를 향한 순례자라 자부하면서 겁이 난다고 엄살을 부렸습니다. 세상은 너무 사나우니 그냥 집에만 있겠다며 꿈쩍도 하지 않았습니다. 삶의 여정에서 경험할 새로운 것에 호기심도 느꼈지만, 기대하는 마음보다는 두려움이 훨씬 컸습니다. 기대하지 않으니, 도전할 마음이 생기지 않았습니다. 도전할 마음이 없으니, 매일 익숙한 것에만 매달렸습니다. 나와 조금이라도 다른 것은 틀렸다고 섣불리 판단했습니다. '아주 못된 것'이라고 정죄까지 했습니다. 그러자 새로운 환경은 너무 낯설게 느껴졌고 새로운 사람을 만나면 먼저 경계했습니다.

아브라함은 믿음의 사람으로 축복의 사람이 되었는데, 나는 그러지 못했습니다. 축복하기보다 정죄하려 했습니다. 내가 밟는 땅을 축복하면서 앞으로 나가길 원합니다. 오늘이라는 시간을 종말론적인 마지막 시간으로 생각하고, 시간을 축복하는 사람이 되게 하옵소서. 오늘도 만나는 사람을 축복하면서 그와 믿음 안에서 친구가 될 수 있음을 기대하며 기도하겠습니다.

이것은
내 몸이니라

막 14:22-26

그들이 먹을 때에 예수께서 떡을 가지사 축복하시고 떼어 제자들에게 주시며 이르시되 받으라 이것은 내 몸이니라 하시고.

사랑의 하나님, 예수님은 나를 위해 십자가의 참혹한 길을 묵묵히 가셨습니다. 하지만 나는 십자가 없는 영광을 얻기 위해 달려왔습니다. 예수님은 자기 몸을 내놓으시는 헌신적인 사랑으로 나를 초청하셨습니다. 하지만 나는 주님 없이도 만족하면서 살 것 같았습니다. 그래서 예수님의 초청을 외면한 적이 많았습니다. 예수님은 "수고하고 무거운 짐을 다 내게 맡기라"고 말씀하셨습니다. 하지만 나는 "내게는 나를 억누르는 그런 무거운 짐이 없다"고 시치미를 뗐습니다. 예수님은 떡을 떼시면서 "이 몸을 받아 먹으라"고 하셨습니다. 하지만 나는 예수님의 몸에 참여하기를 거부했습니다. 나의 나됨, 나의 독자성이 상실된다고 여겼던 탓입니다. 예수님은 피를 흘리시면서 "새 언약인 이 잔을 받아 마시라"고 하셨습니다. 하지만 나는 너무 바쁘다고 핑계를 대며 도망쳤습니다.

말씀이신 예수님이 이 시간 나의 이름을 부르며 초청하십니다. 십자가 고난의 길을 가시면서 "나와 함께 죽자" 말씀하십니다. 이제 이 초청에 기쁨으로 응답하게 하옵소서. 예수님께서 "나와 함께 살자!" 선언하십니다. 내가 "아멘"으로 소리치며 감사함으로 참여하게 하옵소서. 예수님과 함께 죽고 예수님과 함께 새 생명으로 사는 주님의 자녀가 되게 하옵소서.

여호와가
누구이기에

출 5:1-9

바로가 이르되 여호와가 누구이기에
내가 그의 목소리를 듣고 이스라엘을
보내겠느냐. 나는 여호와를 알지 못하니
이스라엘을 보내지 아니하리라.

이 땅에 참된 예배자를 찾기 위해 오신 주님, 그것도 어린 아기로, 양과 염소의 똥오줌 냄새로 가득한 구유, 낮고 천한 자리에 오신 예수님. 이는 세상에서 살 자격이 없다고 여기는 가난한 자들, 버려진 자들, 병약한 자들, 곧 죄인들의 하나님이심을 보여 주기 위함이었습니다. 하지만 나는 하나님이 '연약한 자의 하나님, 무능력자의 하나님'이라고 세상을 향해 자신 있게 말하지 못했습니다. 예수님을 믿는 내가 연약한 자, 무능한 자라고 조롱받는 게 싫었기 때문입니다. 세상은 나를 향해 믿음의 이유를 묻습니다. 하지만 나는 예수님을 자랑할 이유를 잘 몰랐습니다. 하나님이 정말 사랑이신지 보여 달라고 세상이 소리칠 때 그저 침묵했습니다. 나에게 "하나님이 누구인가?" 질문하는 사람들에게 하나님은 당신도 사랑하신다고 말한 적이 별로 없습니다.

예수님을 믿는다고 고백했으나 때때로 믿지 않는 사람처럼 살았습니다. 방관자처럼 예수님을 그냥 멀리서만 바라보았기 때문입니다. 아니, 세상의 거짓된 우상에 노예처럼 얽매여 사는 데 익숙했기 때문입니다. 이제 주님 앞에 나와 경배하기를 즐거워하는 영을 주옵소서. 주님께 예배드리는 것만이 세상의 우상을 부수는 길, 자유와 해방의 길, 생명의 길임을 알게 하옵소서.

나의 신앙

시 23:1-6

여호와는 나의 목자시니 내게 부족함이 없으리로다.

사랑의 하나님, '남에게서 받은 신앙'에서 '나의 신앙'으로 성숙하기를 원합니다. 그동안 남의 신앙, 부모와 친구의 신앙에 그냥 머물러 있었기에 남의 옷을 입은 것처럼 아주 어색하고 싫었습니다. 돌아보면 참으로 게으르고 무력한 신앙을 지니고 있었습니다. 신앙 공동체 안에서 기도하고 말씀을 배우기만 하면, 그것이 곧 정상적인 신앙이라 여겼습니다. 주일 예배만 드리면, 신앙인으로서 해야 할 일은 다 했다고 자부했습니다. 하나님을 인격적으로 만나고 체험하는 역동적인 신앙의 친밀성은 빠져 있었습니다. 그래서 하나님은 내게 2인칭으로 다가오는 당신이 아니었고, 저 멀리 계신 3인칭에 머물렀습니다. 나와는 멀리 떨어진 부모의 하나님, 교회의 하나님, 목회자의 하나님에 멈추어 섰습니다.

아침에 일어날 때 "내게 생명을 주신 분이 바로 하나님이시구나!" 하는 영혼의 감탄사가 없었습니다. 내 눈이 보고, 내 귀가 듣고, 내 손으로 붙잡고, 내 발로 걸으며 경험하는 모든 사건은 그냥 우연의 연속일 뿐이었습니다. 이제는 선한 목자이신 예수님을 통해 다윗이 고백한 시편 23편의 노래가 바로 나의 찬양이 되게 하옵소서. 예수님과 더불어 신앙과 사랑의 이야기를 만들어 가는 복된 삶이 되기를 원합니다. 가정이, 직장이, 세상이, 그리고 교회가 살아 있는 신앙의 현장이 되게 하옵소서.

나의 자랑

갈 6:14-17

그러나 내게는 우리 주 예수 그리스도의 십자가 외에 결코 자랑할 것이 없으니 그리스도로 말미암아 세상이 나를 대하여 십자가에 못 박히고 내가 또한 세상을 대하여 그러하니라.

사랑의 하나님, 나를 여기까지 이만큼 인도하시고 축복하신 하나님을 찬양합니다. 하지만 다시 내 마음과 삶을 어둡게 한 죄악의 그림자들을 돌아봅니다. 내게 주셨던 처음 사랑을 잊지 않았는지 반성하며 회개합니다. 주님을 사랑했습니다. 하지만 주님보다 나를 더 사랑했습니다. 예수님을 자랑했습니다. 하지만 예수님보다 나를 더 자랑했습니다. 주님께 영광을 돌리기 위해 열심도 내었습니다. 하지만 주님의 이름을 드러내는 열망이 아니라, 나의 이름을 드러내고 싶은 열정에 머물렀습니다. 주님을 위해 인내와 절제도 했습니다. 하지만 다른 사람이 볼 때만 잠깐 그럴듯하게 흉내 낸 적이 많았습니다.

이제는 나의 주님이신 예수님을 마음껏 자랑하게 하옵소서. 나의 죄악과 허물을 용서하시는 하나님이 바로 예수님이시라고! 그래서 예수님은 나의 생명, 나의 길, 나의 진리가 되셨다고 자랑하게 하옵소서! 나에게 지혜와 총명, 분별력을 주시는 하늘의 보화가 바로 예수님이시라고! 겁먹고 두려워 떠는 나에게 용기와 담대함을 주시는 분이라고! 예수님 때문에 내가 하나님의 아들딸이 되었다고 자랑하게 하옵소서. 이제 내가 예수님을 사랑하는 사람, 예수님을 자랑하는 사람이 되게 하옵소서!

깨달음의 영

고전 2:12-16

우리가 세상의 영을 받지 아니하고 오직 하나님으로부터 온 영을 받았으니 이는 우리로 하여금 하나님께서 우리에게 은혜로 주신 것들을 알게 하려 하심이라.

사랑의 하나님, 다시 새롭게, 다시 거룩하게 주님을 향한 처음 사랑을 회복하기를 원합니다. 어제의 교만과 자랑을 내려놓고, 다시 영점에서부터 시작하기를 원합니다. 어제의 부끄러움과 죄악, 슬픔과 탄식도 내려놓고, 다시 주님과 함께 출발하기를 원합니다. 다시 시작하는 비결은 주님의 말씀인 성경에 있는 것을 압니다. 그런데 바쁘다는 핑계로 성경을 펴서 읽은 기억이 정말 희미합니다. 때로는 성경을 펴서 읽었지만, 세상의 소음이 너무 커서 말씀이 귀에 잘 안 들렸습니다. 그리하여 육체는 배부른 것 같은데 영혼은 생명과 진리의 말씀을 먹고 마시지 못해 굶주리며 서서히 여위어 갔습니다. 배고플 때는 밥 먹기를 재촉하면서 영혼의 굶주림에 대해서는 나 몰라라 하고 방치한 탓입니다. 밝고 넉넉한 마음을 지닌 건강한 신앙인의 모습이 아니었습니다. 음습하고 고집 센 심술쟁이가 되고 말았습니다.

주님의 말씀을 내 것으로 삼아 생명력이 넘치는 매력 있는 그리스도인이 되지 못했습니다. 이름뿐인 무기력한 그리스도인에 멈추어 버렸습니다. 주님의 거룩한 말씀 앞에 내 모습을 그대로 드러냅니다. 이 시간 하늘의 계시를 깨닫는 영을 폭포수처럼 부어 주옵소서. 영혼의 수치와 불의함을 십자가의 보혈로 용서받게 하옵소서.

질그릇에 담긴 보배

고후 4:6-10

우리가 이 보배를 질그릇에 가졌으니 이는 심히 큰 능력은 하나님께 있고 우리에게 있지 아니함을 알게 하려 함이라.

사랑의 하나님, 부활을 의심하여 믿지 못했던 예수님의 제자들처럼 나도 근심과 걱정으로 낙담하면서 살지는 않았는지 돌아봅니다. 예수님이 주시는 생명의 부활을 바랐습니다. 하지만 예수님과 함께 십자가에 죽기는 싫어했습니다. 정말 죽어 없어질까 염려하는 겁쟁이인 탓입니다. 예수님의 놀라운 사랑을 원했습니다. 하지만 예수님이 베푸신 사랑의 바다에 풍덩 빠지기를 두려워했습니다. 사랑으로만 살려면 내 것을 다 빼앗긴다고 겁내는 이기주의자인 탓입니다. 예수님의 크신 능력을 탐냈습니다. 그 능력을 내 것인 양 사람들에게 뽐내고 싶었기 때문입니다. 예수님을 나의 주님으로 고백했으면 나를 나의 옥좌에서 좌천시켜야 했습니다. 하지만 그러면 큰 손해일 것 같아 너무 아쉬웠습니다. 하나님께 맡기지 못하고 근심만 하는 염려쟁이인 탓입니다. 하나님을 사랑하고 이웃을 사랑하는 것이 곧 하나님의 뜻임을 알았습니다. 하지만 정말 용기 있게 발걸음을 내딛지 못할 때가 많았습니다. 내 체면만을 생각하는 사랑 없는 위선자인 탓입니다.

질그릇 같은 내 안에 생명의 주님이신 보화가 들어 있음을 깨닫게 하옵소서. 내가 토기 그릇처럼 무참히 깨질 때 주님의 영광이 내 안에서 찬란히 드러나는 역설의 비밀을 매일 경험하게 하옵소서.

가르치신 대로

요 8:28-30

이에 예수께서 이르시되 너희가 인자를 든 후에 내가 그인 줄을 알고 또 내가 스스로 아무것도 하지 아니하고 오직 아버지께서 가르치신 대로 이런 것을 말하는 줄도 알리라.

사랑의 하나님, 하나님께서는 나와 같은 죄인과도 친밀하게 대화하길 원하신다는 사실을 잊고 살았습니다. 주님을 잊고 망각 속에 산 까닭은 내 마음속 두려움 때문일지도 모릅니다. 하나님은 저 하늘에 계시고 너무 크셔서 나처럼 작고 천한 자와는 만나기 싫어하실 거라고 짐작하고 슬그머니 도망가려 했습니다. 하나님께 나아갈 때 큰 문제들은 주님께 아뢰려고 애썼습니다. 하지만 작고 하찮은 문제는 하나님께서 귀찮아하실까 봐 주님 앞에 아뢰기를 꺼렸습니다.

하나님의 뜻을 찾는 일에 게을렀습니다. 하나님의 뜻은 너무 애매하다고 여겼기 때문입니다. 하나님의 뜻을 발견하는 게 너무 어렵다고 여겼기 때문입니다. 돌이켜 보면, 건강한 상식과 분별력이 모자랐던 적이 많았습니다. 단 한 번 주어진 소중한 시간을 낭비했습니다. 때로는 먼저 해야 할 일을 나중에 했고, 나중에 해도 괜찮은 일을 먼저 하느라고 시간을 뒤죽박죽으로 만들었습니다. 이제는 하나님께 감사하면서 생각하게 하옵소서. 이제는 진심으로 하나님을 사랑하면서 말하고 행동하게 하옵소서.

하나님의 뜻 찾기

요 14:25-27

보혜사 곧 아버지께서 내 이름으로 보내실 성령 그가 너희에게 모든 것을 가르치고 내가 너희에게 말한 모든 것을 생각나게 하리라.

사랑의 하나님, 오늘도 나를 향해 말씀하옵소서. 주님의 말씀을 경청하겠나이다. 주님의 말씀을 들을 때 멍들고 응어리진 마음이 풀리게 하옵소서. 병들었던 연약한 육체가 강해지고 치유되게 하옵소서. 그리하여 영과 몸이 주님 앞에서 어린 사슴처럼 기뻐 뛰놀게 하옵소서. 하나님께서 말씀으로 다가오심에도 하나님을 가까이 만날 생각을 품지 않았습니다. 성경을 읽으면서도 하나님의 성품을 눈여겨보지 못했습니다. 말씀을 들으면서도 하나님이 얼마나 나를 애타게 기다리며 사랑하시는지 헤아리지 못했습니다. 말씀을 들어도 내 이야기가 아니라 남의 이야기로 흘려보냈습니다.

성경을 읽으면서 예수님이 바로 내 앞에, 아니 내 안에 계신다는 사실을 인식하지 못했습니다. 나와는 시공간적으로 너무 멀리 떨어져 있기에 나와는 전혀 상관이 없는 분처럼 낯설게 여겼습니다. 그래서 성경을 읽어도 바르게 깨닫지 못했습니다. '내 어머니의 성경', '내 아버지의 성경'이라는 말은 익숙한데, '나의 성경'이라는 말은 어색했습니다. 어두운 곳에 빛이 비치라 말씀하셨던 하나님, 예수님의 얼굴에 있는 하나님의 영광을 아는 빛을 내 마음에 비추어 주옵소서. 말씀을 읽고 들을 때 성령님을 통해 예수님을 먼저 떠올리게 하옵소서. 성령 충만함이 곧 예수님 말씀으로 충만한 것임을 알게 하옵소서.

주의 말씀은

시 119:105-109

주의 말씀은 내 발에 등이요 내 길에 빛이니이다.

사랑의 하나님, 오늘도 생명과 치유의 주님이신 하나님 앞에 나왔습니다. 이 땅에 말씀으로 찾아오시고, 말씀 자체이신 예수님을 보내 주신 하나님을 찬양합니다. 오늘도 내 영혼이 주님의 말씀으로 만족하며 기뻐 뛰놀게 하옵소서. 밥을 먹을 때 씹으면서 그 맛을 음미했습니다. 하지만 성경을 읽을 때는 말씀 하나하나를 깊이 있게 곱씹지 못했습니다. 성경 말씀을 읽었으나 머리에 지식으로만 머물렀기 때문입니다. 성경 말씀을 눈으로 보았으나 가슴에까지 담아 두려 하지 않았습니다. 말씀대로 손과 발을 움직이는 것을 귀찮아했습니다. 성경을 읽을 때마다 왜 그렇게 실수하고 실패한 사람들이 많이 눈에 띄었을까요? 의아해하며 성경에 관심을 껐습니다. 왜냐하면 나는 성공한 사람, 승리한 사람, 풍요로운 사람이 되길 바랐기 때문입니다. 말씀은 거울과 같아서 나의 부끄러운 모습을 그대로 비추었습니다. 하지만 그 모습을 확인하기가 두려웠습니다. 그럴 만한 용기가 없었기 때문입니다. 말씀은 빛과 같아서 어둠 속에서 헤매는 나를 밝혀 주었습니다. 그런데도 나는 어둠 속에 있기를 즐기려 했습니다.

성경이란 하나님께서 나를 사랑하여 나를 향해 쓰신 연애의 글임을 깨닫게 하옵소서. 한 글자씩 그 맛을 음미하고 한 구절 한 구절 행간에 담긴 뜻을 찾는 즐거움을 누리게 하옵소서. 그리하여 "주님의 말씀은 내 발에 등이요 내 길에 빛이니이다"라고 고백하는 사람이 되게 하옵소서.

말씀 공동체

마 4:1-4

사람이 떡으로만 살 것이 아니요
하나님의 입으로부터 나오는 모든
말씀으로 살 것이라.

사랑의 하나님, 이 시간 나로 주님의 말씀을 듣게 하시고 깨닫게
하옵소서. 성경을 사랑하지만, 성경 읽기를 사랑하지는 못했습니
다. 성경책을 갖고 있었으나 실상 성경을 덮어 두고 있었습니다.
신앙의 선배들이 외치던 "오직 성경!", "오직 말씀!"이 그렇게 생
명을 걸고 지켜야 할 소중한 과제인 줄 몰랐습니다. 육체의 근육
을 만들어 몸매가 멋지다는 칭찬을 받으려 애썼습니다. 하지만
마음의 근육, 영혼의 근육을 만드는 일에는 너무 소홀했고 때로
는 무지하기까지 했습니다. 한 끼라도 굶으면 배가 고파서 밥 달
라고 어머니를 조르던 사람입니다. 그런데 성경은 하루 한 구절
도 읽지 않으면서도 영혼이 배고파 내는 꼬르륵 소리를 듣지 못
했습니다. 그러는 사이 내 영혼은 깊이 근심하고 걱정하며 속에
서 멍들었습니다. 목마른 사슴이 시냇물을 찾기에 갈급하듯이 내
영혼이 하나님의 말씀에 목말라함을 느끼면서도 슬그머니 외면
하려 한 탓입니다.

　때로 하나님의 말씀인 성경을 읽었습니다. 하지만 오만가지 잡
된 생각을 하면서 읽는 경우가 많았습니다. 그러자 성경을 읽는
게 지루해졌고 말씀이 내 것으로 다가오지 않았습니다. 다시 시
작하게 하옵소서. 다시 성경을 펴서 읽게 하옵소서. 다시 성경 속
에 나타난 예수님, 하나님을 만나는 기쁨을 누리게 하옵소서.

말씀대로
이루어지이다

눅 1:36-38

마리아가 이르되 주의 여종이오니 말씀대로 내게 이루어지이다 하매 천사가 떠나가니라.

사랑의 하나님, 예수님을 잉태한 믿음의 여인 마리아를 보며 내 모습을 반성하며 회개합니다. 마리아는 신앙으로 이성과 지성의 이해를 뛰어넘어 도약했습니다. 하지만 나는 하나님의 계시를 내 이성과 지성 안에 가두려 했습니다. 마리아는 신변의 위협에도 불구하고 하나님의 말씀 앞에 허심탄회하게 자기를 내려놓았습니다. 하지만 나는 세상의 공갈과 협박에 굴복할 때가 너무 잦았습니다. 마리아는 하나님의 말씀을 따르는 것이 곧 살아 계신 하나님을 신뢰하는 것임을 깨달았습니다. 하지만 나는 성경을 읽으면서도 말씀 뒤에서 지켜보시는 하나님을 바라보지 못했습니다. 마리아의 진실한 신앙은 남편 요셉까지도 믿음의 사람이 되게 했습니다. 하지만 나는 하와처럼 남의 신앙마저 갉아먹는 악의 동반자가 되곤 했습니다.

미혹자로서 사탄의 말에는 호기심을 보였습니다. 하지만 하나님의 말씀에는 거부감부터 생겼습니다. 거짓과 불의에는 귀를 쫑긋 세우고 뒤따르려 했습니다. 하지만 진리에는 심술을 부리면서 불순종하려 했습니다. "말씀대로 내게 이루어지이다!"라고 고백한 마리아처럼 나도 "말씀이 내게 사건이 되게 하소서!"라고 기도하게 하옵소서. 가장 낮고 천한 모습으로 이 땅에 오신 예수님, 이 시간 기도할 때 내 마음과 몸을 친히 용서하시고 고쳐 주옵소서.

배반과 충성

막 14:43-50

예수를 파는 자가 이미 그들과 군호를 짜 이르되 내가 입맞추는 자가 그이니 그를 잡아 단단히 끌어 가라 하였는지라.

사랑의 하나님, 주님 앞에 사랑과 충성을 드리게 하시니 감사드립니다. 주님 앞에 신실한 믿음과 신뢰의 사람으로 거듭나게 하옵소서. 하오나 나는 약간의 여유가 생기면 나태해져 주님에게서 도망가려 벼릅니다. 반대로 조금만 힘들고 어려우면 주님을 향해 화를 벌컥 냅니다. 마음속에 불신앙과 반역의 피가 흐르는 탓입니다. 그것은 바로 아담과 하와의 불신앙의 피입니다. 가인의 미움과 분노의 피입니다. 주님의 사랑을 거부하는 가룟 유다의 배반의 피입니다. 하나님을 향한 나의 충성과 헌신은 모양만 그럴듯한 가식적인 충성일 때가 많습니다. 때로는 마지못해 하는 억지 충성이었습니다. 하나님의 징계가 무서워 시늉만 내는 허울 좋은 충성이었습니다. 아니, 뒤틀린 충성이었습니다. 먼저 말씀으로 변화할 생각은 하지 않고, 내 욕심에 하나님이 맞추어 주길 원했습니다. 아니, 이기적인 충성일 때가 훨씬 더 많았습니다. 하나님께 충성하는 이유가 내 꿈이 먼저 성취되길 바라서였기 때문입니다.

거룩한 충성이 아니었습니다. 오직 하나님께만 존귀와 영광을 돌리는 충성이 아니었습니다. 나의 영광이 드러나지 않는 충성은 거절하려 했습니다. 이 시간 하나님을 하나님 되게 높이는 영으로 충만하게 하옵소서. 그리하여 오직 하나님께만 신뢰와 존경, 사랑과 충성을 바치게 하옵소서.

그가 찔림은

사 53:1-6

그가 찔림은 우리의 허물 때문이요. 그가 상함은 우리의 죄악 때문이라. 그가 징계를 받으므로 우리는 평화를 누리고 그가 채찍에 맞으므로 우리는 나음을 받았도다.

사랑의 하나님, 예수님을 믿는 것이 나의 기쁨이 되게 하셨습니다. 십자가에 달리신 예수 그리스도를 '나의 주님'으로 자랑하게 하셨습니다. 하지만 예수님을 믿기 전에는 너무 몰랐습니다. 예수님의 십자가와 내가 무슨 상관이 있는지 이해가 되지 않았습니다. 당시 사람들은 이렇게 수군댔습니다. 저 구유에서 비천하게 태어난 사람, 나사렛에서 무슨 선한 것이 날 것인가 하고 조롱받던 사람, 아무나 만나면 먹고 마시기를 탐하는 사람, 세상의 형편 없는 죄인들과 함께 패를 지어 다니는 사람, 당대의 거룩한 안식일 법을 함부로 범했던 사람, 수많은 선량한 사람들을 선동하며 종교 및 정치 권력자들에게 저항했던 사람, 마지막에는 가장 흉물스러운 십자가 형틀에 매달렸던 사람, 그런 예수가 나와 무슨 상관이 있는지 정말 이해가 안 되었습니다. 예수님의 고난 속에 내 고난이 들어 있고, 예수님의 죽음에 내 죽음이 들어 있다는 사실을 정말 몰랐습니다.

하나님께서 나의 죄악과 허물을 예수님에게 친히 담당시키시고 나를 용서하셨습니다. 이제 내가 십자가에 달리신 예수님과 더불어 죽습니다. 죽은 지 사흘 만에 부활하신 예수님과 더불어 살게 하옵소서. 예수님 덕분에 내가 하나님의 자녀가 됨으로 말미암아 하나님을 찬양합니다.

퇴보와 성숙

엡 4:13-16

우리가 다 하나님의 아들을 믿는 것과
아는 일에 하나가 되어 온전한 사람을
이루어 그리스도의 장성한 분량이
충만한 데까지 이르리니.

사랑의 하나님, 오늘도 하나님의 자녀로 나를 세우시고 주님 앞
으로 불러 주셨습니다. 하지만 나는 자녀처럼 살지 못하고 종처
럼 살았습니다. 자녀의 특권인 자유와 사랑의 자발성을 잃어버릴
때가 많았습니다. 하나님의 자녀처럼 산 적도 있습니다. 그렇지
만 계속 유아기 상태로 머물렀고 성숙하지 못했습니다. '내 신앙
은 이만하면 되었다. 나만 한 신앙의 연륜을 가진 사람이 또 어디
있는가?' 이런 자만심을 품을 때도 있었습니다. 어느 날 신앙의
목표가 사라졌습니다. 바리새인 같은 거짓된 자족감에 머물렀던
탓입니다. 그러나 그것은 신앙의 뒤틀림이었습니다. 믿음 따로,
깨달음 따로, 말과 행동 따로! 분열하고 분파하는 상태로 치달았
습니다. 그러다 보니 배움의 기쁨을 상실했습니다. 예수님을 닮
아 가려는 소망을 잃어버렸습니다. 주님에 대한 사랑의 열정마저
타다 남은 재처럼 식었습니다.

예수님을 믿는 것이 나의 기쁨, 주님을 알아가는 것이 나의 즐
거움이 되게 하옵소서. 예수님을 통해 하나님의 비밀을 더 깊이
깨닫고 감격하게 하옵소서. 그리하여 하나님 앞에 내 영혼이 외
양간에서 나온 송아지처럼 기쁨으로 뛰놀게 하옵소서. 이제 주님
을 아는 신앙으로 성숙해지길 원합니다. 주님을 사랑하며 사랑받
는 성숙한 믿음의 자녀가 되게 하옵소서.

회개할 기회

계 2:18-29

또 내가 그에게 회개할 기회를 주었으되 자기의 음행을 회개하고자 하지 아니하는도다.

사랑의 하나님, 나를 얽어맨 죄의 짐들을 주님 앞에 회개함으로 훌훌 털어놓게 하옵소서. 그동안 회개하기를 싫어했습니다. 나의 치명적인 약점이 노출되는 게 싫었습니다. 회개할 때 내 삶이 무가치했음을 고백하는 것 같아 꺼려졌습니다. 그동안 인생 헛살았다고 여기는 게 화가 났습니다. 마치 하나님 앞에 두 손 들고 항복하는 패배자가 되는 듯해 거절했습니다. 남은 오기와 자존심 때문이었습니다. 하지만 내가 못되고 강퍅해질수록 회개의 필요성은 더욱 커졌습니다. 그러나 악이 커지면 커질수록 회개할 능력은 점점 더 작아졌습니다. 때로는 "나에게 절제를, 순결함을 주옵소서!"라고 진지하게 기도하기도 했습니다. "하지만 지금은 마옵소서!"라고 말하면서 회개의 기회를 내일로 미룬 적이 한두 번이 아닙니다. 예수님을 믿으면서 행복만을 간절히 요청할 뿐 거룩함을 추구하지 못했습니다. 그래서 잠깐의 행복은 맛보았지만 진정한 거룩함에는 이르지 못했습니다. 거룩함이 참된 행복에 이르는 길임을 잘 몰랐습니다.

겸손하지 못하고 교만해서 회개하지 않았습니다. 비겁하고 용기가 없어서 회개하지 않았습니다. 내게 회개하는 영을 주셔서 주님 앞에 나의 죄를 깨닫게 하시고 통회하는 마음을 주옵소서.

하나님 앞에서

계 3:1-6

사데 교회의 사자에게 편지하라.
하나님의 일곱 영과 일곱 별을 가지신
이가 이르시되 내가 네 행위를 아노니
네가 살았다 하는 이름은 가졌으나 죽은
자로다.

사랑의 하나님, 때로 사람 앞에서 진짜 괜찮은 그리스도인인 양
자랑했습니다. 하지만 경건의 모양은 있으나 경건의 능력을 상실
한 그리스도인이었습니다. 주님 안에서 믿음이 더욱 성숙하고 성
장하는 것이 아니라, 시간이 지날수록 퇴보하고 활력을 잃었습니
다. 주님을 생각하면 설레며 가슴 뛰는 신앙이 사라지고, 지루함
을 느끼며 무늬만 남은 신앙이 되었습니다. 겉은 잘 꾸민 듯해도
조금만 속을 들여다보면 세상 쓰레기와 오물로 가득 차 있습니
다. 하나님께서 생각과 말과 행동을 지켜보시는 심판의 주님이신
것을 망각했습니다. 내 마음대로 건방 떨며 사는 게 멋인 줄로 착
각했습니다. 거짓과 불의를 행하고도 회개하기를 싫어하고 너무
쉽게 변명했습니다.
　어떻게든 하나님의 시선으로부터 도망치기 좋아했습니다. 그
리하여 하나님의 거룩함을 열망하지 않고 세속의 화려함에 나를
맡겼습니다. 하나님의 놀라우신 사랑과 은혜를 경험했으나 차디
찬 교리와 율법만 주장하는 어리석은 사람이 되고 말았습니다.
신앙이라는 이름의 열심도 헌신도 있으나 진정한 회개와 사랑이
부족했습니다. 이 시간 하나님 앞에 회개합니다. 주님을 닮아 가
는 거룩함을 허락하옵소서.

심히
통곡하니라

눅 22:54-62

주께서 돌이켜 베드로를 보시니
베드로가 주의 말씀 곧 오늘 닭 울기
전에 네가 세 번 나를 부인하리라 하심이
생각나서 밖에 나가서 심히 통곡하니라.

사랑의 하나님, 이 시간 가장 부끄럽고 괴로웠던 순간들을 기억합니다. 나를 아프게 했던 것들, 슬프게 했던 것들, 좌절시켰던 것들을 떠올립니다. 가룟 유다처럼 '반역의 피'가 내 속에 흐르고 있습니다. 십자가의 길을 가기 싫어하며 내뺐던 제자들처럼 '비겁자의 피'도 내 안에 돌고 있습니다. 예수님을 바라보면서도 "나는 그와 상관이 없어!"라고 외면했던 베드로의 '거짓말과 두려움의 영'이 내 마음을 사로잡고 있습니다. 그런데도 대충 살기로 작정한 사람처럼 무덤덤하게 지냈습니다. 내 속에 있는 '부끄럽고 못난 나'와 씨름하려고 하지 않았습니다. 이 '완악한 나'를 꾸짖으려 하지 않았습니다. 회개의 눈물을 흘리기를 거부하고 그냥 대충 살기로 작정한 사람처럼 지냈습니다.

　내 속에서 나를 억압하는 것을 하나님 앞에 토해 내며 눈물로 터뜨리게 하옵소서. 그리하여 겹겹으로 위장된 나를 무장 해제시키시옵소서. 이것이 상처 나고 찢긴 마음과 몸이 치유받는 길임을 압니다. 주님 앞에서 펑펑 울 줄 아는 사람만이 자신과 교회, 그리고 세상을 치유할 수 있는 사명자가 됨을 알게 하옵소서. 이제는 나의 주님이신 예수님을 '세상의 소망!'이라고 자랑하게 하옵소서. '하나님을 사랑하는 것이 나의 기쁨'이라고 세상에 선포하게 하옵소서.

온전한 사랑

마 10:34-39

아버지나 어머니를 나보다 더 사랑하는 자는 내게 합당하지 아니하고 아들이나 딸을 나보다 더 사랑하는 자도 내게 합당하지 아니하며.

사랑의 하나님, 나로 기억하게 하시고 사랑하게 하옵소서. 나를 모태에서 섬세하게 지으시고 생명을 주신 창조주 하나님을, 내 삶을 여기까지 한 걸음씩 인도하신 시간의 주인이신 하나님을, 삶의 순간마다 하늘의 지혜와 총명을 주신 하나님을 잊지 않게 하옵소서. 보이는 사람에게는 감사했습니다. 하지만 보이지 않는 하나님께 감사하는 마음은 소홀했습니다. 나를 키우신 부모님을 사랑합니다. 하지만 내 몸과 영혼을 지키시고 인도하시는 하나님께 "사랑합니다"라고 진심으로 고백하지 못했습니다. 옆에 있는 배우자에게는 사랑한다고 말했습니다. 하지만 나를 사랑하셔서 아들이신 예수님을 십자가의 고난에 내어놓으신 하나님의 사랑은 잊고 살 때가 많았습니다. 사랑의 노래, 기쁨의 노래가 입에서만 뱅뱅 돌았지, 영혼 깊숙한 곳에서 터져 나오지 않았습니다.

이제 영적인 안목을 열어 주옵소서. 사랑의 방향을 잊었습니다. 사랑의 우선순위를 망각했습니다. 하나님을 먼저 사랑함으로 하나님이 만드신 모든 걸 사랑하게 하옵소서. 예수님을 먼저 사랑함으로 주위 사람들을 사랑하게 하옵소서. 사랑을 가르치사 내가 세상 어떤 것도 두려워하지 않게 하옵소서.

믿음에서
사랑으로

예수께서 이르시되 네 마음을 다하고
목숨을 다하고 뜻을 다하여 주 너의
하나님을 사랑하라 하셨으니.

마 22:34-40

사랑의 하나님, 나에게 믿음을 주셨습니다. 사랑할 수 있는 마음도 주셨습니다. 이 모든 건 하나님께서 먼저 나를 사랑하신 덕분입니다. 예수님을 나의 주님으로 고백하며 믿었습니다. 그러나 예수님을 주인으로 모신 것이 아니라 늘 지나가는 손님처럼 대했습니다. 그래서 내 믿음은 너무 연약해서 바람에 흔들리는 갈대와도 같습니다. 주님을 위해 무언가 조금이라도 잘한 일이 있으면 하나님에게 보상받기를 원했습니다. 내가 이런 열망을 갖고 기도했으니 그 응답은 반드시 해 주셔야 하고, 내가 정성껏 헌금도 냈으니 내가 세상에서 받은 손실을 변상해 주셔야 하고, 내가 열심히 봉사했으니 그것보다 더 큰 축복을 내게 주셔야 한다고 여겼습니다.

필요할 때만, 궁핍할 때만 문제를 해결하는 해결사로 주님을 잠깐잠깐 모실 때가 많았습니다. 이기적인 에로스의 사랑에 뿌리박은 믿음을 뽑아 주옵소서. 이제 아가페적인 사랑의 기쁨으로 믿음이 충만하게 하옵소서. 이제 나를 향해 "내 영혼아, 내가 나의 하나님으로 만족한다. 나의 하나님을 사랑하는 이 기쁨을 누구도 빼앗을 자가 없다!"라고 선언하게 하옵소서.

어찌 나를
멀리하여

시 22:1-4

내 하나님이여 내 하나님이여 어찌 나를
버리셨나이까. 어찌 나를 멀리하여 돕지
아니하시오며 내 신음 소리를 듣지
아니하시나이까.

사랑의 하나님, 너무 무지하여 하나님의 놀랍고 기이한 십자가의
사랑을 알지 못했습니다. 2천 년 전의 종교 지도자들, 권력자들,
민중들, 제자들과 같았습니다. 이 땅에 오신 하나님의 아들을 영
접하지 않았습니다. 주님을 십자가에 못 박고 죽음으로 내몰았습
니다. "나의 하나님 나의 하나님 어찌하여 나를 버리셨나이까?"
예수님이 부르짖으실 때 자기 죄와 허물 때문에 징벌받는 것이라
여겼습니다. 나의 죄악과 불의, 나의 허물과 부끄러움을 대신 지
신 어린 양 예수의 울부짖음임을 알지 못했습니다. 예수님의 십
자가에 나의 무지, 거짓, 슬픔, 탄식, 외로움, 배반, 허물이 있습니
다. 예수님의 십자가에 그런 죄악과 허물을 용서하시는 하나님의
긍휼이 들어 있습니다. 예수님이 채찍에 맞으므로 나의 질병이
치유받는 걸 몰랐습니다. 나의 죄악이 주님과 함께 십자가에 못
박힘으로 나에게 새 생명의 길이 열리는 걸 미처 깨닫지 못했습
니다. 예수님이 징계를 받음으로 내가 하나님과 평화를 누리는
걸 알지 못했습니다.

　이제 나의 주님이신 예수 그리스도, 십자가에 달리신 예수님을
바라보게 하옵소서. 아들 예수님을 포기할 정도로 하나님께서 나
를 사랑하셨으니, 이제 인생 최악의 순간에도 절대 포기하지 않
게 하옵소서. 나를 위해 십자가에 달리신 예수님의 이름을 소리
높여 부르게 하옵소서.

믿음과 사랑

요 3:16

하나님이 세상을 이처럼 사랑하사
독생자를 주셨으니 이는 그를 믿는
자마다 멸망하지 않고 영생을 얻게 하려
하심이라.

사랑의 하나님, 주님을 향한 첫 결단, 첫 신앙고백이 계속 유지되고 있는지 돌아봅니다. 한때는 하나님을 향한 내 믿음이 엄청나게 큰 줄 알았습니다. 하지만 아들 예수님을 보내신 하나님의 사랑에 비하면 태양 앞의 반딧불처럼 미미한 것이었습니다. 예수님을 믿는 신앙을 무지한 사람들의 미신 행위쯤으로 여길 때도 있었습니다. 믿지 않아야 할 것을 믿는 것이 미신이라면, 신앙은 당연히 믿어야 할 하나님을 믿는 축복입니다. 예수님을 믿는 신앙을 자기 도그마에 빠진 사람들의 고정 관념쯤으로 여길 때도 있었습니다. 그러나 믿음은 오히려 이러한 고정된 도그마를 깨부수는 능력입니다. 예수님을 믿는 신앙을 비이성적이고 반지성적인 행위라 여길 때도 있었습니다. 하지만 믿음은 때로 이성을 설득하며 지성과 함께 갑니다. 그러면서도 이성을 뛰어넘는 계시, 하늘의 지혜와 맞닿아 있습니다. 예수님을 믿는 신앙을 현실에서 도피하여 저 피안의 세계로 도망가는 것쯤으로 여길 때도 있었습니다. 하지만 믿음이란 땅에 두 발을 단단히 딛고 하늘을 향해 손을 벌려 주님의 세계에 맞닿는 것입니다.

아들을 내어놓으신 하나님의 사랑에 바르게 응답하는 길이 믿음뿐임을 다시 감사한 마음으로 깨닫습니다. 이제는 나의 믿음을 자랑하겠습니다. 믿음의 대상이신 예수님을 사랑하며 자랑하겠습니다.

하나님의 사랑

요 3:16-21

하나님이 그 아들을 세상에 보내신 것은 세상을 심판하려 하심이 아니요. 그로 말미암아 세상이 구원을 받게 하려 하심이라.

사랑의 하나님, 하나님을 믿기 전에는 사랑받고 싶다고 아우성쳤습니다. 하지만 정작 하나님이 나를 사랑하신다는 놀라운 소식에는 눈감으려 했습니다. 하나님은 예수님의 모습으로 친근하게 다가오셨습니다. 하지만 나는 그것을 감시와 간섭이라고 오해하며 거절했습니다. 내가 아직 죄인 되었을 때 하나님은 전혀 사랑스럽지 않은 나를 사랑하셨습니다. 그 사랑에 때로 응답하기를 원했지만, 사랑의 헌신에는 미치지 못했습니다. 실제로 사랑하는 게 아주 겁났습니다. 사랑은 나를 내어놓는 것이고, 엄청난 에너지가 소모되는 것이고, 때로 아픔과 슬픔까지 동반되는 것임을 알았기 때문입니다. 그러면서도 나는 사랑받지 못했다고, 그래서 사랑할 수 없다고 넋두리했습니다. 사실은 나의 게으름과 용기 없음이 사랑하고 사랑받는 축복을 방해했습니다.

사랑의 걸음마를 다시 배우게 하옵소서. 먼저 주님을 향한 사랑으로 마음을 활짝 열게 하옵소서. 가장 가까이 있는 사람부터 먼저 존중하고 사랑하게 하옵소서.

사랑의 시작

창 1:1-5

태초에 하나님이 천지를 창조하시니라.

사랑의 하나님, 이 시간 주님을 사랑하는 마음으로 몸과 마음을 주님께 드립니다. 영혼을 수정처럼 맑게 하시고, 몸에 주님의 섬세한 터치를 느끼게 하옵소서. 흘러가는 시간 속에서 하나님의 섭리를 깨달을 수 있는 영적인 민감성을 주옵소서. 아름다운 세상 만물을 보면서 하나님의 창조 솜씨를 보고 느낄 수 있는 복된 마음을 주옵소서. 아름다운 세상을 보면서도 영적인 눈이 감겨 있을 때가 많습니다. 그래서 보아도 보지 못했습니다. 들어도 깨닫지 못했습니다. 손으로 만지고 발을 내디뎌도 그것이 소중한지 몰랐습니다. 그럴수록 삶은 더욱 피곤해졌습니다. 모두 뒤엉켜서 혼돈 속으로 빠져들었습니다. 그리고 탄식했습니다. "어쩌다가 내가 여기까지 왔지? 이 모양 이 꼴이 도대체 뭐란 말인가?" 나를 지켜보시며 애타게 부르시는 하나님의 사랑을 잊은 탓입니다. 만물을 새롭게 창조하시는 하나님의 사랑을 염두에 두지 않은 탓입니다.

나를 사랑하시는 하나님의 놀라운 은혜를 보게 하옵소서. 그리고 신앙의 선배들처럼 나도 경탄하게 하옵소서. 내가 무엇이기에 이렇게 돌보시며 사랑하시나이까? 이 시간 눈을 열어 주셔서 창조주 하나님의 얼굴을 뵙게 하옵소서.

사랑의 감탄사

창 1:14-23

낮과 밤을 주관하게 하시고 빛과 어둠을
나뉘게 하시니 하나님이 보시기에
좋았더라.

사랑의 하나님, 오늘도 낡고 해진 모습 그대로 주님 앞에 나왔습니다. 이 시간 내 영혼이 사죄의 은총에 깊이 감복하게 하옵소서. 예수님을 믿으면서도 사랑의 감탄사를 잊고 살 때가 많습니다. 새로운 것을 봐도 심상히 넘깁니다. 신비한 것을 경험해도 그냥 습관화된 눈요기에 머물렀습니다. 하나님을 알기 전까지 속에서 진정한 감탄사가 터져 나온 적이 별로 없었습니다. 독생자이신 예수님을 주신 하나님의 그 놀라운 사랑을 깨달은 후에야 삶 하나하나가 "보기에 좋구나!" 하는 하나님의 감탄사 속에 있음을 알았습니다. 그래서 때로는 감격했고, 때로는 깊은 감동도 받았습니다. 하지만 지속적이지 못했습니다. 게으른 탓입니다. 이기적인 욕심이 앞선 탓입니다.

감탄사를 잊었습니다. 그런 감탄사는 내게 사치라고 여기며 피하기까지 했습니다. 눈이 있어도 보려고 하지 않았습니다. 귀가 있어도 경청하려는 열정이 없었습니다. 마음으로 깨닫지 못하니 감동과 감격이 사라졌습니다. 나의 불행은 가슴에 감탄사를 잃어버린 것입니다. 이제 스쳐 지나가는 작은 일과 사건에도 하나님의 섬세한 사랑의 손길을 느끼게 하옵소서. 심장이 뛰는 한, 주님을 향한 사랑의 감탄사를 발하며 살게 하옵소서.

사랑의 사명

창 2:15-17

여호와 하나님이 그 사람을 이끌어 에덴 동산에 두어 그것을 경작하며 지키게 하시고.

사랑의 하나님, 세상에 나가 수고하고 땀 흘리는 일을 했을 때 매우 보람이 있었습니다. 하지만 때로는 즐거움보다 괴로움이 더 컸습니다. 그동안 정열을 쏟아부었던 일들은 거의 강제 노역이었습니다. 입에 풀칠하느라고, 가족을 먹여 살려야 한다는 강박감이 더 컸던 탓입니다. 그래서 때로는 귀찮고 싫어도 억지로 참고 했습니다. 그러자 그것은 거룩한 노동이 아니라 엄청난 고역이 되고 말았습니다.

수고하고 땀 흘리면서 이제는 고달픈 노역자가 아니라 즐거운 사역자가 되길 원합니다. 내가 맡은 일이 이웃을 살리는 일이며, 어둠의 세력을 쫓아내는 일이며, 이 땅에 하나님 나라를 세우고 하나님께 영광 돌리는 일임을 알게 하옵소서. 창조 사역을 하나님이 기뻐하셨던 것처럼 나도 내 삶을 여유 있게 바라보며 즐길 수 있는 복된 마음을 주옵소서. "하나님이 일하시니 나도 일한다!"라는 예수님의 생각을 나도 갖기를 원합니다. 마음속으로 이렇게 외치게 하옵소서. "하나님이 일하시니 예수님이 일하신다. 예수님이 일하시니 이제 나도 일한다!"

스승이자
멘토인 성령

요 20:21-24

이 말씀을 하시고 그들을 향하사 숨을
내쉬며 이르시되 성령을 받으라.

사랑의 하나님, 세상의 수많은 멘토와 스승에게 도움받기를 원했습니다. 하지만 정작 내 안에 계신 진정한 스승이요 멘토이신 성령님께 도움을 요청하지는 않았습니다. 성령님과 대화를 진지하게 해 본 기억이 별로 없습니다. 지혜가 모자랄 때는 자기계발서만 뒤적거렸습니다. 마음이 불안할 때는 세상 것들로 위안받으려 했습니다. 용기가 부족할 때는 겁먹고 뒷걸음치기 일쑤였습니다. 믿음이 흔들릴 때는 그리스도인임을 교활하게 감추었습니다. 나의 정체성을 늘 남을 통해 평가받은 탓입니다. 남에게 인정받고 칭찬받으면, 그것이 빛나는 축복인 양 거기에 머물려 했습니다. 그러나 그것이 결국 나를 얽어매는 족쇄가 되고 말았습니다. 남에게 칭찬받으려고 살아 온 것이 평생 벗어날 수 없는 속박이 되어 버렸습니다.

성령님은 나를 억압하고 통제하는 분이 아니라는 사실을 이제야 깨닫습니다. 오히려 인격적인 관계 속에서 나와 자유롭게 대화하기를 열망하시는 분입니다. 지혜가 모자랄 때 하늘의 지혜와 총명을 주기를 원하시는 분입니다. 마음이 불안할 때 세상이 주지 못하는 참된 평안을 주시는 분입니다. 믿음이 흔들릴 때 반석이신 예수님의 말씀 위에 나를 세우시는 분입니다. '성령의 사람'이 되라고 초청하시는 성령님을 전심으로 찬양합니다.

8

질투와 편견을 녹이는 사랑

시기심과 편견을 극복하고
사랑과 포용으로
나아가는 기도

십자가의 복음을 믿는 것

고전 1:18-25

십자가의 도가 멸망하는 자들에게는
미련한 것이요 구원을 받는 우리에게는
하나님의 능력이라.

사랑의 하나님, 예수 그리스도의 십자가에 담긴 깊은 뜻을 바르게 깨닫지 못했습니다. 그 안에 인간을 사랑하시는 하나님의 슬픈 눈물이 있는 것을 보지 못했습니다. 그래서 너무 교만해졌습니다. 우쭐대며 다녔습니다. 십자가의 복음이 곧 하나님의 지혜임을 알지 못했습니다. 그래서 스스로 지혜 있는 체하고, 인생을 다 아는 도사처럼 여기며 살았습니다. 예수님이 '나의 주님'이라고 고백하면서도 내 속에 달라붙은 교만을 버리지 못했습니다. 조그만 학식과 지식으로 잘난 체했습니다. 작은 권력으로 남을 무시하며 조종하려 했습니다. 남이 잘나가면 시기하고 질투하느라 마음이 불편했습니다. 남이 잘못되는 것이 고소해서 속으로 비웃었습니다.

  십자가의 복음을 믿는 것이 구원이며, 믿지 않는 것은 곧 영원한 파멸임을 압니다. 그런데도 십자가의 복음을 세상에 알리지 아니한 게으름을 고백합니다. 십자가의 복음 안에 나타난 하나님의 놀라운 사랑의 깊이와 높이와 넓이를 바르게 깨닫게 하옵소서. 이제 십자가의 복음을 세상에서 자랑하고 증언하며 살게 하옵소서.

사람을
사람되게

마 4:1-4

사람이 떡으로만 살 것이 아니요
하나님의 입으로부터 나오는 모든
말씀으로 살 것이라.

사랑의 하나님, 세상에 나가 살면서 허기짐을 참을 수 없었습니다. 그래서 먹고 마시는 것이 나의 즐거움이었고, 배 불리는 것이 내 기쁨이었습니다. 얼마나 좋았는지 모릅니다. 하지만 거기에 내 삶이 멈추어 있었습니다. 빵만 내 입에 있으면 그것으로 만족하려 했고, 그것이 인생의 목적인 양 달려왔습니다. "더 많이, 더 크게"라는 구호만 머릿속에 새기고 헐레벌떡 뛰어왔습니다. 더 많은 것이 힘이고, 더 크게 소유하는 것이 선이라고 주장했습니다. 돈이 중요한 사회에서 사람이 차별당하는 건 당연한 일이라고 여겼습니다. 입은 옷, 타는 차, 사는 집, 지위와 권력으로 사람을 평가하려 했습니다.

하지만 이런 삶은 영혼에 참된 쉼과 즐거움을 주지 못했고, 늘 조바심과 시기심으로 나를 불안하게 했습니다. 그래서 늘 공허하고 외로웠습니다. 한 사람 한 사람이 하나님의 형상으로 지음을 받은 소중한 존재임을 잊고 살았습니다. 나를 창조하신 하나님께 나아와 예배드리지 못했고, 하나님께서 직접 쓰신 성경을 읽지 않은 탓입니다. 그래서 내가 누구인지, 나를 만드신 분이 누구인지 묻지도 않으면서 살았습니다. 다시 진실한 마음과 영으로 하나님께 예배드리게 하옵소서. 다시 주님의 말씀을 듣고 읽고 묵상하면서 내 영혼이 기쁨으로 뛰며 춤추게 하옵소서.

나다운 나

창 27:18-30

야곱이 아버지에게 나아가서 내 아버지여 하고 부르니 이르되 내가 여기 있노라 내 아들아 네가 누구냐.

사랑의 하나님, 내가 누구인지 잘 모르고 사느라 내 인생을 살지 못하고 남의 인생을 살 때가 많았습니다. 내 이름으로 사는 게 부끄러워서 숨었습니다. 아니, 도망쳤습니다. 연약하고 부족한 내 모습을 스스로 받아들일 수 없었던 탓입니다. 늘 남이 가진 것이 내 것보다 더 좋아 보였습니다. 남의 것을 부러워하며 끝없는 시기와 질투 속에서 살았습니다. 그래서 거짓말도 불사했고 권모술수를 써도 괜찮다고 여겼습니다. 남의 것으로 겉모습을 치장하고 내면도 채우려 했기에 마음은 늘 공허했고 불안했습니다. 그러면서도 그것이 내게 주어진 꿈과 비전이라고 나를 속이며 위안했습니다.

예수 그리스도를 믿는다고 하면서도 참된 신앙을 지니지 못했습니다. 하나님보다 하나님이 주신 선물과 축복을 더 중시했기 때문입니다. 그래서 살아 계신 하나님을 만나고 사랑하기보다는 하나님이 주시는 복만 탐할 때가 많았습니다. 결과적으로 내 욕심만 채우는 기복 신앙에 머물렀습니다. 나를 가장 밀어내고 나의 나 됨을 가장 거부하던 이는 바로 나였습니다. 주님 안에서 내가 얼마나 소중한 존재인지 다시 깨닫기를 원합니다. 예수 그리스도를 주님으로 믿는 내게 "네가 복되도다"라고 친히 말씀해 주옵소서.

경계를 넘어서

행 8:26-40

빌립은 아소도에 나타나 여러 성을 지나
다니며 복음을 전하고 가이사랴에
이르니라.

사랑의 하나님, 예수님 덕분에 죄악과 사탄의 권세로부터 자유와
해방을 맛보고 누리게 되었습니다. 예수님 덕분에 차별과 편견의
장벽이 다 부서졌습니다. 하지만 아직도 세상에는 무수한 장벽이
있습니다. 그래서 사람을 차별합니다. 피부색으로 차별하고 무시
합니다. 얼마나 많이 가졌는지 살피며 차별하고 업신여깁니다.
성별로 차별하고 깔봅니다. 예수님을 믿는 사람임에도 아무 거리
낌 없이 세상의 차별과 조롱에 참여한 적이 많았습니다. 수많은
경계선과 울타리를 만드는 일에 일조했습니다. 아니, 오히려 앞
장서서 장벽을 만들었습니다. 잘못된 우월의식을 가지고 만나는
사람을 함부로 대했습니다. 잘못된 열등의식을 가지고 과도한 자
기방어에 함몰했습니다. 자아 속에 나를 꽉 처박아 놓은 어리석
은 모습을 아룁니다. 너무 교만해서, 아니 너무 부끄러워서 나를
드러내기 싫었고, 그래서 내 속에 갇혀서 벗어날 수 없었습니다.
　하나님의 사랑만이 인간이 만든 잘못된 울타리를 모두 허무는
능력임을 고백합니다. 미움과 분노가 아니라, 예수님의 넘치는
사랑으로 세상의 장벽들을 뛰어넘고 넓히기를 원합니다. 나로 깨
닫게 하시고, 바른길로 이끌어 주옵소서.

편견을 넘어서

행 9:26-31

사울이 예루살렘에 가서 제자들을 사귀고자 하나 다 두려워하여 그가 제자 됨을 믿지 아니하니.

사랑의 하나님, 세상에서 살면서 얼마나 많은 편견을 가지고 이웃을 대했는지 모릅니다. 신뢰하지 않고 의심의 눈초리로 사람을 대할 때가 많았습니다. 사람을 외모로 평가했습니다. 과도하게 외모를 소중히 여기고 시간과 정성을 얼마나 많이 쏟아부었는지요? 그리하여 내면의 세계를 음미하며 성숙한 모습을 갖추지 못했습니다. 성별에 따라 사람을 차별했습니다. 지역에 따라 선입관을 가지고 사람을 평가했습니다. 나이가 들면서 젊은 사람들을 미숙한 어린아이 취급했습니다. 나이가 젊을 때는 나이 든 노인들을 퇴물 취급했습니다. 가난한 자를 향해서는 게으른 자요 노력하지 않는 자라고 업신여겼습니다. 돈이 많은 자에게는 어쩌다 재수가 좋아, 부모덕으로 횡재했다고 비난했습니다. 나 역시 나그네 인생을 살면서 외국인 노동자들, 다문화가정 사람들을 조롱하고 따돌리려 했습니다.

하나님은 가장 불쌍하고 연약한 '고아와 과부의 하나님'이라 하셨습니다. 세상에는 아직도 피부색 때문에, 이데올로기 때문에, 종교 때문에 존엄성을 빼앗기는 사람들이 있습니다. 내 안에 있는 의심, 조롱하는 마음, 업신여기는 마음, 불평하는 마음, 남 탓하며 나 몰라라 하는 이기적인 마음을 고쳐 주옵소서. 이제는 예수님의 마음을 품고 신뢰하며 사랑하게 하옵소서.

시기와 포용

삼상 18:6-9

사울이 그 말에 불쾌하여 심히 노하여
이르되 다윗에게는 만만을 돌리고
내게는 천천만 돌리니 그가 더 얻을 것이
나라 말고 무엇이냐 하고.

사랑의 하나님, 새로운 하루를 주심은 옛것을 훌훌 벗어 버리고, 주님의 말씀으로 새 옷을 입고 살라는 뜻인 줄 압니다. 이 시간 그렇게 살지 못했던 것을 주님 앞에 먼저 고백합니다. 내 마음이 때로 얼마나 교만했고, 때로 시기심과 질투로 얼마나 미련해졌는지 주님께서는 잘 아십니다. 이 시간 사람들과의 관계가 얼마나 일그러지고 비뚤어졌는가 돌아봅니다. 나보다 가지지 못하거나 지위가 낮은 사람 같으면, 금방 조롱하며 멸시하는 오만한 사람이 바로 나였습니다. 반대로 나보다 더 많이 가지고 행복해하는 사람을 보면, '왜 나는 없어?' 하며 하나님에게 대들기도 했습니다. 스스로 불행하다고 여기기에 다른 사람이 행복해하는 꼴을 도무지 보지 못하는 악한 마음이 있습니다. 그들이 지닌 행복과 소유가 다 무너지기를 바라는 못된 마음도 있습니다.

나보다 나은 사람에게는 내면의 문을 열고 배울 수 있는 포용력을 주옵소서. 나보다 형편이 못한 사람에게는 넉넉히 베풀며 존중하고 사랑하게 하옵소서. 나 혼자는 너무나 역부족임을 잘 압니다. 주님이신 예수님을 바라보게 하시고, 예수님의 눈으로 다시 이웃을 바라보게 하옵소서.

외모지상주의

롬 2:1-11

이는 하나님께서 외모로 사람을 취하지
아니하심이라.

사랑의 하나님, 하나님의 눈으로 사람을 보기보다는 편견이 가득한 눈으로 사람을 판단할 때가 많았습니다. 겉모습만으로 평가하는 외모지상주의에 매몰되어 올바로 판단하지 못했습니다. 사람을 분별하려다가 외모에 따라 차별하는 잘못을 자주 저질렀습니다. 남을 비판하는 데는 아주 재빨랐습니다. 하지만 나를 반성하는 데는 느리고 게을렀습니다. 남을 평가할 때는 가혹하게 엄격한 잣대를 들이댔습니다. 하지만 똑같은 문제가 있는 나에 대해서는 솜방망이만 휘두르다 말았습니다. 그러고는 온갖 변명을 늘어놓았습니다.

지금도 이중적인 마음으로 갈등하고 있습니다. 때로는 내 속에 있는 열등감이 나를 초라하게 만듭니다. 때로는 내 속에 있는 우월감이 나를 건방지게 만듭니다. 그래서 나보다 잘난 사람 앞에서는 비굴하게 도망가려 했고, 나보다 못난 사람 앞에서는 마구 뽐내려 했습니다. 이제는 어리석은 변명을 멈추게 하옵소서. 내가 하나님 앞에서 죄인인 줄 깨닫고, 용서하시는 하나님의 놀라우신 은혜를 기다리게 하옵소서.

차별이 없는

롬 3:19-24

곧 예수 그리스도를 믿음으로 말미암아
모든 믿는 자에게 미치는 하나님의 의니
차별이 없느니라.

사랑의 하나님, 신앙이 왜곡되고 파편적인 모습을 띨 때가 많습니다. 신앙을 하나님이 주신 선물이 아니라 내가 쟁취한 전리품처럼 생각했습니다. 그러자 신앙의 열정이 어느 날 악착같은 고집으로 변질되었습니다. 생생했던 자발적인 헌신이 어느 날 영혼의 뜨거움을 잃어버린 허례허식으로 전락했습니다. 사랑을 좋아하고 예찬했습니다. 하지만 누군가의 생각과 삶의 양식이 나와 조금만 다르면 쉽게 미워하고 정죄했습니다. '하나님의 은혜'를 그렇게 강조했습니다. 하지만 정작 내가 당연히 해야 할 일조차 하나님께 맡겨 버리고 게으름에 빠질 때가 많았습니다. 하나님께서 미래에 주실 천국의 잔치를 말했습니다. 하지만 지금 내 주위에 있는 고난과 슬픔, 불의와 죄악의 현장에 저항하며 극복할 생각은 하지 못했습니다.

예수님은 사탄의 '죄의 권세'를 무너뜨리기 위해 이 땅에 오신 '하나님의 의'이십니다. 예수님은 인간들이 만들어 놓은 편협한 종파주의를 부수며 믿는 자들에게는 누구에게나 개방된 열린 문이십니다. 예수님은 이웃을 무시하고 깔보며 자기를 자랑하는 교만한 자들을 끌어내시고, 낮고 비천한 자를 높이 세우시는 분입니다. 이제 예수님이 십자가의 보혈로 세우신 하나님의 은혜에 기쁨으로 동참할 수 있는 참된 믿음을 주옵소서.

어찌 아끼지
아니하겠느냐

욘 4:4-11

하물며 이 큰 성읍 니느웨에는 좌우를 분변하지 못하는 자가 십이만여 명이요 가축도 많이 있나니 내가 어찌 아끼지 아니하겠느냐 하시니라.

사랑의 하나님, 주님께서는 지금까지 내 곁에서 나를 지켜보셨고 내 삶에 참여하셨습니다. 그런데 나는 그것이 하나님의 손길인 줄 알지 못했습니다. 때로는 내가 결단한 대로 내 인생을 조종할 수 있다고 큰소리쳤습니다. 그러다 뜻대로 되지 않으면 불쾌해했고 버럭 성질을 냈습니다. 때로는 삶은 우연의 연속에 불과하다고 여기고, 삶이 무의미하다는 생각에 빠졌습니다. 허전하고 우울한 생각으로 시간을 낭비했습니다. 하지만 인생을 돌이켜 보면, 하나님께서는 삶의 고비마다 크고 작은 사건들을 보여 주셨고, 그 속에서 나를 위로하셨습니다. 하지만 나는 선물을 주신 하나님을 기억하는 데 인색했습니다. 주신 선물에만 집착했고, 때로는 기대치보다 적다고 못마땅해했습니다.

하나님께서는 나에게 '나'라는 작은 자아의 껍질을 벗고 '주님'의 마음을 품고 세상을 향해 나가라고 말씀하셨습니다. 하지만 나는 결단하기를 주저했습니다. 때로는 인생이 어디로 흘러가는지 도무지 모르겠다고 짜증부터 냈습니다. 알지 못하면서 아는 척하고, 어리석으면서 지혜롭다고 착각했던 나를 용서하옵소서. 이웃에게 상처 주기를 즐기는 사람이 되지 않게 하옵소서. 내 욕망을 위해 타인을 이용하는 교활한 사람이 되지 않게 하옵소서. 이제는 담백하되 단호하게 주님의 사랑을 가슴에 품고 세상을 향해 나아가게 하옵소서.

그들이나
우리나

행 15:6-11

믿음으로 그들의 마음을 깨끗이 하사
그들이나 우리나 차별하지
아니하셨느니라.

사랑의 하나님, 이 거칠고 메마른 땅에 주님께서 사랑의 영, 화해의 영으로 오신 것을 찬양합니다. 내 내면 깊은 곳에는 알지 못하는 미움의 영, 분노의 영이 있었습니다. 그래서 쉬 이웃을 포용하며 용납할 수 없었습니다. 누군가 나보다 더 가졌다, 나보다 더 잘났다, 나보다 더 능력이 많다는 생각이 들면, 그들을 단순히 경쟁자로 여기지 않았습니다. 너무 쉽게 다 '나의 적'이라 여기고 분노의 칼을 갈았습니다. 그런 내 속에는 끊임없이 나 중심으로 사고하고 말하고 행동하는 이기적인 자아가 뿌리내리고 있었습니다. 무언가 나와 다르면 차별하려고 눈을 부릅떴습니다. 나와 얼굴색이 다르다고 차별했습니다. 나와 성별이 다르다고 차별했습니다. 나와 가진 것이 다르다고 계급을 만들고 차별했습니다. 심지어 교회 안에서도 지역감정, 이념 논쟁, 세대 갈등으로 사람을 차별하려 했습니다. 그래서 그리스도 안에서 하나 되게 하시는 성령님을 근심시켰습니다.

상대방을 감정적으로 미워하기로 작정하고 정죄부터 했습니다. 그러자 믿음은 딱딱해지고, 어느덧 화석과 같은 종교가 되어버렸습니다. 갈등과 미움의 날카로운 놋쇠들이 예수님의 십자가라는 용광로에서 다 녹은 것을 깨닫게 하옵소서. 이제는 갈등 자체를 겁내지 않게 하시고, 하나 되게 하시는 예수님의 십자가를 바라보지 않는 것을 두려워하게 하옵소서.

섬김의 영

막 10:42-45

너희 중에 누구든지 으뜸이 되고자 하는
자는 모든 사람의 종이 되어야 하리라.

사랑의 하나님, 예수님을 믿으면서도 예수님을 닮아 가지 못했음을 고백합니다. 이 시간 나의 흉허물과 죄악을 아룁니다. 세상은 강한 자를 좋아하고 힘 있는 사람을 좋아합니다. 나 역시 힘 있는 권력자가 되기를 소망했습니다. 그것이 예수님을 믿는 이유였습니다. 더 많은 부와 재물을 얻고, 더 높은 지위에 오르고, 더 힘이 있는 자리를 차지하기 위해 주님이 필요했습니다. 세상에서 좀 잘 나갈 때 이른바 갑질이라 불리는 말과 행위를 할 때가 많았습니다. 나보다 지위가 낮으면 마음대로 부려도 된다는 오만이 있었습니다. 그런 사람들을 함부로 대해도 그것은 죄도 악도 아니라고 여겼습니다. 그러면서 오히려 내가 갑질을 당한다고 생각할 때도 있었습니다. 지도자가 되어 남을 다스리고 큰소리치고 싶어 하면서도 예수님께 진정한 지도자상을 배우려 하지 않았습니다.

주님을 위해 내놓은 것보다 더 많고 큰 것을 얻기를 탐하는 어리석음이 나에게 있습니다. 이제는 죄인을 구원하시는 주님의 놀라운 사랑 때문에 주님을 따라가게 하소서. 이제는 주님을 닮은 사랑으로 주위의 연약한 사람들, 소외된 사람들을 살리고 치유하고 회복하는 일에 쓰임 받게 하옵소서. 내가 가진 권력, 곧 건강이라는 권력, 지식이라는 권력, 돈이라는 권력, 지위라는 권력, 재능이라는 권력을 이 땅에 하나님 나라와 의를 세우는 일에 사용하게 하옵소서.

분열과 하나 됨

엡 4:1-4

평안의 매는 줄로 성령이 하나 되게 하신
것을 힘써 지키라.

사랑의 하나님, 믿음의 사람들에게 사랑하게 하시는 성령을, 예수님 안에서 하나임을 깨닫게 하시는 성령을 보내 주심에 감사합니다. 하지만 나는 겸손도 모자랐고 사랑도 부족했습니다. 옆 사람과 더불어 사는 능력을 상실할 때가 많았습니다. 나만을 위해 사느라고 옆의 이웃을 나 몰라라 하며 살았습니다. 영성이 너무 나약한 탓에 때로 불의와 쉽게 타협하면서 살았습니다. 거짓에 저항하는 강인한 영성을 발휘하지 못했습니다. 실패할 때마다 한심한 내 모습에 너무 빨리 낙담하고 실망했습니다. 그래서 삶이 너무 비관적으로 다가왔습니다. 절망을 넘어설 희망을 보지 못했습니다.

나와 다르면 너무 쉽게 정죄하고 분열의 자리에 섰습니다. 겸손과 따뜻한 사랑으로 감싸려고 애쓴 적이 별로 없습니다. 분열의 영성으로 남을 향해 분노하는 데 아주 익숙하기 때문입니다. 잘못된 것, 길이 아닌 것에 대해서는 저항하는 영성을 갖게 하옵소서. 현실을 더 어둡게 만드는 비관주의의 영을 쳐부수는 희망의 영성을 갖게 하옵소서. 서로 미워하고 정죄하는 분열의 영을 이길 통합의 영성을 갖게 하옵소서. 그리하여 우리 가정은 성령 안에서 사랑의 공동체로, 우리 교회는 말씀에 기초한 생명의 공동체로, 우리나라는 공의와 정의를 토대로 하나 됨의 공동체로 세워 나가게 하옵소서.

동역자의 복

출 6:28-7:7

내가 네게 명령한 바를 너는 네 형 아론에게 말하고 그는 바로에게 말하여 그에게 이스라엘 자손을 그 땅에서 내보내게 할지니라.

사랑의 하나님, 이 시간 성부, 성자, 성령 삼위일체 하나님께 영광과 존귀를 올려드립니다. 삼위일체 하나님은 사랑과 배려와 친밀감으로 서로 하나이셨습니다. 하늘과 땅을 창조하실 때도, 시간을 만드시고 역사의 주인이 되실 때도, 인간을 죄악에서 구원하실 때도 함께 동역하셨습니다. 하지만 나는 동역이라는 개념을 잘 몰랐습니다. 나 혼자만 잘되면 된다고 여겼습니다. 남이 잘되면 시기하고 질투했습니다. 남이 잘못하면 무시하고 조롱했습니다. 때로는 비난하고 정죄했습니다. 스스로 나는 의인이라고 강변하고 남은 죄인이라고 떠벌렸습니다. 다른 사람 눈에 있는 티끌은 잘 보면서 내 눈에 박힌 거대한 기둥은 보지 못했고, 보려고 하지도 않았습니다.

이념의 잣대로 사람들을 적과 아군으로 나누고 차별했습니다. 예수님 말씀보다 내 신념이 더 크고 중요하다고 소리쳤습니다. 예수님을 믿으면서도 열린 마음이 없고, 예수님이 그렇게 싫어하셨던 꽉 닫힌 바리새인의 모습만 가득했습니다. 내가 결코 혼자 살 수 없음을 압니다. 지금까지 얼마나 많은 사람에게 사랑의 빚을 지고 살았는지 다시 깨닫습니다. 오늘도 맡겨진 일에 충성하고 섬기는 주님의 사람들이 있다는 사실이 너무 놀랍고 감사합니다. 우리가 다 믿음의 동역자요 신앙의 동지들임을 기뻐하며 감사하게 하옵소서.

사람이 먼저

막 2:27-28

또 이르시되 안식일이 사람을 위하여 있는 것이요 사람이 안식일을 위하여 있는 것이 아니니.

사랑의 하나님, 나의 첫 번째 관심은 먹고 마시는 것이었습니다. 그것도 잘 먹고 아주 편히 쉬는 것이었습니다. 그래서 세상에서 너무 바빴습니다. 일에 매몰되었고, 업적을 올리느라고 하루하루 쉴 틈이 없었습니다. 이웃을 대할 때도 그들이 가진 소유의 크고 작음에 민감하게 반응했습니다. 나를 표현할 때도 내가 얼마나 많이 가진 사람인지 과장해서 보여 주고 싶어 했습니다. 연봉의 많고 적음으로 사람을 판단하는 현실 앞에서 타인의 평가에 집착했습니다. 소유의 수치로만 사람을 평가하는 시스템을 조롱하면서도 거기에 깊이 길들어 있는 탓입니다.

'힘 있는 사람, 가진 게 많은 사람이 옆에 다가와 주었으면!', '가진 게 없는 사람은 옆에 다가오지 말았으면!' 하고 속으로 외친 적이 한두 번이 아닙니다. 그렇게 사람을 차별했습니다. 타인을 향해 따뜻하게 마음을 열 용기가 모자랐습니다. 남의 고통에 참여할 수도 없었습니다. 사람을 존중할 줄 아는 복된 마음을 주옵소서. 우리를 아주 특별한 존재로 대하셨던 예수님의 마음을 나도 품게 하옵소서.

물음 앞에

요 18:33-38

이에 빌라도가 다시 관정에 들어가
예수를 불러 이르되 네가 유대인의
왕이냐.

사랑의 하나님, 골고다 언덕을 말없이 오르신 예수님을 이 시간
묵상합니다. 예수님은 대답이신데, 나는 조용히 경청할 생각은
안 하고 묻기만 했습니다. 당신이 생명이냐고, 당신이 진리냐고,
당신이 사랑이냐고, 당신이 하나님의 아들이냐고, 당신이 정말
나의 주님이냐고, 오만한 마음으로 비아냥거리며 물었습니다. 마
치 빌라도처럼 말입니다. 하늘 권세를 지닌 예수님을 향해 "정말
당신이 왕이야?" 하며 조롱하듯이 말입니다. 조그만 종교적 지식
을 가지고 "당신이 정말 나를 위한 대제사장이야?" 하고 힐문했
습니다. 이렇게 건방지게 물어도 예수님은 대답해 주셨습니다.
그런데 예수님이 말씀하셔도 나는 듣지 못했습니다. 예수님이 보
여 주셔도, 나는 보지 못했습니다. 눈이 가려져 있었습니다. 내 안
에 시기심과 분노가 가득한 탓입니다. 귀가 막혀 있었습니다. 내
편견과 교만이 주님의 음성 듣기를 거부한 탓입니다. 내 마음은
차디찬 돌같이 굳어 있었습니다. 영적 감각이 탐욕과 정욕으로
무뎌진 탓입니다.

　내 마음에 임재하여 주옵소서. 내 눈을, 내 귀를, 내 생각을 어
루만져 주옵소서. "내가 곧 길이요 진리요 생명이다"라고 하시는
예수님의 말씀을 듣게 하옵소서. 이 시간 십자가에 달리신 예수
님을 살아 계신 영광의 하나님으로 경험하며 벅차게 노래하게 하
옵소서.

어떤 여자들

눅 8:1-3

또한 악귀를 쫓아내심과 병 고침을 받은
어떤 여자들 곧 일곱 귀신이 나간 자
막달라인이라 하는 마리아와 … 다른
여러 여자가 함께하여 자기들의 소유로
그들을 섬기더라.

사랑의 하나님, 그동안 내가 가졌던 왜곡된 생각들, 편협한 습관들, 이기적인 탐욕들을 토해냅니다. 내게는 오랫동안 가부장적 틀 안에서 살아 온 사회적·문화적 습관이 있습니다. 그래서 나도 모르게 남성 우월적인 사고를 당연하게 여겼습니다. 남자는 마땅히 명령하는 위치에 있다고 생각했습니다. 여자는 무조건 복종하는 것이 미덕이라고 속으로 주장했습니다. 남자와 여자의 차이는 있어도 차별은 없다는 예수님의 말씀을 거부하려 한 적이 많았습니다.

기독교 신앙이 한국에 첫발을 디뎠을 때는 짓밟힌 여성 인권을 신장하는 데 큰 역할을 했습니다. 하지만 지금은 여성을 가장 차별하는 곳이 바로 교회가 아닌가 돌아봅니다. 오늘날에도 여성을 함부로 대하며 천대하는 한국 교회의 묵은 습관들이 있습니다. 예수 그리스도 안에서 남자나 여자나 다 하나임을 망각한 탓입니다. 이제는 하나님의 놀라우신 은혜를 깨닫고 십자가에 달리신 예수님을 마지막 순간까지 따랐던 막달라 마리아를 본받게 하옵소서. 부활하신 예수님을 먼저 만나고 담대하게 증언했던 그 용기를 갖게 하옵소서. 그래서 어떤 것도 두려워하지 않는 사랑의 열정을 주님을 위해 불태우게 하옵소서.

사랑과 지식

빌 1:8-11

내가 기도하노라. 너희 사랑을 지식과 모든 총명으로 점점 더 풍성하게 하사 너희로 지극히 선한 것을 분별하며 또 진실하여 허물 없이 그리스도의 날까지 이르고.

사랑의 하나님, 이 시간 죽은 자 가운데서 다시 살아나신 예수님을 바라봅니다. 하나님이 주시는 하늘의 위로와 평안이 슬픔으로 탄식하는 사람들에게 임하기를 기도합니다. 나는 본래 하나님을 알지 못하는 무지한 자입니다. 이 시간 주님이 말씀하심으로 무지로부터 깨어나게 하옵소서. 나는 본래 하나님의 뜻을 분별하지 못하는 미련한 자입니다. 이 시간 주님의 지혜로 가르치시고 깨우쳐 주옵소서. 나는 본래 죄로 얽매이고 응어리진 자입니다. 이 시간 응어리진 죄악으로부터 풀어 주시고 사죄의 기쁨을 맛보게 하옵소서. 나는 본래 불신앙을 즐기던 못된 자입니다. 이 시간 불신앙을 깨부수고 주님을 향한 믿음의 자리에 들게 하옵소서.

나는 본래 너무 쉽게 미워하고 분노하는 자입니다. 이 시간 분노가 변하여 평안이 되게 하시고, 미움이 변하여 사랑과 긍휼이 되게 하옵소서. 나는 본래 몸의 병약함으로 매일 신음하던 자입니다. 이 시간 성령의 치유하시는 광선을 비추셔서 질병으로부터 치유하여 주옵소서. 생명의 주님이신 예수님을 통하여 이런 놀라운 축복을 받는 시간이 되게 하옵소서.

감춰 둔 달란트

마 25:14-19

한 달란트 받은 자는 가서 땅을 파고 그 주인의 돈을 감추어 두었더니.

사랑의 하나님, 아들이신 예수님을 믿게 된 것이 내 인생 최고의 축복입니다. 예수님 덕분에 하나님의 사랑하는 아들딸이 된 것이 나의 자랑입니다. 하지만 실제로는 하나님의 자녀답게 살지 못했습니다. "나는 금수저가 못되고, 흙수저야!" 하며 나를 비하하고 부모님을 탓했습니다. "나만 왜 1달란트야?" 하고 하나님께 항의하고, 5달란트, 2달란트 받은 사람을 시기했습니다. "에라, 모르겠다. 땅속에나 묻어 두자!" 하고 내게 주어진 달란트를 계발하지 않았습니다. "나는 엑스트라일 뿐이야! 세상 사람들이 나를 인정해 주지 않아!" 하며 자기 연민에 빠졌습니다. 나를 내 인생의 주인공으로 만드신 하나님의 뜻을 헤아리지 못하고 원망했습니다. 그러고는 다른 사람의 시선에 따라 살았습니다. 그래서 남의 눈치를 보는 데는 10단이 되었는데, 나 자신을 담대하게 가꾸는 일에는 아직도 왕초보입니다. 그냥 도망가고 싶어 했습니다. 더 이상 생각하기도 싫고 손발 하나 까딱하기도 귀찮아서 깊은 우울의 늪에 빠져 지내기도 했습니다.

다시 깨우쳐 주옵소서. 이 땅 가장 낮은 곳에 오신 예수님을 통해 낮고 가난한 자에게도 희망이 있음을 깨우쳐 주옵소서. 가장 참혹한 십자가에 달리신 예수님을 통해 예수님을 믿으면 아무도 비천한 자가 없음을 깨닫게 하옵소서. 우리가 다 하나님의 사랑하고 기뻐하시는 아들딸임을 깨닫게 하옵소서.

여호와의 말씀

시 33:4-12

여호와의 말씀은 정직하며 그가
행하시는 일은 다 진실하시도다.

사랑의 하나님, 이 시간 내 안에 있는 컴컴한 어둠을 보게 하옵소서. 불의와 거짓을 토해 내게 하옵소서. 슬픔의 세계를 향해 가는 죽음의 세력을 몰아내게 하옵소서. 하나님께서는 말씀으로 세상을 창조하시고 우리에게 말을 선물로 주셨습니다. 하나님의 말씀은 세상을 선하고 아름답게 만드셨습니다. 하지만 나의 말은 세상을 더 악하고 추하게 만들 때가 많습니다. 하나님의 말씀은 사람을 살리는 말씀입니다. 하지만 나의 말은 사람의 가슴을 후벼 파고 상처 주는 말이 되고 말았습니다.

　세상의 문제점과 모순을 반면교사로 삼지 못했습니다. 세상이 악하면, 함께 악해지려 했습니다. 세상이 서로 사납게 미워하고 증오하면, 덩달아 미움과 다툼의 춤을 췄습니다. 세상이 편협할 때 나는 너그러워야 하는데 그러지 못했습니다. 세상이 돈 중독, 술 중독, 섹스 중독에 빠질 때 나는 거기서 벗어나야 하는데 비슷한 증세 속에서 몸살을 앓았습니다. 세상이 명예욕, 권력욕에 눈이 어두워 불의를 행할 때 나는 하나님의 공의와 정의를 이루며 살아야 하는데 함께 부화뇌동하면서 악을 좇았습니다. 나의 못된 모습, 거짓과 불의함과 무자비함을 용서하옵소서.

순종과 불순종 사이

출 4:10-17

모세가 여호와께 아뢰되 오 주여 나는 본래 말을 잘하지 못하는 자니이다. 주께서 주의 종에게 명령하신 후에도 역시 그러하니 나는 입이 뻣뻣하고 혀가 둔한 자니이다.

이 땅에 빛으로 오신 주님, 생명으로 오신 주님, 평화의 왕으로 오신 주님, 감사합니다. "지금도 죄악의 어둠이 있는 곳에 내 사랑의 빛을 비추어 주렴!" "지금도 미움과 분쟁으로 갈등하고 탄식하는 곳에 나의 샬롬을 보여 주렴!" 나를 향한 주님의 말씀입니다. 주님의 빛나는 눈을 나에게 주셨습니다. 하지만 나는 이 세상이 얼마나 비참함 가운데 허우적거리는지 보지 못했습니다. 주님의 섬세한 귀를 나에게 열어 주셨습니다. 하지만 나는 신음하고 탄식하며 하나님의 자비하심을 향해 부르짖는 세상의 소리를 듣지 못할 때가 많았습니다. 주님의 인자하신 마음을 나로 품게 하셨습니다. 하지만 나는 우는 자와 함께 울고, 그 눈물을 닦아 주시는 하나님의 자비로우신 마음을 깨닫기가 쉽지 않았습니다.

"하나님의 마음을 품고 세상을 향해 나가라!"라고 나를 부르실 때 "그것은 내 일이 아니에요!"라고 외면했습니다. "내가 너와 함께하겠다!"라고 약속하시며 "내 뜻을 세상에 펼치라!"라고 말씀하실 때 "보낼 만한 자를 보내시고, 나를 좀 내버려 두세요!"라면서 매몰차게 거절했습니다. 내 마음에 순종하는 영을 주옵소서! "누가 나를 위하여 갈꼬?"라고 하나님께서 말씀하실 때 "내가 여기 있나이다. 나를 보내소서!"라고 고백하며 순종하게 하옵소서.

요나에게 묻다

욘 1:4-10

이 재앙이 누구 때문에 우리에게
임하였는가 말하라. 네 생업이 무엇이며
네가 어디서 왔으며 네 나라가 어디며
어느 민족에 속하였느냐.

사랑의 하나님, 다시 시작하겠습니다. 나를 향한 사랑도, 이웃을
향한 사랑도, 가족 사랑도, 직장 사랑도, 나라 사랑도, 교회 사랑
도 다시 해 보겠습니다. 마치 처음 사랑처럼 사랑의 열정을 쏟아
보겠습니다. 때로 잊고 산 것이 너무 많았습니다. 내가 누구인지
모르고 그냥 살았습니다. 지금 왜 여기 있는지 묻지 않고 그냥 지
냈습니다. 지금 무얼 하고 있는지 질문하지 않았습니다. 그러다
보니 낯선 상황을 마주할 때마다 두려움이 생겼습니다. 호기심보
다는 겁이 났습니다. 존중하기보다는 무시하고 외면하려 했습니
다. 삶을 소중히 누리기보다는 허겁지겁 시간 시간을 겨우 땜질
해야 했습니다.

여러 문제가 발생했습니다. 극복해야 할 현실 앞에서 낙심하여
그냥 주저앉을 때도 많았습니다. 내가 정말 사랑해야 할 것이 무
엇이고, 미워해야 할 것이 무엇인지 구별할 분별력을 서서히 잃
어버렸습니다. 그러다 보니 요나처럼 어디론가 도망갈 생각만 했
습니다. 도망자가 되어 주위 사람들에게 상처를 주고 아프게 했
습니다. 나 때문에 하나님의 이름이 모독당할 때도 자주 있었습
니다. 내가 누구인지, 지금 무엇을 하고 있는지, 왜 여기 있는지
깨닫게 하여 주옵소서. 다시 주님을 사랑하고, 다시 주님의 말씀
에 순종하게 하옵소서.

위선의 탈

막 12:13-17

우리가 바치리이까 말리이까 한대
예수께서 그 외식함을 아시고 이르시되
어찌하여 나를 시험하느냐 데나리온
하나를 가져다가 내게 보이라 하시니.

사랑의 하나님, 내 모습 그대로, 부끄러운 모습 그대로 주님께 아
룁니다. 오늘도 하늘로부터 사죄의 은총을 내려 주옵소서. 위선
의 탈을 쓰고 살 때가 참으로 많았습니다. 하나님 앞에 서기보다
사람들에게 잘 보이려는 미봉책이었습니다. 그러다 보니 신앙도
죽은 종교가 되었습니다. 예배도 드리고 기도도 하고 말씀도 읽
는데, 영혼을 두드리고 삶을 약동시키는 생명의 신앙으로 발돋움
하지 못했습니다. 위선적인 신앙은 냉엄한 교리와 이데올로기만
을 제공했습니다. 그 위선은 마음에 따뜻한 사랑과 감동을 주지
못했습니다. 내가 살기 위해 가식적으로 위선을 떨었기 때문입니
다. 남을 흉보아야 나의 선함이 조금이라도 돋보이기 때문입니
다. 위선적인 신앙은 진정한 예배자가 되는 것을 방해했습니다.
그저 예배의 구경꾼으로 전락시켰습니다.

그런데도 나는 위선의 가면을 쉽게 벗으려 하지 않았습니다.
거짓된 신분이 탄로나는 걸 막는 비결로 여겼기 때문입니다. 하
지만 시간이 지나면 쉬 드러날 거짓 술책이었습니다. 나의 위선
은 진실하신 예수님을 만나야 끝이 납니다. 악하고 추한 본모습
이 낱낱이 들통나기 때문입니다. 오늘도 진실하신 분, 나의 생명
이신 예수님 앞에 겸손히 서게 하옵소서.

믿음을 가로막는 편견

막 6:1-6

예수께서 그들에게 이르시되 선지자가 자기 고향과 자기 친척과 자기 집 외에서는 존경을 받지 못함이 없느니라 하시며.

사랑의 하나님, 신앙인이라고 자부하면서도 믿음이 아니라 편견을 안고 살 때가 많습니다. 그리하여 빈번하게 마음이 닫혔습니다. 내가 교만한 까닭은 믿음 대신 편견이 나를 사로잡은 탓입니다. 선입관으로 사람을 보고 너무 빨리 판단하고 비아냥거렸습니다. 나와 다른 것을 용납하기가 어렵습니다. 나이가 다르다고, 성별이 다르다고, 생각이 다르다고, 인종이 다르다고, 가치관이 다르다고, 종교가 다르다고, 나와 다른 것은 다 나쁜 것이라고 선입관을 갖고 비난했습니다. 그래서 남이 잘되는 걸 보기가 역겨웠습니다. 무엇인가 새로운 것을 들으면 경청하기보다 나와 다르다고 비난하려 합니다. 나도 성장하고 성숙하지 못할 뿐 아니라, 남이 성숙하는 것도 가로막았습니다.

하나님을 향해서도 이런 어리석은 마음으로 대했습니다. 결코 우주의 중심이 될 수 없는 변덕스러운 내가 우주의 중심인 양 고집을 부리지만, 뿌리째 흔들리고 있는 것을 매일 절감할 뿐입니다. 마음을 살피시는 성령님, 이제는 예수님의 생각과 가치관으로 세상을 보며 사물을 판단하게 하옵소서. 이제는 예수님의 마음으로 사람을 대하며 사랑으로 섬기게 하옵소서.

들음의 리더십

왕상 3:4-13

누가 주의 이 많은 백성을 재판할 수 있사오리이까. 듣는 마음을 종에게 주사 주의 백성을 재판하여 선악을 분별하게 하옵소서.

사랑의 하나님, 하나님의 말씀 앞에 설 때조차 내 생각을 앞세울 때가 많습니다. 내 생각과 고정관념이 너무 강해서 말씀을 스펀지처럼 순전하게 흡수하지 못했습니다. 깊은 관심과 호기심으로 말씀을 대하기보다는 의심과 의혹의 눈을 갖고 말씀을 비판하려 했습니다. 남의 이야기를 듣는 것보다 내가 말하는 것을 더 좋아했습니다. 나와 생각이 조금만 다르면 모두 틀린 것으로 여기기도 했습니다. 듣는 귀가 망가져 있었습니다. 난청이 되어서 소리가 왜곡되기도 했습니다. 이명이 되어서 세상의 모든 잡소리와 뒤엉켜서 들려왔습니다. 나이 좀 들었다고 배우려는 열정이 사라질 때가 많았습니다. 들으려고는 하지 않고 내 말만 옳다고 우기는 게 습관이 되었습니다. 축적된 사회 경험과 책을 읽고 배운 것이 많다고 하늘로부터 오는 새로운 신비에 문을 닫아걸 때도 있었습니다.

이제 머리부터 발끝까지 성령의 기름을 부어 주옵소서. 내 속에 굳은 마음, 더러워진 마음, 가시덤불처럼 얽힌 마음이 있습니다. 성령의 거대한 삽으로 뒤엎어 주시고 부드럽고 새로운 마음을 주옵소서. 무엇보다 듣는 마음을 주옵소서. 경청은 사랑으로 치유하는 하나님의 능력임을 믿고 기다리게 하옵소서.

9

세상을 위한 눈물의 기도

민족과 세상을 위한
회개와 회복의
간구

이웃을 돌아보는 마음

네 생각에는 이 세 사람 중에 누가 강도
만난 자의 이웃이 되겠느냐.

눅 10:30-37

사랑의 하나님, 하나님의 이름을 부르면서도 가슴은 추운 겨울바람처럼 냉랭했습니다. 주님을 경외하는 마음으로 두려워 떨지 않았습니다. 주님의 은혜에 감사하는 마음으로 기뻐 뛰놀지 않았습니다. 예수님의 뒤를 따라간다고 하면서도 고난보다는 영광에만 집착했습니다. 낮아지고 겸손하기보다는 높아지고 우쭐대는 교만한 사람이었습니다.

그래서 이웃의 아픔과 슬픔을 돌아볼 여유가 없었습니다. 이웃을 사랑해야 한다고 하면서도 마음과 몸이 움직이지 않았습니다. 이웃의 문제를 어떻게든 해결해 보려 했지만, 정작 그들이 당하는 고난의 자리에 직접 참여하기는 싫었습니다. 아니, 남을 돕는 것이 귀찮아서 돕지 않았습니다. 남을 배려하는 일에는 엄청난 에너지가 소모되기 때문입니다. 때로는 내가 위험한 상황에 부닥칠까 봐 두려워 도망가려 했습니다. 그러다 보니 이웃에게 때로 무자비하며 잔인하게 굴었습니다. 이 시간 성령님께서 내 마음에 임재하여 주옵소서. 내게 예수님의 따뜻한 열정을 부어 주옵소서. 예수님의 사랑 에너지를 내 가슴에 쏟아 주옵소서. 이제 예수님의 은혜를 깨닫고 순종하는 마음으로 세상을 향해 나가게 하옵소서.

세상의 가치관

막 9:33-35

누구든지 첫째가 되고자 하면 뭇사람의 끝이 되며 뭇사람을 섬기는 자가 되어야 하리라.

사랑의 하나님, 세상의 가치관이 나를 뒤흔들고 있습니다. 일등에게만 박수와 환호를 보내는 가치관에 사로잡혀 있습니다. 세상에서 제일 잘나가는 사람에게만 관심이 갑니다. 그래서 소외된 사람들이 상처받고 아파하는 것을 안타깝게 여기지 않았습니다. 이웃을 세워 주려는 마음보다 나를 더 높이 세우려는 마음이 앞섭니다. 바로 옆에 있는 이웃을 친구와 동지가 아닌 거추장스러운 방해물이요 때로는 적대자로만 보았습니다. 이웃을 조롱하고 비난하는 길이 나를 높이는 길이라고 착각했고, 때로는 잔인하게 이웃을 몰아세웠습니다. 탐욕의 영이 나를 붙잡았습니다. 거짓의 영이 내 안에 있는 진실을 조롱했습니다. 미움과 잔인함의 영이 따뜻한 삶을 망가뜨렸습니다.

다시 예수님의 마음을 품게 하옵소서. 다시 이웃의 아픔을 안타까이 여기며, 이 민족과 나라가 지닌 위기를 나의 위기로 알고 기도하게 하옵소서.

지도자의 복

창 41:37-45

바로가 그의 신하들에게 이르되 이와
같이 하나님의 영에 감동된 사람을
우리가 어찌 찾을 수 있으리요 하고.

사랑의 하나님, 나의 문제와 우리 민족의 위기를 다시 보고 있습니다. 삶을 되돌아보니, 평생 나만을 위해 수고하고 땀 흘리며 살아온 듯합니다. 사람들이 인정하는 더 높은 자리에 오르고 더 많은 업적을 쌓는 것이 인생의 목표였습니다. 하지만 원하는 것을 가져도 영혼은 공허했고, 세상의 지위를 얻어도 마음은 불안했습니다. 하나님께서는 우리 민족에게 좋은 지도자를 많이 주셨습니다. 하지만 우리는 지도자의 장점과 업적을 눈여겨보며 칭찬하기보다는 단점을 찾고 흠집을 내기에 여념이 없었습니다. 그래서 무언가 문제가 생기고 잘못되면 지도자 탓만 했습니다. 스스로 진정한 지도자가 되고자 하는 열망을 품고 준비하고 노력하지 못했습니다. 스펙과 외모만으로 사람을 평가하려 했습니다. 진실성을 보고 꿈과 비전을 듣는 일에 인색했습니다. 일에 빠져서 옆에 있는 사람이 얼마나 소중한지 놓쳤습니다.

이제 인생의 위기를 깨닫게 하시고, 삶의 방향을 돌리게 하옵소서. 나만을 위해 살았던 삶을 정리하게 하옵소서. 하나님이 정말 기뻐하시는 삶이 어떤 삶인지 생각하고 결단하게 하옵소서. 이웃 하나하나를 소중하고 귀히 여기는 이 민족과 나라가 되게 하옵소서.

시대를
바라보는 눈

눅 19:41-44

가까이 오사 성을 보시고 우시며
이르시되 너도 오늘 평화에 관한 일을
알았더라면 좋을 뻔하였거니와 지금 네
눈에 숨겨졌도다.

사랑의 하나님, 우리에게 사랑하는 조국을 주신 것에 감사드립니다. 출애굽의 역사처럼 일제의 억압에서 이 민족을 해방해 주시고 여기까지 축복하심에 감사드립니다. 전쟁의 참화 속에서도 이 민족을 지키시고, 폐허의 땅에서 이만큼 정치 민주화와 경제 발전을 이루게 하신 하나님의 놀라운 섭리와 경륜을 찬양합니다. 그런데 우리는 이 땅이 얼마나 많은 신앙의 선배들, 그리고 순국 선열들의 피와 땀과 눈물이 스며든 복된 땅인지 잊고 살 때가 많습니다. 저절로 여기까지 온 줄로 여기고 방자하고 교만한 민족이 되지 않았나 돌아봅니다. 이 땅에 하나님을 두려워하지 않는 사상이 범람하고 있습니다. 타락과 퇴폐의 어둠이 민족의 혼과 정신을 빼앗고 있습니다. 믿음의 사람들마저 양심의 가책도 없이 여기에 편승하여 빠져들고 있습니다.

우리가 예수님의 눈물을 잊었습니다. 예수님의 눈으로 시대를 바라보며 안타까워하고 아파하는 눈물이 메말랐습니다. 우리가 가진 것이 다 우리 것인 줄 착각하고 너무 쉽게 안주하고 변화하려 하지 않았습니다. 예수님이 흘리신 그 눈물을 우리 가슴에 심어 주옵소서. 다시 뜨거운 열정과 따뜻한 사랑으로 나와 가정, 교회와 나라를 기억하고 기도하며 살게 하옵소서.

왜곡된
나라 사랑

단 9:16-19

그러하온즉 우리 하나님이여 지금 주의
종의 기도와 간구를 들으시고 주를
위하여 주의 얼굴빛을 주의 황폐한
성소에 비추시옵소서.

사랑의 하나님, 남북이 갈라진 지 벌써 80년의 세월이 흘렀습니
다. 한반도에 아직 전쟁의 위협이 도사리고 있습니다. 저 북녘의
사람들은 여전히 인권과 자유를 박탈당한 채 신음하고 있습니다.
저들을 긍휼히 여기며 가슴으로 품고 중보기도하지 못한 죄가 우
리에게 있습니다. 그런가 하면 이 땅에는 세대 간 갈등, 이념 갈등
이 첨예화되고 있습니다. 서로 이해하고 감싸주기보다 서로 탓하
면서 비난하고 있습니다. 나라 사랑하는 자가 바로 '나'라고 왜곡
된 애국주의를 외치면서 분노와 증오를 선동하고 있습니다. 포스
트모더니즘이라는 다원주의 시대에 살면서 우리 삶의 터전이 흔
들리고 있습니다. 하나님 앞에서 진리가 무엇인가, 목숨을 걸고
지켜야 할 진정한 가치가 무엇인가, 진지하게 묻는 물음이 점점
사라지고 있습니다. 하나님의 계시가 없는 백성이 방자해진다고
말씀하신 것처럼 이 민족이 교만하여 타락하고 있습니다. 그 속
에 예수 그리스도를 믿는 우리도 들어 있습니다.

　예수 그리스도의 복음이 허무한 인생을 밝히는 진리의 빛이요
생명입니다. 예수 그리스도만이 갈등을 이기는 힘이요 능력입니
다. 우리가 다시 기도하면서 시작하겠습니다. 다시 주님의 말씀
으로 삶을 개간하고 다지겠습니다. 다시 사랑하는 마음으로 세상
을 향해 나가 실천하겠습니다.

예수님의
평화

시 85:8-13

진실로 그의 구원이 그를 경외하는 자에게 가까우니 영광이 우리 땅에 머무르리이다. 인애와 진리가 같이 만나고 의와 화평이 서로 입맞추었으며.

사랑의 하나님, 남북이 분단된 후 80년의 세월을 적대적으로 지내고 있습니다. 우리는 폭력을 싫어하면서 폭력에 익숙했습니다. 전쟁을 혐오하면서도 '전쟁 불사' 논리에 너무 쉽게 빠져들었습니다. 무기와 군대만 있으면 평화를 지킬 수 있다고 착각했습니다. 때로는 통일지상주의에 빠져 이 땅에 진정한 평화, 자유와 민주주의를 통한 통일이 필요한 것을 외면했습니다. 저 북녘의 사람들이 자유를 잃고 생명의 위협을 당하고 있는데도 나 몰라라 하며 방관할 때가 더 많았습니다. 때로는 나 같은 사람이 평화 운동에 참여하지 않는다고 이 땅에서 평화가 사라지지는 않을 거야, 하면서 무관심했습니다. 때로는 나 같은 사람이 평화를 위해 힘쓴다고 이 땅에 정말 평화가 생기는 건 아닐 거야, 하면서 포기했습니다. 참된 평화를 만드는 사람으로 살지 못했습니다. 오히려 가는 곳마다 문제를 일으키는 말썽꾼으로 살지는 않았나 돌아봅니다.

이 한반도에 통일을 허락하옵소서. 정의와 공의가 살아 있는 평화 통일을 주옵소서. 사랑과 자비로 이끌어 가는 평화 통일이 되게 하옵소서. 주님께 마음껏 찬양하고 예배드릴 수 있는 평화 통일의 복을 내려 주옵소서. 이 중대한 일에 우리 그리스도인이 소중한 모퉁잇돌로 쓰이게 하옵소서.

애통하는 마음

사 53:1-6

그가 찔림은 우리의 허물 때문이요 그가 상함은 우리의 죄악 때문이라. 그가 징계를 받으므로 우리는 평화를 누리고 그가 채찍에 맞으므로 우리는 나음을 받았도다.

사랑의 하나님, 아들 예수 그리스도를 우리에게 보내 주신 하나님을 찬양합니다. 예수님이 왜 십자가의 길을 가셔야만 했는지 전에는 잘 몰랐습니다. 그래서 예수님을 믿는다고 하면서도, 예수님의 영광만을 탐했고 예수님의 수난을 외면했습니다. 예수님의 십자가 속에 바로 나의 죄악이 있고, 나의 절망과 탄식이 있고, 나의 슬픔이 있는 것을 들여다보는 게 싫었던 탓입니다.

세상에서 살면서 쏟은 관심과 열망은 첫 번째도 힘, 두 번째도 힘이었습니다. 그래서 돈 많은 사람이 부러움의 대상이었습니다. 권력 있는 사람을 따르는 것이 인생의 야망이었습니다. 세상의 높은 지위를 가지는 것이 삶의 목적이었습니다. 그러다 애통하는 마음을 잃었습니다. 하나님의 아들이신 예수님이 십자가에서 고난받는 것을 보면서도 가슴이 아프지 않았습니다. 수많은 헐벗은 자, 소외된 자, 억압받는 자들의 소식을 들으면서도 놀라서 가슴이 쿵쾅쿵쾅 뛰지 않았습니다. 내가 얼마나 큰 죄악과 불의 가운데 있는지 보면서도 뻔뻔했고 통회하지 않았습니다. 이 시간 십자가의 보혈로 애통해할 줄 모르는 교만하고 잔인하고 게으른 죄악의 사슬을 풀어 주옵소서. 우리의 상처와 슬픔과 죄악을 치유하시려고 먼저 상처받으시고 슬퍼하시고 죄의 짐을 지신 주님을 바라봅니다.

통일을 향한 마음

눅 15:25-32

이 네 동생은 죽었다가 살아났으며 내가 잃었다가 얻었기로 우리가 즐거워하고 기뻐하는 것이 마땅하다 하니라.

사랑의 하나님, 이 민족과 이 나라를 여기까지 인도해 주심에 감사드립니다. 애국열사와 순국의 선배들, 믿음의 선배들이 있었기에 지금의 내가 있습니다. 하지만 나는 생각과 기도가 늘 나에게만 머물러 있을 때가 많습니다. 중보기도를 한 적도 별로 없습니다. 나에게서 가정으로, 가정에서 직장과 사회로, 사회에서 민족과 나라로, 나라에서 지구촌 사람들로, 기도 제목이 확대되지 못했습니다. 특히, 통일된 대한민국을 꿈꾸며 뜨거운 가슴으로 간구하지 못했음을 용서하옵소서. 같은 민족이라 여기면서도 북녘의 사람들을 향한 관심이 부족했습니다. 저들이 생명의 위협을 받고 고난과 핍박 속에 살아가는 모습을 보면서도, 나는 겨울에는 따뜻하고 여름에는 시원하게 평안히 자는 것을 당연하게 여겼습니다. 저들이 굶주릴 때 빵 한 조각 던져 주는 것으로 내 역할이 다 끝난 것처럼 착각했습니다. 통일하려면 비용만 많이 드니 이대로 분단이 고착되기를 바라는 어리석은 생각을 하기도 했습니다. 탈북민들이 바로 곁에 있는데도 이해하고 포용하기보다는 비판하고 배척하려 했습니다. 막연한 우월의식을 지녔습니다.

정치체제의 우월성과 경제적 풍요가 통일의 지름길이라 여겼습니다. 남북통일은 정치·경제를 넘어 정신적이고 영적인 문제임을 다시 깨닫게 하옵소서. 예수 그리스도의 복음과 사랑만이 사람을 살리는 통일의 진정한 초석입니다.

개혁의 기초

왕하 23:21-27

요시야와 같이 마음을 다하며 뜻을 다하며 힘을 다하여 모세의 모든 율법을 따라 여호와께로 돌이킨 왕은 요시야 전에도 없었고 후에도 그와 같은 자가 없었더라.

사랑의 하나님, 이 백성이 칠흑과 같은 어둠 속에 처해 있을 때, 한 치 앞도 가늠할 수 없는 심연 속에서 좌절하고 있을 때, 변화의 가능성이 없다고 탄식하고 있을 때 주님께서 광명의 빛, 해방의 빛을 비춰 주셨습니다. 가난하고 배고팠던 백성에게, 권력자의 폭거에 시달리던 백성에게, 풍요로운 경제의 축복도, 인간의 존엄성을 귀히 여기는 민주화의 복도 허락하셨습니다. 하지만 지금 우리 삶의 기초가 심하게 흔들리고 있습니다. 정치 터전도, 경제 터전도, 교육 터전도, 심지어 교회의 터전도 그러합니다.

변화와 개혁이 필요하다는 사실을 우리 모두 깊이 인식하고 있습니다. 그런데 그 변화의 시작은 "내가 아니고 바로 당신이야!"라는 못된 마음을 갖고 있습니다. 잘못된 습관과 관행을 버리지 않고 다른 멋진 것으로 채워 넣으려고만 했습니다. 결코 내 속을 바꿀 수는 없었습니다. 때로는 기초와 본질을 잊었습니다. 늘 파생적인 것만 조금 고치면 된다고 편리하게 생각했습니다. 이제는 나부터 시작하게 하옵소서. 거짓된 것, 악한 것을 과감히 때려 부술 용기를 갖게 하옵소서. 회개해야 할 때, 변화해야 할 때를 놓치지 않는 지혜로운 백성이 되게 하옵소서. 오늘부터, 아니 지금부터 주님 안에서 변화되게 하옵소서.

사람을 선택하는 방식

행 1:21-26

항상 우리와 함께 다니던 사람 중에 하나를 세워 우리와 더불어 예수께서 부활하심을 증언할 사람이 되게 하여야 하리라.

사랑의 하나님, 우리는 하나님의 백성이면서 동시에 대한민국의 국민입니다. 하나님의 뜻이 이 땅에서 어떻게 이루어질 것인지가 믿음의 성도들에게 달려 있습니다. 하지만 우리는 이를 망각하고 살 때가 많았습니다. 정치 현실과 그 문제점을 알면서도 팔짱 끼고 그냥 바라만 보았습니다. 국민으로서 고민하지 않았고, 무엇보다 예수님을 믿는 하나님의 사람들로서 고뇌하지 않고 수수방관했습니다. 출마한 사람이 기독교인이라는 이유로 무조건 찍었고, 내 고향 사람, 내 동창이라고 생각 없이 편을 들었습니다. 기독교적 가치관과 비전을 품고 있는지 살피지 않았습니다. 하나님의 공의와 정의에 기초하여 이 사회와 경제와 정치를 올바로 세우려는 정책인지 살필 생각을 못 했습니다.

우리는 예수님을 믿으면서 동시에 세상에서는 가정주부이고, 학생이고, 교육자입니다. 산업 근로자이고, 기업인이고, 전문 직업인입니다. 또한 정치인이고, 과학자이고, 예술가이고, 공무원입니다. 우리가 어떻게 생각하고 말하고 행동하고 투표하는가에 따라 이 나라가 바로 서고 무너집니다. 우리 주위에 고통받는 이웃, 힘겹게 사는 이웃, 소외된 이웃이 있는지 돌아볼 줄 아는 따뜻하고 겸손한 마음을 지닌 사람을 세워 주시옵소서.

예언과 비전의 성령

행 2:14-21

말세에 내가 내 영을 모든 육체에 부어 주리니 너희의 자녀들은 예언할 것이요. 너희의 젊은이들은 환상을 보고 너희의 늙은이들은 꿈을 꾸리라.

사랑의 하나님, 하나님 앞에서 내가 마땅히 형벌받을 부끄러운 죄인임을 압니다. 나에 대한 바람도, 이웃에 대한 기대도 저버리고 살았습니다. 미래에 대한 꿈을 꿀 수도 없었습니다. 기껏 꿈을 품어도 보이는 것, 물질적인 것에 대한 꿈이었습니다. 거기에 집착하고 매몰된 삶의 연속이었습니다. 생각할 시간도 없었습니다. 잠깐 쾌락의 시간이 끝나면, 마음의 즐거움과 기쁨은 곧 사라졌습니다. 그렇게 살다 두 가지를 잃었습니다. 하나는 나 자신이었습니다. 내가 누구인지, 무엇을 하고 있는지, 인생의 목표와 목적이 무엇인지 가물가물해졌습니다. 결국 나의 정체성이 무엇인지 잊어버렸고, 꿈은 일장춘몽이 되고 말았습니다. 또 하나는 내 옆에 있는 이웃이었습니다. 그저 스쳐 지나가는 사람으로 여겼기에 사람에 대한 기대감이 없었습니다. 혹은 나의 이익과 욕심을 위해 잠깐 이용할 수단쯤으로 여기고 무시했습니다.

내 마음에 생명의 영을 부어 주옵소서. 그리하여 예수님과 나의 이야기를 삶의 자리에서 만들어 가게 하옵소서. 나와 옆에 있는 이웃이 하나님의 형상을 입은 소중하고 복된 존재임을 깨닫게 하옵소서. 세상을 향해 "누구든지 예수님의 이름을 부르는 사람은 구원을 받으리라!"라고 희망의 약속을 선포하게 하옵소서.

이 세대를
본받지 말고

롬 12:1-2

너희는 이 세대를 본받지 말고 오직
마음을 새롭게 함으로 변화를 받아
하나님의 선하시고 기뻐하시고 온전하신
뜻이 무엇인지 분별하도록 하라.

사랑의 하나님, 우리 속에 미움과 분노가 극에 달하고 있습니다. 같은 나라 국민이 아닌 것처럼 서로 손가락질하며 저주를 퍼붓습니다. 이 나라의 총체적인 난국 속에는 우리 믿음의 사람들의 죄악이 있습니다. 나의 죄악이 우리의 죄악이 되어 집단화되었습니다. 우리들의 죄악이 교회의 죄악으로 번졌습니다. 교회의 죄악이 민족의 죄악으로 확대되었습니다. 주님의 교회가 바로 서지 못하고 먼저 부패와 타락의 길을 걸었습니다. 교회의 죄악 속에 영적 지도자들의 죄악이 있었습니다. 회개했으나 허울뿐이어서 계속 하나님 마음을 아프게 했습니다. 어제의 흉물스러운 교만과 이기적인 탐욕의 탈을 벗게 하옵소서. 어제의 부끄러움과 탄식에서 벗어나 주님을 바라보게 하옵소서.

하나님께서 위기에 빠진 이 백성을 여기까지 인도하신 일을 다시 기억합니다. 새로운 대한민국, 더 좋은 대한민국, 하나님의 공의와 정의가 세워지는 대한민국을 다음 세대에 물려줄 기회와 도전이 되게 하옵소서. "모든 것이 합력하여 선을 이루느니라"라는 주님의 말씀이 이 나라, 우리 국민에게 임하게 하옵소서. 그러기 위해 먼저 하나님을 두려워하고 사랑할 줄 알게 하옵소서. 먼저 이웃들을 소중히 여기고, 더불어 사는 친구요 형제들임을 깨닫게 하옵소서. 우리를 다시 새롭게, 다시 거룩하게 하옵소서.

예배 공동체

창 35:1-5

일어나 벧엘로 올라가서 거기 거주하며 네가 네 형 에서의 낯을 피하여 도망하던 때에 네게 나타났던 하나님께 거기서 제단을 쌓으라.

사랑의 하나님, 하나님께서 이 나라와 국민에게 주신 축복, 해방과 광복의 기쁨을 기억하며 감사드립니다. 나라를 지키기 위해 자기 몸을 내놓은 애국 열사들을 우리에게 주신 것에 감사합니다. 신앙을 지키기 위해 순교의 길을 기꺼이 가신 신앙의 선배들을 주신 것에 감사합니다. 예수님을 믿는다고 하면서도 하나님 사랑이 또한 나라 사랑임을 잊을 때가 많았습니다. 하나님을 사랑한다고 하면서도 모양뿐이었습니다. 나의 이익, 내가 속한 집단의 이익, 이념적인 손익계산서만 따졌습니다. 하나님 사랑이 나에 대한 사랑보다 더 앞서게 하옵소서. 내 생각이나 개인적인 이념보다 더 우선이 되게 하옵소서.

우리에게 생각하지 않는 무지한 신앙이 있었습니다. 상대방 말에 귀를 기울이지 않는 강퍅한 신앙도 있었습니다. 미움과 저주로 점철된 분노의 신앙도 있었습니다. 내 신앙의 우월성을 주장함으로써 타인을 함부로 정죄하는 교만의 신앙도 있었습니다. 예수님의 마음으로 닫힌 마음을 열고 세상을 품게 하옵소서. 이제는 하나님을 사랑하는 마음으로 나라를 사랑하게 하옵소서. 이제는 하나님을 사랑하는 마음으로 나와 생각이 다른 사람들도 인정하고 배려하게 하옵소서. 어둠침침하고 우울한 이 세상이 사실은 아름답고 찬란한 축복을 지닌 세상임을 깨닫게 하옵소서.

해방의 영

눅 4:16-21

나를 보내사 포로 된 자에게 자유를,
눈먼 자에게 다시 보게 함을 전파하며
눌린 자를 자유롭게 하고 주의 은혜의
해를 전파하게 하려 하심이라.

사랑의 하나님, 우리나라로 이만큼 자유와 민주정치를 실현하게 하시고, 이만큼 경제와 물질의 풍요를 주신 것에 감사드립니다. 우리에게 선물로 주신 자유와 풍요의 복을 방종하고 탐욕스러운 삶으로 타락시킨 것은 아닌지 회개합니다. 하나님을 잊었기에, 너무 빨리 교만하고 방자해졌습니다. 선배들의 신앙, 사랑과 헌신의 역사에 고마워하는 마음이 사라졌습니다. 하나님을 잊었기에, 우리가 누리는 이 모든 복이 내가 잘나서, 내가 수고해서 얻은 것이라 착각했습니다. 그러자 영적인 감사와 고백은 희미해지고, 보이는 것, 곧 먹고 마시고 소유하고 즐기는 것에 더욱 집착했습니다.

하나님을 잊은 까닭에 조금만 어려움이 생기면 불평하고 원망했습니다. 나라에 문제가 생기고 살기가 힘들고 척박해지는 듯하면, 모든 게 지도자 탓이요 남 탓이라고 비난했습니다. 하나님을 잊은 까닭에 십자가의 사랑과 은혜를 알지 못하는 사람을 불쌍히 여기고 전도하는 일을 게을리했습니다. 주님 어찌하오리까? 우리가 다시 처음 사랑으로 주님께 감사의 고백을 하게 하옵소서. 그리하여 하나님의 참된 평화가 내 안에, 우리 가정과 사회 속에, 그리고 한반도와 세계 속에 임하게 하옵소서.

살림의 영

롬 7:4-6

이제는 우리가 얽매였던 것에 대하여
죽었으므로 율법에서 벗어났으니
이러므로 우리가 영의 새로운 것으로
섬길 것이요 율법 조문의 묵은 것으로
아니할지니라.

사랑의 하나님, 이 시간 우리의 죄악과 허물을 고백합니다. 대한민국은 애국선열들이 젊음과 생명을 걸고 지킨 나라입니다. 그런데 우리는 이것을 너무 당연하게 여기고 기억의 뒤안길로 넘기고 살았습니다. 기독교 신앙은 국경이 없지만, 우리 그리스도인에게는 조국 대한민국이 있다는 사실을 너무 빨리 망각했습니다. 하나님을 사랑하는 사람들이 나라와 민족을 더욱 사랑하고 더 충성해야 함을 잊고 살았습니다. 인권과 자유를 잃은 저 북녘의 사람들을 방치한 죄가 우리에게 있습니다. 이 땅에 맴도는 저 어둠의 영, 죽임의 영을 방임한 죄가 우리에게 있습니다. 함부로 미워하고 격한 분노를 발하고, 사람들의 생명을 조롱한 죄가 우리에게 있습니다. 남의 죽음을 심상히 여겼고, 죽음의 어둠이 짙어지는 사회상을 보면서도 긍휼히 여기며 안타까워하시는 예수님의 마음이 우리에게 너무 부족했습니다.

우리 사회가 앓고 있는 분노 조절 장애를 치유하여 주옵소서. 한반도에 드리운 전쟁의 그림자를 제거하여 주옵소서. 미움과 분노의 기운이 물거품처럼 사라지게 하옵소서. 한라에서 백두까지 인권이 존중되고, 자유가 구가되며, 주님의 복음이 마음껏 증거되게 하옵소서. 우리의 힘과 능력으로는 할 수 없습니다. 생명의 영, 치유의 영, 평화의 영이신 성령님께서 이 땅에 임하옵소서.

367

개혁의 영

마 16:13-18

또 내가 네게 이르노니 너는 베드로라
내가 이 반석 위에 내 교회를 세우리니
음부의 권세가 이기지 못하리라.

사랑의 하나님, 흠모할 만한 믿음의 선배들을 주신 하나님을 찬양합니다. "어떻게 하나님의 마음을 기쁘게 해 드릴까?" 질문하던 충성한 종들입니다. 때로는 자기 지위를 걸었고, 때로는 목숨까지 내놓기를 마다하지 않았습니다. 우리들은 스스로 '믿음의 사람'이라고 입에 발린 소리를 합니다. 하지만 내 신앙과 교회에 문제가 생기면 직면하려 하지 않았습니다. 도망가고 숨는 데 익숙했습니다. 세상에서 하나님의 이름이 모독받는데도 가슴이 찢어질 듯 아프지 않았습니다. 교회의 모습이 일그러져 가는 걸 보면서도 "누군가 고치겠지!" 하면서 시간을 그냥 흘려보냈습니다. 성도들의 영혼이 핍절해지는데도 내 문제가 아니라며 방관했습니다. '오직 성경'이 아니라 내 생각을 앞세운 탓입니다. '오직 믿음'이 아니라 내 주먹, 내 능력만 신뢰하면 된다고 여긴 탓입니다. '오직 은혜'가 아니라 이것저것 나 잘난 맛에 취해 산 탓입니다. '오직 그리스도'가 아니라 돈과 명예와 권력을 위한 신앙을 도모했던 탓입니다. 그래서 '오직 하나님께 영광을' 돌리는 삶을 살지 못했습니다. 자신의 영광을 위해 온 힘을 다해 달려왔습니다.

이제 하나님 때문에 주님의 은혜에 감복하게 하옵소서. 성령님 때문에 가슴이 벅차오르며 기뻐 뛰놀게 하옵소서. 예수님 때문에 시대를 보는 안목을 주시고, 먼저 하나님의 나라와 의를 구하는 믿음의 성도들이 되게 하옵소서.

지도자의
성패

민 20:10-13

너희가 나를 믿지 아니하고 이스라엘 자손의 목전에서 내 거룩함을 나타내지 아니한 고로 너희는 이 회중을 내가 그들에게 준 땅으로 인도하여 들이지 못하리라.

사랑의 하나님, 이 땅에 좋은 지도자를 달라고 지도자의 복을 구했습니다. 하지만 어떤 지도자가 좋은 지도자인지 분별하는 지혜가 우리에게 없었습니다. 때로는 우리가 세상에서 지도자가 되기를 원했지만, 좋은 지도자의 자격과 성품을 갖추고 있는지 스스로 묻고 준비하지는 않았습니다. 지도자가 될 만한 품성과 자격도 없으면서 그저 권력을 얻기 위해 지도자가 되려고 혈안이 된 적도 있었습니다. 그렇게 힘과 권력을 갖기를 열망했지만, 어떻게 해야 그 권력이 공동체를 위해 바르게 사용될지는 깊이 생각하지 못했습니다. 지도자에 대한 비판과 비난에 우리 눈은 날카로웠지만, 그들을 긍휼히 여기는 마음으로 간절히 기도하지 않았습니다. 사실 우리 스스로 지도자인 체하면서 너무 교만하고 오만하여 목이 뻣뻣했기 때문입니다. 온유한 사람 모세도 교만했다면, 우리의 교만은 얼마나 하늘을 찌르겠습니까?

하나님의 영광과 거룩함을 드러내지 않는 우리의 오만한 죄악을 용서하여 주옵소서. 우리의 진정한 지도자이신 예수님의 성품을 닮아 가게 하옵소서. 그리하여 하나님을 믿고 감사하는 삶, 이웃을 따뜻하게 배려할 줄 아는 삶을 살게 하옵소서.

혼돈과 창조

잠 8:22-31

여호와께서 그 조화의 시작 곧 태초에
일하시기 전에 나를 가지셨으며.

사랑의 하나님, 하나님께서는 하늘과 땅을 만드실 때마다 보기에
좋다고 말씀하셨습니다. 하나님의 형상을 닮은 인간을 만드실 때
는 보기에 심히 좋다고 최고의 감탄사를 발하셨습니다. 하지만
나는 어느 때부터인가 감탄사를 잊어버렸습니다. 기쁨과 감사의
언어가 사라졌습니다. 남을 탓하는 불평의 언어가 자꾸 쏟아져
나옵니다. 하나님은 혼돈 속에서 질서와 조화를 만드셨습니다.
아름다운 세계를 만드심은 우리를 향한 하나님의 사랑 때문이었
습니다. 그런데 우리는 질서와 조화의 세계를 뒤죽박죽 흩트려
놓았습니다. 그 속에는 억제할 수 없는 분노가 담겨 있습니다. 하
나님의 사랑을 알지 못할 때 우리에게 미움이 생겼습니다. 미움
이 생길 때마다 우리 삶은 어둠의 카오스를 향해 내달렸습니다.
　하나님의 창조는 혼돈이 없는 질서가 아니었습니다. 오히려 혼
돈 속에서 조화를 만들어 가는 창조의 힘이었습니다. 세상이 혼
돈과 깊음과 흑암 속에 있을 때 하나님의 영이 그 위를 운행하셨
습니다. 그러자 창조가 시작된 것을 우리가 압니다. 이제 성령님
의 지혜로 우리를 충만하게 하옵소서. 카오스 속에서 질서와 조
화의 코스모스를 만드는 사람들이 바로 우리가 되게 하옵소서.

냉대와 환대

히 13:1-2

형제 사랑하기를 계속하고 손님 대접하기를 잊지 말라. 이로써 부지중에 천사들을 대접한 이들이 있었느니라.

사랑의 하나님, 우리는 하나님의 놀라운 사랑을 받아 믿음으로 하나님의 자녀가 되는 은혜를 입었습니다. 생명을 걸고 이 땅에 복음을 증거한 믿음의 선배와 선교사들 덕분입니다. 하지만 이 사실을 망각하고 이웃에게 하나님의 사랑을 나누기를 꺼렸습니다. 우리가 하나님의 부름을 받았으나 보냄을 받지는 않았다고 생각한 적도 있었습니다. 아니, 우리도 세상을 향해 보냄을 받았으나 나는 예외라고 여겼습니다. 아직도 복음의 기쁜 소식을 알지 못하는 사람들이 이 세상에 있다는 걸 알고 있습니다. 하지만 한 마리 길 잃은 양을 불쌍히 여기시며 찾아 나선 예수님의 긍휼한 마음을 품지 못했습니다. 영적으로 게으른 탓이고, 무엇보다 십자가와 부활의 신앙과 열정이 부족한 탓입니다. 그래서 전도하는 일을 불안해하고 주저했습니다. 뜨겁지도 않고 차지도 않은 미지근한 신앙으로 만족했습니다.

예수님을 주님으로 믿고 고백하여 핍박받는 세계 곳곳의 그리스도인들을 위해 기도로 연대하지 못한 부끄러움을 사하여 주옵소서. 주님의 말씀과 사랑을 들고 지구촌 곳곳, 오지에까지 들어가 선교하는 동역자들을 위해 기도하지 않은 죄도 용서하여 주옵소서. 믿음의 선배들을 통해 우리가 복음의 빚진 자들이 되었습니다. 이제 우리 삶이 이 '사랑의 빚'을 감사함으로 갚는 아름다운 발걸음이 되게 하옵소서.

성령의 능력

눅 4:16-21

주의 성령이 내게 임하셨으니 이는
가난한 자에게 복음을 전하게 하시려고
내게 기름을 부으시고.

사랑의 하나님, 성령께서는 내 이름을 부르며 나를 초청하셨는데
나는 그 소리를 듣지 못할 때가 많았습니다. 예수님을 믿는 자에
게 성령께서 늘 동행하심을 잊고 산 탓입니다. 내가 예수님을 '나
의 주님'이라고 마음으로부터 고백한 것이 바로 성령의 역사였다
는 사실을 몰랐습니다. 성령께서는 하나님을 아빠 아버지로 부르
며 하나님의 자녀 된 기쁨을 누리며 살아야 한다는 사실을 가르
쳤습니다. 하지만 나는 이 놀라운 축복을 소홀히 했습니다.

성령께서 주시는 마음은 예수님을 모르는 사람들을 안타깝게
여기고 불쌍히 여기는 마음입니다. 지금도 죄와 사탄의 권세에
억눌려서 신음하는 사람들이 주위에 있습니다. 못된 질병으로 육
체의 아픔을 호소하는 사람들도 있습니다. 영적인 좌절로 고통받
는 사람들도 있습니다. 사회의 모순과 불의한 환경 속에서 힘겹
게 살아가는 사람들도 있습니다. 하지만 나는 그 현실을 애써 외
면하려 했습니다. 돈과 재물, 시간과 정성과 에너지가 들어가는
일이기 때문입니다. 나만을 위해 사느라 너무 바빴습니다. 예수
그리스도의 이름으로 죄와 불의, 절망과 죽음의 억압으로부터 자
유롭게 하는 해방의 역사를 이루시옵소서. 내가 기쁨과 감사함으
로 주님이 만드시는 그 현실에 참여하겠나이다.

권력욕

삼하 15:1-6

이스라엘 무리 중에 왕께 재판을 청하러 오는 자들마다 압살롬의 행함이 이와 같아서 이스라엘 사람의 마음을 압살롬이 훔치니라.

사랑의 하나님, 이 땅에 어둠을 밝혀 주셨던 날, 억압에서 해방된 날을 기억하며 기도합니다. 이만큼의 정치적 민주화와 경제적 축복을 허락하심에 감사드립니다. 민족의 역사 속에 본받을 만한 좋은 지도자를 많이 주셨습니다. 하지만 우리는 지도자들의 장점과 업적을 눈여겨보며 칭찬하기보다는 단점을 찾고 흠집 내기에 여념이 없었습니다. 무언가 문제가 생기고 잘못되면 지도자 탓만 했습니다. 스스로 진정한 지도자가 되기 위해 준비하고 노력하지 못했습니다. 지도자를 세울 때는 스펙과 외모로 평가하려 했습니다. 품성과 진실성을 보는 데 인색했습니다. 지도자들의 문제는 더 크고 심각합니다. 공동체와 국민을 위한다는 명분을 내세우나, 실상은 자신과 자기 집단에 충성하는 이기적인 욕망이 똬리를 틀고 있습니다.

우리 내면에 패배주의 사고와 냉소적인 웃음이 도사리고 있습니다. 기득권을 보호하려는 이기적인 욕망과 변화하기 싫어하는 마음이 남을 비난하고 조롱하는 데 한몫했습니다. 이제 인생의 위기를 깨닫고 삶의 방향을 돌리게 하옵소서. 자신만을 위해 살았던 삶을 잠시 정리하게 하옵소서. 이제 하나님이 정말 기뻐하시는 삶이 무엇인지 생각하고 결단하게 하옵소서. 우리 이웃 하나하나를 소중하고 귀히 여기는 이 백성과 나라가 되게 하옵소서.

애통의 리더십

느 1:1-5

내가 이 말을 듣고 앉아서 울고 수일
동안 슬퍼하며 하늘의 하나님 앞에
금식하며 기도하여.

사랑의 하나님, 이 민족을 여기까지 인도하신 것은 전적으로 하나님의 은혜입니다. 동족상잔의 참상을 겪은 이 나라에 자유와 민주주의, 경제적 풍요와 신앙의 복을 내려 주셨습니다. 이는 모두 나라 위해 눈물로 기도했던 이들의 숭고한 뜻이 하나님의 마음을 움직인 덕분입니다. 그런데 어느 날부터인가 우리에게서 눈물이 사라졌습니다. 포근한 마음이 사라지고 냉랭해졌습니다. 남의 아픔에 동참하여 애통해하는 눈물이 사라졌습니다. 눈물을 잃어버리자 거룩한 분노가 사라지고 감정을 조절하지 못하는 화만 커졌습니다. 눈물이 마르자 입에 담지 못할 욕지거리가 나왔습니다. 긍휼히 여기는 마음이 사라졌고 책임을 전가하려는 노여움만 남았습니다. 우리 눈과 귀와 마음이 닫혔습니다. 눈은 뜨고 있으나 이 시대의 위기와 위협이 얼마나 큰지 보지 못합니다. 귀는 달려 있으나 이 시대의 탄식과 신음을 듣지 못합니다. 들어도 그냥 그러려니 하고 넘겨 버립니다. 거짓과 불의와 죄악을 보면서 거룩한 분노를 느끼지 못합니다. 그냥 될 대로 되라는 자포자기가 우리 생각과 삶을 지배합니다.

남북분단의 긴 세월을 보내고 있습니다. 민족의 분단된 역사를 보면서 애통하게 하옵소서. 자유와 인권을 상실한 북녘의 사람들을 보며 탄식하게 하옵소서. 눈물로 기도하며 하나님이 보여 주시는 생명의 역사에 참여하게 하옵소서.

기적이 일어나지 않는 이유

예수께서 그에게 이르시되 보라 네 믿음이 너를 구원하였느니라 하시매.

눅 18:35-43

자비가 풍성하신 하나님, 새 창조의 기적을 믿으며 주님 앞에 나왔습니다. 죄를 용서받는 기적, 병을 치유받는 기적, 죽음의 두려움에서 해방되는 생명의 기적을 사모합니다. 그뿐만 아니라, 공부 잘하는 기적, 사업이 번영하는 기적, 가정과 자녀들이 건강하고 세상의 복을 받는 기적을 기대합니다. 하지만 내게는 하나님을 하나님으로 대하는 진정한 믿음이 부족했음을 고백합니다. 이런 순전한 믿음이 없어도 그냥 기적이 나타나면 된다고 생각했습니다. 기적이 일어나지 않는 이유는 우리가 어둡고 타락한 현실을 타파하시려는 하나님의 마음을 품지 않았기 때문입니다. 하나님께서는 보기에 심히 좋다고 말씀하셨던 이 세상과 인간들이 어둠 속에서 타락하는 모습을 보고 아파하셨습니다. 예수님께서는 사탄의 억압에 신음하며 죄악 가운데 탄식하던 인간을 불쌍히 여기셨습니다. 하지만 나는 처참하게 무너지는 세상을 보면서도 가슴 치며 슬퍼하지 않았습니다. 병든 자를 보아도 긍휼히 여기지 않았습니다. 자존감을 잃고, 목적 없이 방황하며, 열등감에 시달리는 사람을 보아도 안타깝게 여기지 않았습니다.

이 시간 나로 예수님의 마음을 품게 하옵소서. 불쌍히 여기는 마음, 안타까운 마음, 감사한 마음을 갖게 하옵소서. 오늘도 주님과 함께 매일 기적을 살아가는 기쁨을 누리게 하옵소서.

하나님의 아픔

출 3:5-10

여호와께서 이르시되 내가 애굽에 있는 내 백성의 고통을 분명히 보고 그들이 그들의 감독자로 말미암아 부르짖음을 듣고 그 근심을 알고.

사랑의 하나님, 우리의 고통을 보시고 부르짖음을 들으시고, 우리의 고난을 아시고 참여하시는 하나님의 그 크시고 놀라우신 사랑을 찬양합니다. 전능하신 하나님께서 정말 고통을 느끼실까? 하나님도 안타까이 여기며 아파할 수 있으신가? 나는 잘 몰랐습니다. 모세 이야기를 읽으면서 아파하시는 하나님의 마음을 알게 하시니 감사합니다. 하지만 우리는 모세와는 정반대로 갔습니다. 모세처럼 지도자가 되길 원하면서도 모세처럼 하나님의 마음을 품으려 하지 않았습니다. 하나님의 마음은 당신 백성의 고난을 보시며 가슴앓이하는 애타는 마음이었습니다.

지도자가 된다는 것은 하나님의 마음을 품는 것에서 시작됨을 깨닫지 못했습니다. 그리하여 지도자인 척하면서도 정작 하나님의 마음, 긍휼히 여기는 마음을 품지 못할 때가 많았습니다. 그러면서도 지도자가 되고, 권력자가 되고 싶은 충동을 이기지 못했습니다. 오히려 내 욕심을 하나님의 뜻이라고, 내 야망을 하나님의 비전이라고 둘러댔습니다. 이 시간, 하나님의 거룩한 부르심 앞에 겸손히 서기를 원합니다. 미약한 자의 신음도 들으시는 하나님의 경청하는 마음을 배우기를 원합니다.

하나님이
기뻐하시는 교회

요 8:26-30

나를 보내신 이가 나와 함께 하시도다.
나는 항상 그가 기뻐하시는 일을
행하므로 나를 혼자 두지
아니하셨느니라.

사랑의 하나님, 하나님이 정말 기뻐하시는 게 무얼까, 생각은 했지만 내 방식대로 해석했습니다. 내가 주님을 위해 열심만 내면 하나님은 기뻐하실 거라고 여겼습니다. 주일만 잘 지키면, 헌금만 꼬박꼬박 하면, 괜찮을 거라고 생각했습니다. 가끔 이웃을 위해 구제하고 시간 내어 봉사하면 하나님은 만족하실 거라고 안심했습니다. 내가 가진 것으로 하나님께 드리기만 하면 된다고 오해했습니다. 때로는 내가 이만큼 드렸으니, 더 이상 내 인생에 간섭하지 말라고 큰소리쳤습니다. 하지만 주님께서는 나에게 말씀하셨습니다. "애야! 내가 원하는 것은 너의 말과 행위가 아니란다. 내가 원하는 것은 바로 너 자신이란다!"

지금 한국 교회가 마구 흔들리고 있습니다. 헛된 터전에 교회를 세웠기 때문입니다. 돈과 재물, 명예와 권력이 교회 성장의 기초가 된다고 착각했습니다. 그리하여 하나님의 교회에 거룩함이 사라졌습니다. 주님의 말씀이 죽어 갔습니다. 성령의 역사가 메말라 갔습니다. 성령님이시여, 다시 출발하게 하옵소서. 예수 그리스도, 십자가에 못 박히신 예수님을 아는 것부터 시작하게 하옵소서. 전심으로 "예수님, 사랑합니다! 하나님, 사랑합니다!"고백하며 처음 사랑을 회복하게 하옵소서.

주님의 교회

롬 12:1-5

이와 같이 우리 많은 사람이 그리스도 안에서 한 몸이 되어 서로 지체가 되었느니라.

사랑의 하나님, 이 시간 우리 교회를 다시 돌아봅니다. 정말 하나님께서 기뻐하시는 예배를 바르게 드렸는가? 믿음의 공동체라고 하면서 사랑으로 하나가 되었는가? 세상 속에서 먼저 하나님의 나라와 의를 구하는 삶을 살았는가? 스스로 보기에도 연약하고 부끄러운 모습이 많았습니다. 예배할 때 "주님이 내 인생의 주인이십니다"라고 고백했습니다. 하지만 실상은 주님보다 앞세운 것이 너무 많았습니다. 돈, 명예, 권력이 우선이었습니다. 내 아내, 내 남편, 내 아들, 내 딸이 우선이었습니다. 만날 때마다 서로 그리스도의 '몸의 지체'라고 말했습니다. 그러나 마음에 안 들면 싫어하고 때로는 미워하고 갈등하기를 주저하지 않았습니다.

세상에 나갈 때 담대하게 나가지 못했습니다. 예수님을 믿는 참된 기쁨이 없었던 탓입니다. 하늘에서 주시는 평안을 깊이 맛보지 못한 탓입니다. 예수님을 믿고 하나님의 아들딸이 되었다는 자부심이 결핍된 탓입니다. 다시 선언하게 하옵소서. 주님이 내 인생의 첫 번째입니다. 우리 모두 예수 그리스도 안에서 하나입니다. 이제 세상을 향해 축복하는 사람으로 나서게 하옵소서.

믿음의 공동체

고전 2:1-5

내가 너희 중에서 예수 그리스도와 그가 십자가에 못 박히신 것 외에는 아무것도 알지 아니하기로 작정하였음이라.

사랑의 하나님, 믿음의 사람들이 먼저 하나님의 뜻을 이루는 데 게을렀습니다. 먼저 하나님의 나라와 의를 구하는 일에 열정을 내지 못했던 것을 용서하여 주옵소서. 우리 속에 자리한 차디찬 냉소주의로 남 탓만 하면서 주님이 기뻐하시는 나라를 세우는 일에 나태했습니다. 이합집산하며 야합하는 정치를 이제는 그치게 하옵소서. 하나님의 공의와 정의로 나라를 세우는 하나님의 마음을 품은 정치 지도자들이 곳곳에서 나타나게 하옵소서. 지금도 맡겨진 일을 감당하는 근로자와 기업가들에게 용기를 더해 주시고, 국민과 나라를 사랑으로 염려하며 섬기는 하나님의 사람들이 더욱 많아지게 하옵소서.

이 나라의 획일화된 교육 현장에서 하나님이 주신 창의력과 창조적 상상력을 키우는 교육자들, 인간의 품성을 바르게 하는 인성 교육을 사랑의 마음을 품고 감당하는 하나님의 사람들이 교육 현장 곳곳에 나타나게 하옵소서. 이 나라의 어둡고 음습한 죽임의 문화를 따뜻한 사랑과 밝은 빛으로 이끌어 살림의 문화를 창출하는 믿음의 사람들을 곳곳에 보내 주시옵소서. 이 시간 임재하시어 우리를 주님 안에서 새로운 피조물로 만들어 주옵소서. 한 사람 한 사람, 주님의 마음을 품고 담대하게 세상에 나가게 하옵소서.

우레의 아들

눅 9:51-56

제자 야고보와 요한이 이를 보고 이르되
주여 우리가 불을 명하여 하늘로부터
내려 저들을 멸하라 하기를
원하시나이까.

사랑의 하나님, 불의를 보면 잘못된 것을 깨닫고 분노할 줄 아는 마음을 주심에 감사합니다. 그런데 화를 언제 내야 하는지 모를 때가 많습니다. 화내는 이유를 잘 알지 못할 때도 있습니다. 화를 내면, 금방 미움이 생깁니다. 미움이 생기면, 다시 분노하게 됩니다. 분노가 쌓이면, 다시 상대방을 저주하며 폭력적으로 변합니다. 나의 분노는 거짓과 불의를 향한 거룩한 분노가 되지 못한 탓입니다. 그저 자기 분을 못 이겨 씩씩거리는 천박한 흥분에 불과할 때가 많습니다. 때로는 시간이 해결해 주겠지, 내가 아니라도 누군가 나서 주겠지, 하면서 비겁한 마음으로 일상의 안락함에 파묻혔습니다.

이제 화내야 할 순간에 자신의 생각을 정중하면서도 명확하게 표현하게 하옵소서. 생명의 소중함과 존엄성을 깔보는 불의한 세력에 과감히 부딪힐 담력을 주옵소서. 그것이 정치적 권력이나 사회적·문화적 관습이라 해도 저항하게 하옵소서. 종교적 타성과 집단 이기주의 앞에 믿음의 사람으로서 분개하게 하옵소서. 그리하여 사람을 살리고 치유하시는 예수님의 거룩한 분노를 품고 살아가게 하옵소서.

정의를 행하며

미 6:6-8

여호와께서 네게 구하시는 것은 오직
정의를 행하며 인자를 사랑하며 겸손하게
네 하나님과 함께 행하는 것이 아니냐.

사랑의 하나님, 하나님은 '고아와 과부의 하나님'이라고 친히 말
씀하셨습니다. 그러나 나는 주변의 약자들과 힘들게 사는 사람들
에게 따뜻한 관심을 기울이며 배려하지 못했습니다. 세속적인 승
리 지상주의에 빠져서 가난하고 연약한 사람은 다 사회적 패자라
고 낙인찍고 속으로 조롱했습니다. 진실을 밝히고 옳고 그름을
구별하는 것이 정의인 줄 알면서도 분란 일으키는 자라고 비난받
는 것이 두려워 슬그머니 내뺐습니다. "너만 잘났냐?"고 비아냥
거리는 소리가 듣기 싫었습니다. 옳은 것은 행하고 그른 것은 거
절하는 것이 정의인 줄 압니다. 그러나 입으로는 정의를 외치면
서 몸으로는 진리와 함께 기뻐하지 못했고 불의를 더 좋아하며
살았습니다. 강한 자에게는 강하게 부딪치고, 약한 자에게는 부
드럽게 대하는 것이 정의인 줄 압니다. 하지만 큰 자에게는 비겁
하게, 작은 자에게는 교만하게 대했습니다. 이 땅에서 인권이 손
상되는 것을 보면서도 어쩔 수 없는 일 아니냐며 심상하게 흘려
보냈습니다. 중보기도하며 변화와 변혁을 좇기보다 그런 게 인생
이라고 체념하며 살았습니다.

이 시간 주님의 말씀으로 다시 용기를 갖게 하옵소서. 주님의
인자하심을 가슴에 품고 하나님의 정의를 행하는 사람이 되게 하
옵소서.

믿음의 사건

막 16:9-16

예수께서 안식 후 첫날 이른 아침에
살아나신 후 전에 일곱 귀신을 쫓아내어
주신 막달라 마리아에게 먼저 보이시니.

사랑의 하나님, 예수님을 죽은 자 가운데서 일으켜 세우심으로
인간을 겁박하는 죽음과 사탄의 권세를 쳐부수셨습니다. 하오나
지금 우리는 총체적인 위기와 난국을 겪고 있습니다. 마치 죽음
의 자리에 놓인 것처럼, 아니 저 칠흑 같은 무덤 속에 내려간 것처
럼 참담한 모습으로 주저앉아 있습니다. 한반도에 전쟁의 음울한
기운이 맴돌고 있습니다. 세계열강의 자국 이기주의로 말미암아
대한민국 경제가 협공당하고 있습니다. 국정 현실도 방향타를 놓
친 채 마구 뒤흔들리고 있습니다. 사회 곳곳에서 미움과 분노의
소리가 울부짖듯이 마구 터져 나오고 있습니다. 스승과 제자의
관계가 무너진 교육 현실에 가슴이 저며 옵니다. 문화 예술도 '표
현의 자유'라는 명목으로 퇴폐와 타락으로 가기를 주저하지 않습
니다. 행복의 보루라고 할 수 있는 가정마저도 빠르게 붕괴하고
있습니다. 마지막 소망을 교회에 두어야 하는데, 교회조차도 세
상의 조롱거리가 되고 있습니다.

우리가 어찌하오리이까? 부활하신 예수님께서 하늘의 소망, 우
리의 생명이십니다. 예수님의 부활은 지금 우리가 목격하고 있는
현실이 결코 마지막이 아님을 보여 주셨습니다. 이 답답한 현실
을 뛰어넘을 수 있다는 희망을 보여 주셨습니다. 다시 새롭게 시
작하게 하옵소서. 우리가 먼저 다시 거룩하게 하옵소서.

다시 믿음으로

갈 3:3-9

너희에게 성령을 주시고 너희 가운데서
능력을 행하시는 이의 일이 율법의
행위에서냐 혹은 듣고 믿음에서냐.

사랑의 하나님, 이 시대 교회의 위기를 보면서도 나 말고 다른 사람들이 먼저 회개하고 변해야 한다면서 방관했습니다. 주님은 우리를 세상의 빛이라고 말씀하셨습니다. 하지만 우리의 빛은 너무 희미하여 세상의 어둠을 비출 능력을 잃었습니다. 주님은 우리를 세상의 소금이라고 말씀하셨습니다. 하지만 우리는 짠맛을 잃어 세상에서 짓밟히고 있습니다. 주님은 우리를 예수님의 향기라며 소중히 여기셨습니다. 하지만 우리는 고약한 냄새를 풍기며 세상이 우리를 피해 도망가게 했습니다. 주님은 우리를 진리의 말씀으로 가르치셨습니다. 하지만 우리는 거짓된 삶을 살다가 세상의 조롱과 비난을 받았습니다. 주님은 우리로 생명의 물을 마시게 하셨습니다. 하지만 우리는 오염된 물처럼 세상을 탁하게 만들었습니다. 주님은 우리의 죄악을 십자가의 피로 용서하셨습니다. 하지만 우리는 용서하기보다 미워하고 시기했고, 그리하여 세상이 우리에게 아무 기대도 하지 않게 만들었습니다. 주님, 하나님 앞에서 자기를 부인하지 않은 탓에 우리의 옛 자아가 죽지 않았습니다. 그래서 세상은 우리에게서 예수님을 보지 못했고, 우리의 못되고 탐욕스러운 모습만 보고 실망했습니다.

다시 주님의 말씀으로, 다시 믿음으로 시작하게 하옵소서. 다시 세상의 소망이 되는 교회가 되게 이끌어 주옵소서.

성령의 임재와
능력을 기다리며

예수를 처음 믿으면서 도무지 이해불가였던 성경 구절이 있었다.

여호와를 경외함으로 섬기고 떨며 즐거워할지어다(시 2:11).

어떻게 떨면서 즐거워할 수 있을까? 인간을 사디스트로 만드는 것이 기독교 신앙일까? 하나님을 억압적인 독재자로 경험하라는 뜻일까? 상극인 떨림과 즐거움이 어떻게 동행하지? 하지만 이 시편 구절의 의미를 깨닫기까지는 그리 오래 걸리지 않았다. 내 부끄러운 죄악을 해결하기 위해 하나님께서 참회의 기도를 선물로 주셨다는 사실을 알게 되면서부터다. 참회의 기도란 하나님의 기쁨이며 동시에 인간의 기쁨임을 마음 깊이 수용하면서부터다. 진심으로 두렵고 떨리는 마음으로 하나님 앞에 설 때 하나님은 우리를 기뻐 받으신다(시 51:17). 바로 그 순간에 우리는 비천한 죄악 속에서 허우적거리는 우리를 찾아와 용서하시는 하나님의 은총을 경험하며 기뻐 뛰논다(시 32편). 우리를 얽어맸던 죄악으로부터 해방된 진정 자유한 자로 나설 수 있기 때문이다.

기도란 한 인간이 경험한 온전한 바닥 체험에 대한 자기 고백이다. 더욱이 참회의 기도란 절대자인 하나님 앞에 선 비참한 자기 노출이며 자기 해부다. 하나님 앞에서의 철저한 항복 선언이기도 하다. 왜 하나님께서 참회하는 심령을 기뻐 받으시는 것일까? 참회의 자리는 인간이 자기를 자랑하는 오만을 멈추는 자리이기 때문이다. 하나님을 창조주요 거룩한 하나님으로 인정하고 스스로를 죄인인 피조물로 인정하는 행위이기 때문이다. 참회의 기도란 마치 컴퓨터에 버그가 났을 때 재부팅하는 것과 같고, 재부팅도 되지 않을 때 초기화하는 것과 유사하다. '나'라는 자아를 내려놓고 큰 자아이신 하나님의 주권과 섭리를 전적으로 수용하는 것이다. 다시 밑바닥으로 내려옴으로써 모든 기득권을 포기하는 태도다. 세상의 명예와 자랑을 땅바닥에 다 내려놓겠다는, 그래서 주님과 함께 두려움과 떨림으로 다시 시작하겠다는 결단이다. 그래서 진정한 참회의 기도는 실천하기가 어렵고, 실천하더라도 한계에 부딪힐 때가 자주 생긴다. 하나님께서 때로 우리를 강제로 고난과 곤궁의 자리로 내모는 이유다. 그래야 내 영혼 깊숙한 곳에서부터 참회의 기도가 터져 나오기 때문이다. 마치 탕자의 비유에 등장하는 둘째 아들의 모습이 그러하다. 인간이 비인간화되고 돼지 사료인 쥐엄 열매를 먹는 동물의 자리까지 내려가서야 아버지 집이 기억나기 때문이다(눅 15:16-17). 자기 몫이 있으면 언제든지 아버지 집에서 탈출하려는 마음, 자기 몫이 다 바닥나야 겨우 하늘에 계신 하나님 아버지를 기억하는 것이 인간의 못된 본성이다. 그래서 성령의 도우심이 아니면, 참회의 기도조차도 그저 후회하는 미련한 탄식에 그치고 만다. 그래서 우리는 다만 "성령님이시여, 우리 기도에 동행하옵소서!" 하고 간청할 뿐이다.

참회의 기도문을 몇 가지 주제로 나누어 보았다. 이 기도문을 책상머리에 놓고 아침저녁으로 한두 편씩 나누어서 읽고 묵상하면서 우리 각자의 고백을 첨가하면 더 바람직한 참회의 기도가

될 것이다. 참회하는 기도는 우리를 용서하시고 다시 새롭게 창
조하시는 하나님의 은혜를 경험하는 경탄의 기도이기도 하다. 예
수님을 주님으로 믿는 사람만이 누리는 이 놀라운 특권을 우리
모두 누리기를 원한다.

오늘도 성령의 임재와 능력을 간구하고 기다리며….

＊ ＊ ＊

생명과 진리, 그리고 해방과 평화의 영이신 성령

하나님의 영이며, 예수 그리스도의 영이신 성령이시여, 당신은
우리 밖에 계시나(extra nos), 우리 안에(in nobis) 거하기를 원하고,
우리를 위해(pro nobis) 활동하는 분이십니다.

당신은 생명의 영이십니다. 어두운 죽음의 권세를 물리치고
영원한 생명의 빛을 비추어 죽음을 향하고 있는 인간을 살리는
분이 당신이기 때문입니다.

당신은 진리의 영이십니다. 진리이신 하나님과 그분의 아들 예수
그리스도를 증거하고, 거짓과 불의를 거절하며, 진리와 의를
사랑하는 분이 당신이기 때문입니다.

당신은 해방의 영이십니다. 사탄의 속임과 죄의 억눌림에서
우리를 하나님의 자녀로 부르고 진정한 자유와 해방을 선물하는
분이 당신이기 때문입니다.

당신은 화평의 영이십니다. 하나님과 우리 사이에 막혔던 담을
헐고, 나와 이웃 사이에 가로막힌 장벽을 무너뜨리며, 화평하게
하는 분이 당신이기 때문입니다.

당신은 거룩함의 영이십니다. 거짓과 불의, 그리고 불결함으로
말미암아 당신 앞에 감히 서지 못하는 우리로 당신의 거룩한
손길에 접촉되어 의로운 자로 세움 받게 하는 분이 당신이기

때문입니다.

당신은 사랑의 영이십니다. 우리로 창조주와 구원주 되신 하나님을 사랑하게 하며, 하나님의 형상으로 만든 이웃을 사랑할 수 있게 하는 분이 당신이기 때문입니다.

당신은 기쁨의 영이십니다. 우리의 걱정과 염려를 몰아내고 하나님의 기쁨과 즐거움을 주며, 우리로 노래와 시로 하나님을 찬양하게 하는 분이 당신이기 때문입니다.

당신은 능력의 영이십니다. 우리에게 하나님의 능력을 주는 힘의 원천이며, 우리로 영적 충전을 받고 하나님 나라의 역군이 되게 하는 분이 당신이기 때문입니다.

당신은 용서의 영이십니다. 갈등과 미움과 싸움을 벗어 버리고 나와 이웃을 긍휼히 여기며 용서하게 하는 분이 당신이기 때문입니다.

당신은 치유의 영이십니다. 따뜻한 손길로 우리의 상실된 마음이 치유를 받고 육체의 질고로부터 고침을 받게 하는 분이 당신이기 때문입니다.

당신은 믿음의 영이십니다. 예수님을 '나의 주님'으로 믿고 고백하며 순종하게 하는 분이 당신이기 때문입니다.

당신은 소망의 영이십니다. 우리에게 하나님의 약속을 전하여 우리로 영원한 하늘 소망을 간직하며 오늘의 현실을 살아갈 수 있게 하는 분이 당신이기 때문입니다.

당신은 기도의 영이십니다. 우리에게 하나님을 향하여 '아빠 아버지'라 부르는 자녀의 특권을 주시고, 하나님을 향하여 무릎 꿇게 하는 분이 당신이기 때문입니다.

당신은 회개의 영이십니다. 우리로 하나님 앞에 몰염치한 죄인임을 깨닫게 하고 그 부끄러운 죄악을 낱낱이 통회하는 심정으로 토해 내게 하는 분이 당신이기 때문입니다.

당신은 감사의 영이십니다. 우리로 불평과 불만의 거짓된

자기만족을 버리고, 오직 하나님의 은총만을 감격하며 감사하게
하는 분이 당신이기 때문입니다.

당신은 온유의 영이십니다. 하나님의 넉넉한 마음으로 우리
죄인을 용납하시고 따사한 햇빛같이 우리 마음을 위로하고
격려하는 분이 당신이기 때문입니다.

당신은 겸손의 영이십니다. 인간으로 하여금 자신이 창조주
앞에서 단지 피조물임을 확인하게 하고, 거룩한 분 앞에서 부정한
자임을 고백하게 하며, 영원하신 분 앞에서 언젠가는 한 줌의
흙으로 꺼져 갈 존재임을 깨닫게 하는 분이 당신이기 때문입니다.

당신은 오래 참음의 영이십니다. 인간의 죄악을 그대로
징벌하지 아니하고, 인간의 허물을 기다림으로 참는 분이
당신이기 때문입니다. 그래서 당신은 우리로 예수님의 온유와
겸손과 오래 참음을 닮게 하십니다.

당신은 절제의 영이십니다. 거짓 욕심을 버리게 하고, 우리로
자기 통제를 통해 미래를 위해 스스로 현재를 준비하게 함으로써
우리의 삶을 풍요하게 하는 분이 당신이기 때문입니다.

당신은 기억의 영이십니다. 사랑으로 우리를 만나 하나님을
다시금 기억하게 하사, 첫사랑의 설렘을 갖고 주님이 누구시며
우리가 누구인지를 새롭게 깨닫게 하는 분이 당신이기
때문입니다.

당신은 기다림의 영이십니다. 어제를 기억하며 당신의 사건을
회상하고, 내일을 전망하며 당신의 약속을 기대하며 오늘을
기쁨과 감사함으로 살게 하는 분이 당신이기 때문입니다.

당신은 창조의 영이십니다. 이 세상 모든 것이 당신의 이름으로
창조되고, 그 창조된 것 중에 당신의 손길이 깃들지 않은 곳이
없기 때문입니다.

당신은 창조를 보존하는 영이십니다. 인간과 자연 만물을
주님의 영과 지혜로 때마다 철마다 새롭게 태어나게 하고, 이를

지탱하고 보존하는 분이 당신이기 때문입니다.

당신은 새 창조의 영이십니다. 만물을 새롭게 하는 하나님께서 첫 창조 때와 같이 오늘도 당신을 통해 우리를 새로운 피조물로 만드시기 때문입니다.

당신은 분별의 영이십니다. 우리로 진리와 거짓, 선과 악, 정의와 불의를 분별하여 깨닫고 옳은 것에는 '예', 그른 것에는 '아니오'를 선언하게 하는 분이 당신이기 때문입니다.

당신은 투쟁의 영이십니다. 진리와 선은 사랑하고 거짓과 불의는 미워하며, 육체의 욕심과 이기적인 욕망을 거절하게 하는 분이 당신이기 때문입니다.

당신은 위로의 영이십니다. 기가 막힐 웅덩이와 수렁에서 허우적거리며 낙망할 때 십자가에 달린 예수 그리스도를 바라보라며 하늘의 위로를 선물하신 분이 당신이기 때문입니다.

당신은 탄식의 영이십니다. 하나님의 형상으로 지음 받은 인간이 허무와 죄악 속에서 탄식할 때도, 피조물의 자연 세계가 어둠과 무질서와 생태적 위기로 탄식할 때도 함께 아파하며 탄식한 분이 당신이기 때문입니다.

당신은 담대함의 영이십니다. 세상이 거짓 두려움으로 우리를 겁박할 때 진정 두려워해야 할 당신만을 경외함으로 작은 두려움을 쳐부수는 용기를 주는 분이 당신이기 때문입니다.

당신은 순종의 영이십니다. 세상이 당장 보이는 돈과 권력과 쾌락에 몰두하라고 꼬드길 때 그 모든 것을 선물로 주시는 보이지 않는 하나님을 향한 순종만이 진정한 살길임을 알려 주는 분이 당신이기 때문입니다.

당신은 역사 변혁의 영이십니다. 시간과 역사를 만드시고 이 허탄한 역사의 격랑에 참여하여 하나님의 뜻을 이루고 이 땅 위에 하나님 나라를 세우는 분이 당신이기 때문입니다.

당신은 일치의 영이십니다. 분열과 미움과 분쟁이 있는 곳에

참여하여 아버지와 아들과 성령께서 하나의 코이노니아를
이루었듯이 우리 안에서도 하나 됨을 가르치고 이루는 분이
당신이기 때문입니다.

당신은 막힌 담을 허는 영이십니다. 남자와 여자, 가진 자와
없는 자, 피부색의 차이를 내세워 인간이 만든 모든 단절과 분열을
쳐부술 용기를 주는 분이 당신이기 때문입니다.

당신은 섬김의 영이십니다. 낮고 천한 이 땅에서 불쌍한
마음으로 고통받고 신음하는 인간을 섬긴 분이 바로 당신이기
때문입니다.

당신은 말씀의 영이십니다. 기록된 말씀을 통하여 살아계신
하나님을 믿고 알게 하고, 당신의 손길로 만들어진 자연 피조물을
보면서 당신을 찬양하고 사랑하게 하는 분이 당신이기
때문입니다.

당신은 증인의 영이십니다. 지상의 예수님과 그분의 말씀을
기억나게 하며, 세상 향해 그분을 '주님과 그리스도'라 터져
나오는 기쁨으로 증언하라 하신 분이 당신이기 때문입니다.

당신은 양자 됨의 영이십니다. 본래 사탄의 종으로 죄에 얽매여
살던 우리에게 하나님 자녀의 특권을 허락하고 창조주 하나님을
감히 '아빠 아버지'라 부르게 한 분이 당신이기 때문입니다.

당신은 선으로 악을 이기는 승리의 영이십니다. 세상의 그 어떤
것, 곧 사망도 생명도, 현재도 미래도, 천사도 권력자도, 높음도
깊음도 창조주 당신 앞에서는 한낱 피조물에 불과하기
때문입니다.

당신은 지금도 살아계셔서 우리의 삶 속에 동행하시는 분이기에
오늘도 당신의 임재와 능력을 기다립니다. 우리의 몸과 마음과
영으로 당신을 경험하게 하셔서 당신의 뜻을 분별하며 순종하는
하루가 되게 하옵소서.

우리는 당신의 것, 친히 우리를 사용하옵소서!

성경 색인 구절

참회의 기도

김지철 지음

2025년 2월 7일 초판 1쇄 발행

펴낸이 김도완
등록 제2021-000048호
    (2017년 2월 1일)
전화 02-929-1732
전자우편 viator@homoviator.co.kr

펴낸곳 비아토르
주소 서울시 종로구 삼일대로 428, 500-26호
    (우편번호 03140)
팩스 02-928-4229

편집 이은진
제작 제이오

디자인 김진성
인쇄 (주)민언프린팅

제본 다온바인텍

ISBN 979-11-94216-10-0 03230